adt &
bung

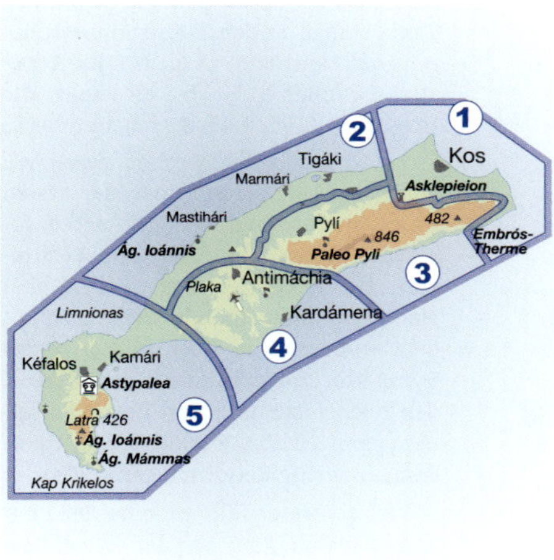

② Die Nordküste

③ Das Dikeos-Gebirge

④ Die Inselmitte

⑤ Der Westen

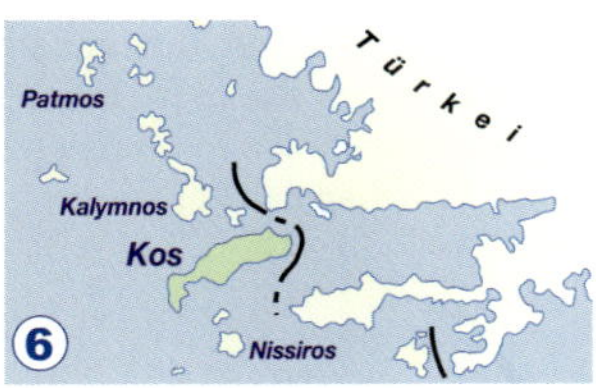

⑥ Ausflüge

Nachlesen & Nachschlagen

Wandern auf Kos

Unterwegs mit

Frank Naundorf & Yvonne Greiner

Frank Naundorf leitet das Team Digitales und Kommunikation der Akademie für Öffentliches Gesundheitswesen und lehrt Public Relations. Mit seiner Familie lebt er in Düsseldorf.

Yvonne Greiner arbeitete als Journalistin und Redakteurin, bevor sie eine Ausbildung zur Köchin absolvierte. Inzwischen leitet sie ein Tagungs- und Gästehaus in der Nähe von Bonn.

Koffer mit Rollen waren noch unbekannt, als wir vor 35 Jahren das erste Mal nach Kos kamen, beladen mit schwerem Rucksack und in der Mittagssonne schwitzend. Doch schon damals stimmte die Logistik – und sie stimmt bis heute: Die Busse pendeln pünktlich, Taxis stehen in den Touristenorten bereit und Fahrräder, Mopeds oder Autos sind zu mieten. So ist es leicht, die Insel zu erkunden. Und es macht Spaß.

Bei unseren Recherchen besuchen wir das Asklepieion, eines der ersten Krankenhäuser der Weltgeschichte, römische Theater und Thermen, Festungen des Johanniter-Ordens und den einen oder anderen Club. Wir fahren mit dem Mountainbike über die Hänge des Sympetro und erklimmen den Dikeos, den höchsten Punkt von Kos – mit einem ganz leichten Rucksack, was trotzdem ein wenig Kondition verlangt.

Viel schwerer fällt es, eine der kleinen Badebuchten an der Westküste wieder zu verlassen und von den feinsandigen Stränden an Nord- und Südküste aufzubrechen. Oder eine wirklich gute Taverne nur einmal zu besuchen, weil noch andere zu testen sind.

Begeistert hat uns, dass die Koer so freundlich geblieben sind wie früher, Restaurants verstärkt auf regionale Zutaten setzen und im Laufe der Jahre immer mehr Fahrradwege entstanden sind. Das ist nicht nur eine gute Investition für die Umwelt, sondern erleichtert auch das Schieben des Rollkoffers.

Was haben Sie entdeckt?

Haben Sie ein besonderes Restaurant, ein neues Museum oder ein nettes Hotel entdeckt? Wenn Sie Ergänzungen, Verbesserungen oder Tipps zum Buch haben, lassen Sie es uns bitte wissen!

Schreiben Sie an: Frank Naundorf, Stichwort „Kos“
c/o Michael Müller Verlag GmbH | Gerberei 19 | D – 91054 Erlangen
frank.naundorf@michael-mueller-verlag.de

Kos

Frank Naundorf & Yvonne Greiner

10. komplett überarbeitete und aktualisierte Auflage 2024

Inhalt

Orientiert auf Kos ▪ 8

Unterwegs auf Kos ▪ 16

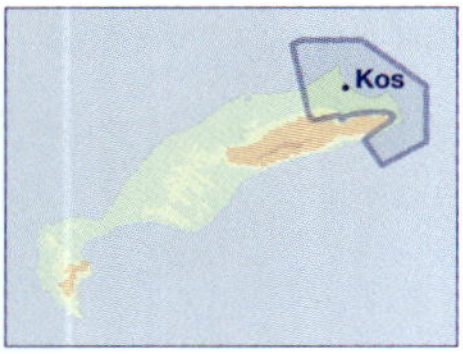

Kos-Stadt & Umgebung ▪ 18

Hier schlägt das Herz der Insel. An der Uferpromenade, den stadtnahen Stränden und in den Gassen der Altstadt tummeln sich Besucher. In der Umgebung locken die Embros-Thermen oder das Asklepieion, antikes Krankenhaus und Heiligtum.

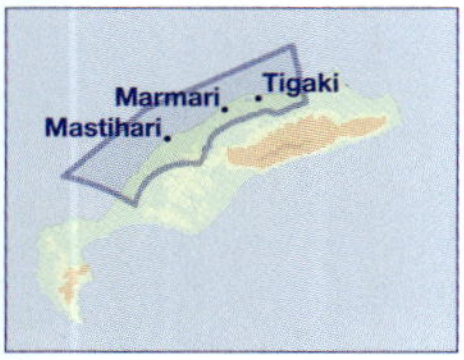

Die Nordküste ▪ 60

Über 25 km zieht sich der Sandstrand entlang der geradlinigen Küste. Tigaki und Marmari sind reine Touristenorte und auch im ehemaligen Fischerdorf Mastihari dominieren inzwischen die Gäste. Dennoch gibt es genug ruhige Plätzchen am feinsandigen Strand.

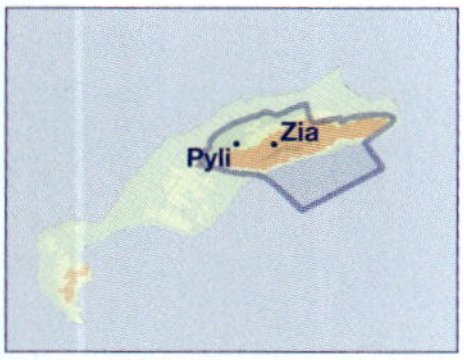

Das Dikeos-Gebirge ▪ 80

An die Hänge des Dikeos duckt sich eine Handvoll Bergdörfer: Zia lockt Besucher mit Tavernen, Pyli mit Galerien und einer Geisterstadt. Die bewaldete Nordflanke des Gebirgszuges bietet sich für Mountainbike-Touren und Wanderungen an.

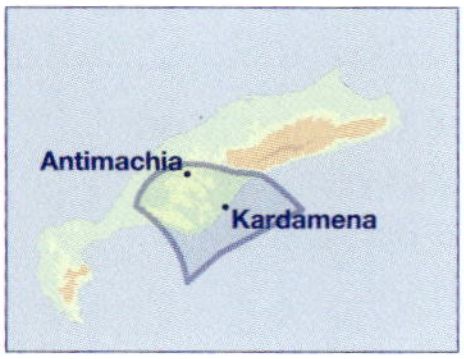

Die Inselmitte ▪ 98

Die Inselmitte ist geprägt von fruchtbaren Ebenen, zerklüfteten Landstrichen – und ungemein abwechslungsreich: Kardamena an der Südküste entwickelte sich zum Touristenzentrum, die Einwohner Antimachias bestellen auch heute noch ihre Felder.

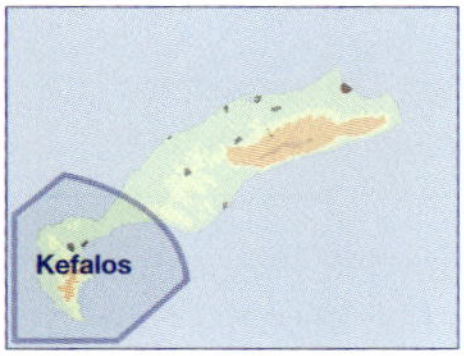

Der Westen ▪ 114

Einsame Buchten und kilometerlange Sandstrände, weite Ebenen und schroffe Felsen – fast unberührt erscheint Kos' Westen. Die Bucht von Kefalos zählt zu den schönsten Griechenlands, und auch der Paradise Beach braucht keinen Vergleich zu scheuen.

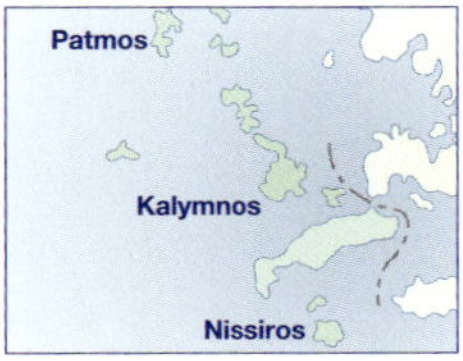

Ausflüge ▪ 132

Die Vielfalt des Dodekanes erlebt, wer sich zu einem „Island Hopping" zu den Nachbarinseln von Kos aufmacht. Ein Besuch auf Kalymnos, der Insel der Schwammtaucher, bietet sich ebenso an wie ein Ausflug zur Vulkaninsel Nissiros oder zur „heiligen" Insel Patmos.

Skala auf Patmos

Nachlesen & Nachschlagen ■ 166

Preise Übernachten
(DZ inkl. Frühstück in der Hauptsaison)

€	bis 70 Euro
€€	70–120 Euro
€€€	120–170 Euro
€€€€	über 170 Euro

nachhaltig, ökologisch, regional

MeinTipp Die besondere Empfehlung unserer Autoren

Was haben Sie entdeckt?

Haben Sie ein besonderes Restaurant, ein neues Museum oder ein nettes Hotel entdeckt? Wenn Sie Ergänzungen, Verbesserungen oder Tipps zum Buch haben, lassen Sie es uns bitte wissen!

Schreiben Sie an: Frank Naundorf, Stichwort „Kos"
c/o Michael Müller Verlag GmbH | Gerberei 19, D – 91054 Erlangen
frank.naundorf@michael-mueller-verlag.de

Einsamkeit abseits der Touristenpfade: Emborios auf der Insel Nissiros

Auf Kos leben mehr Ziegen als Koer

Orientiert

auf Kos

Die Insel im Profil

Kos ist …

Die durch und durch griechische Insel vor der türkischen Küste bietet herrliche Sandstrände, viel griechische Geschichte und beste Möglichkeiten, sich sportlich und anderweitig auszutoben. Im Sommer kommt man ganz schön ins Schwitzen, die Winter sind mild und regenreich. Am allerschönsten ist es im Frühjahr, wenn die ganze Insel in voller Blüte steht.

- 290 km² Fläche
- Küstenlänge ca. 120 km
- Ost-West-Entfernung: 50 km
- größte Nord-Süd-Ausdehnung: 13,5 km
- schmalste Stelle: 1,4 km
- ca. 33.000 Einwohner
- Hauptstadt: Kos-Stadt (ca. 19.500 Einwohner)

… eine Insel des Dodekanes

Diese Inselgruppe schmiegt sich in der östlichen Ägäis dicht an die türkische Küste. Dodekanes heißt übersetzt „zwölf Inseln", womit aber nur die Hauptinseln des Archipels gemeint sind. Tatsächlich sind es etwa 160 Inseln und Inselchen, die allermeisten davon sind unbewohnt.

… der schwimmende Garten der Ägäis

Diesen Beinamen hat Kos seit der Antike. Tatsächlich gleicht die Insel im Frühjahr auch heute noch einem Teppich aus Blumen: Narzissen, Klatschmohn, Jasmin, Chrysanthemen … Auch im Sommer bleibt die Insel erstaunlich grün. Die Flanken des Dikeos-Gebirges sind bewaldet, an den Hängen stehen Weinstöcke und Olivenbäume, in der Tiefebene entlang der Nordküste wachsen Feigen, Zitronen, Orangen und Gemüse.

… eine Insel mit bewegter Geschichte

Über zwei Jahrtausende haben Eroberer eine Vielzahl von Spuren hinterlassen: Die Römer haben sich in der Inselhauptstadt mit einem Odeon und ihren Thermen verewigt, die Kreuzritter mit einem mächtigen Kastell, die Türken mit zwei Moscheen und einem Hamam, die Italiener mit einem Gouverneurspalast. Nicht zu vergessen die zahlreichen Zeugnisse aus der hellenischen Antike wie die Agora oder das Asklepieion.

… die Insel des Hippokrates

Mitten in den Relikten der Vergangenheit steht die Platane des Hippokrates, in deren Schatten der bedeutendste Sohn der Stadt seine medizinischen Weisheiten weitergegeben haben soll. Mit 500 Jahren ist der Baum dafür allerdings viel zu jung. Tatsache ist, dass Hippokrates, der Begründer der Medizin als Wissenschaft, waschechter Koer war, im 5./4. Jh. v. Chr. auf der Insel als Arzt praktizierte und dort auch Unterricht erteilte.

Kos-Stadt: die „Inselmetropole"

Die meisten Koer leben in der Hauptstadt, von der aus sich die Insel gut erkunden lässt. In den Sommermonaten sind die knapp 20.000 Einwohner in der Minderheit. Touristen bestimmen das Bild, tanken Sonne an den Stadtstränden, flanieren entlang der Hafenpromenade und bestaunen die zahlreichen archäologischen Sehenswürdigkeiten. Die Auswahl an Restaurants, Tavernen und Bars ist groß – die Nacht lässt sich bei Bedarf auch gut zum Tage machen. → S. 18

Die Nordküste

Mit mehr als 25 km schmückt einer der längsten Sandstrände Griechenlands den Küstenabschnitt von Tigaki über Marmari und Mastihari. Die drei Orte sind perfekt auf die Bedürfnisse von Sonnenanbetern und Wasserratten eingestellt. Auch Wassersportler fühlen sich hier wohl, besonders Surfer, die sich vom Meltemi, dem starken Sommerwind, über die Wellen der Ägäis treiben lassen. → S. 60

Das Dikeos-Gebirge

Mit 846 m ist der Dikeos die höchste Erhebung der Insel, die Besteigung eine machbare Herausforderung für jedermann. In den bewaldeten Nordhängen verstecken sich Bergdörfer, die Besuchern einiges zu bieten haben – auch für Wanderer, Reiter und Mountainbiker. Natürlich können Sie diese Region auch bequem mit dem Rad, Motorroller oder Auto erkunden. Besonders schön ist es am Abend, wenn die Sonne hinter den kahlen Felsen der Nachbarinseln Pserimos und Kalymnos versinkt. → S. 80

Die Inselmitte

Antimachia und Kardamena – gegensätzlicher könnten zwei Orte kaum sein. Antimachia liegt im Landesinneren, Kardamena am Strand. In Antimachia gibt es kein einziges Hotel, in Kardamena mehrere Dutzend. In Antimachia lebt man von der Landwirtschaft, in Kardamena vom Tourismus. Auf halbem Weg zwischen den Orten liegt das Kastell, in dem die Bewohner beider Orte zusammenlebten, bis sie 1850 in zwei Richtungen loszogen – und eine sehr gegensätzliche Entwicklung nahmen. → S. 98

Der Westen

Die Bucht von Kefalos ziert Magazincover, Kalender und taucht in TV-Beiträgen auf. Der feinsandige, kilometerlange Strandabschnitt östlich der Bucht lässt Urlauberherzen höher schlagen. Auf der Halbinsel finden Sie die alte Inselhauptstadt Kefalos, das verlassene Kloster Agios Ioannis und an der zerklüfteten Westküste etliche einsame Traumbuchten. → S. 114

Einmal um die Insel

Die Strände

Kos ist eine ideale Badeinsel. Rund 70 km der insgesamt 112 km Küstenlinie sind Sand- und Kiesstrände. Auf dieser Seite stellen wir die verschiedenen Küstenabschnitte vor.

Auf Kos sind acht Strände mit der **Blauen Flagge** ausgezeichnet. Sie dokumentiert nicht nur die hohe Badewasserqualität, sondern auch, dass strenge Sicherheitsstandards und weitere Umweltauflagen eingehalten werden. Die Strände, das Aushängeschild der Insel, werden von den Koern gehegt und gepflegt.

Der Tag am Meer

An den meisten Stränden lässt die Infrastruktur kaum Wünsche offen: Wassersportangebote gibt es (fast) überall. Natürlicher Schatten dagegen ist selten; 10–12 € pro Tag zahlen Sie für zwei Liegen und einen Schirm. Strandtavernen und Beach-Bars sind reichlich vorhanden: Die Palette reicht von der einfachen Bretterbude im Ein-Mann-Betrieb wie am Ag. Theologos-Strand bis zu professionell organisierten Tavernen wie dem Tam Tam nahe Mastihari mit angeschlossenem Shop oder der Bar Mylos am gleichnamigen Strand von Kos-Stadt mit DJ-Sets und großer Cocktailauswahl.

Obwohl in Griechenland verboten: Oben-ohne-Baden ist auf Kos an der Tagesordnung. Badeschuhe sind an einigen Stränden hilfreich, um über heißen Sand gehen zu können oder an den wenigen felsigen Stränden schmerzhaften Kontakt mit Seeigeln auszuschließen.

Kos-Stadt: der Betriebsame

Am Stadtstrand Lambi Beach finden Sie alle touristischen Unterhaltungsmöglichkeiten: Wasserski, Paragliding, Surfbrett- und Sonnenschirmverleih, Strandcafés, Eisverkäufer ... Nur Ruhe fehlt manchmal. Die finden Sie in Richtung des Kap Skandari, zum Beispiel am Mylos-Beach, an dem Bäume ein wenig Schatten spenden. Auf der anderen Seite, in Richtung des Kap Agios Fokas, ist der Sand-Kies-Strand weniger frequentiert, was die Surfer und Kiter freut, die flott übers Wasser ziehen. → S. 32

Embros-Therme: die heiße Quelle

Am östlichsten Punkt der Insel strömt aus einer Quelle nahe dem Ufer heißes Wasser ins Meer. Dort wird es in einem etwa 35 m² großen Becken aus aufgeschichteten Steinen gestaut – fertig ist die Naturtherme. Dieser wird eine heilende Wirkung zugeschrieben, doch das heiße Bad genießen mitnichten nur Rheumageplagte; besonders nachts unter dem grandiosen Sternenhimmel ist es ein einmaliges Erlebnis. → S. 56

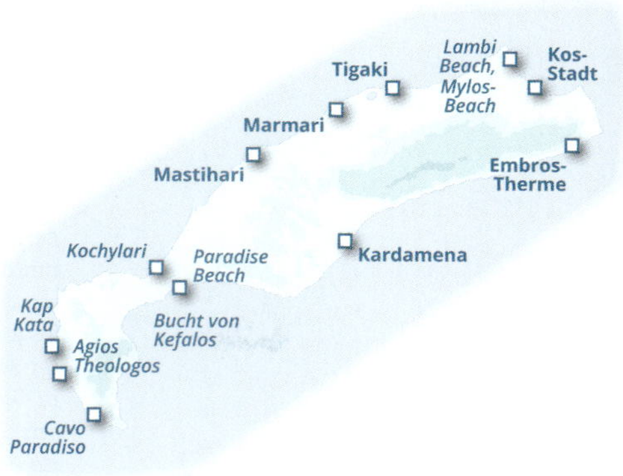

Nordküste: Strand ohne Ende

An der Nordküste zwischen Mastihari und Marmari begrenzt ein Band kleiner Dünen den 25 km langen Strand. Der Meeresboden ist sandig und fällt nur flach ab – gut für Kinder und Eltern. Besonders am Strand von Tigaki reihen sich die Liegestühle aneinander. Doch wer sich zum Beispiel Richtung Salzsee aufmacht, findet auch in der Hauptsaison ein ruhigeres Plätzchen.

Auch Wassersportler fühlen sich an der Nordküste wohl, darunter Kat-Segler und Surfer, die sich vom *Meltemi*, dem starken Sommerwind, über die Wellen der Ägäis treiben lassen. Gleich vier Surfstationen sind in Marmari angesiedelt, mehr gibt es an keinem anderen Strand von Kos. Wer es einsam mag, für den dürfte der Strand westlich von Mastihari eine gute Adresse sein. → S. 74

Kardamena: Blick auf den Vulkan

Größtenteils sandig und breit präsentieren sich die Strände bei Kardamena, vis-à-vis der Vulkaninsel Nissiros. Der Sand zieht sich über etwa 9 km am Meer entlang. Nur vor den großen Hotelanlagen ist einiges los, abseits davon lässt sich ein ruhiges, teils auch schattiges Plätzchen finden. Westlich des Hafens ist das Ufer ziemlich flach und es herrscht im Gegensatz zur Nordküste kaum Seegang, was die Strände besonders kinderfreundlich macht. → S. 100

Bucht von Kefalos: nah am Paradies

Traumstrände gibt es an der Südküste einige, z. B. die Bucht von Kefalos im Südwesten. Das vorgelagerte Inselchen Kastri wirkt hier wie ein Schönheitsfleck: Er macht die weit geschwungene Bucht nur noch interessanter. Weiter östlich zieht sich der Sandstrand breit und weit bis zum Kap Helona. Der bekannteste Abschnitt ist der Paradise Beach. Abgesehen von Tavernen und Beach-Bars ist die Region unverbaut – und das ist in den Augen der Besucher ein großer Pluspunkt. Am Paradise Beach gibt es dennoch alles, was das Urlauberherz begehrt: eine Busverbindung, Parkplätze, Sonnenstuhlverleih, Schleppfahrten mit Banana und Co., Jet-Ski … 3 km östlich dagegen finden Sie nur ein paar Sonnenschirme am Strand – und ganz viel Ruhe. → S. 118

Westküste: wild und einsam

An der Westküste finden Sie wilde und einsame Buchten, wo auch im Hochsommer kaum jemand anzutreffen ist. Dazu gehören zum Beispiel die Strände Agios Theologos, Kap Kata und weitere kleine Buchten ringsherum; allerdings schlagen Ihnen hier bei starkem Wind mitunter hohe Wellen entgegen. Am südwestlichen Ende der Insel wartet der Cavo Paradiso Beach auf Sie. Die mühsame Anfahrt lohnt: ein absoluter Traumstrand. → S. 129

Familienurlaub

Kos mit Kindern

Für einen Urlaub mit Kindern bietet Kos gute Voraussetzungen. Die kinderfreundlichen Griechen tun in der Regel alles, damit sich die kleinen Gäste auf der Insel wohlfühlen – viele Hotels bieten auch ein Kinderprogramm. Für eigene Aktivitäten bekommen Sie hier ein paar Tipps.

Ermäßigungen

- Der Besuch von archäologischen Stätten und Museen kostet für Kinder nur die Hälfte.
- In kleineren Hotels und Pensionen wird für Kinder gegen einen geringen Aufpreis ein Zustellbett ins Zimmer gestellt. Die großen Hotels haben meist spezielle Kindertarife.

Pack die Badehose ein!

Dem **Strandurlaub** mit Kindern steht auf Kos nichts im Wege. Der Meeresboden fällt oft nur flach ab, wie z. B. rund um den Paradise Beach an der Südküste oder an den Stränden der Nordküste. So können auch Nichtschwimmer (unter Aufsicht) im Wasser spielen. Größere Wellen und Strömungen gibt es nur am Strand Agios Theologos bei Kefalos im äußersten Westen.

An einigen Abschnitten bieten Strandtamarisken natürlichen Schatten, sodass man im Sand darunter etwas sonnengeschützt buddeln und spielen kann.

In Mastihari gibt es hinter dem Ortsbadestrand einen kleinen Spielplatz, und die Tam-Tam-Bar verfügt über eine Rutsche und eine Schaukel – und hat auch noch einen gigantischen Eisbecher auf der Karte. → S. 78

An den meisten Stränden werden Schleppfahrten (Ringo, Banana Boat etc.) angeboten. Ebenso wie Segel- und Surfkurse, an denen sich Jugendliche ausprobieren können.

Wem der Strand nicht reicht, findet in dem 75.000 m^2 großen **Lido Waterpark** bei Mastihari unter anderem acht große Wasserrutschen und ein Wellenbad. Für kleinere Kinder gibt es einen separaten Bereich. Wer es ganz langsam mag, entspannt in den Pools oder auf dem Lazy River. → S. 75

Nicht nur für Kinder ist der zweite Wasserpark bei Kardamena, **Aquatica Waterpark,** mit seinen sieben Rutschen konzipiert. Für die ganz Kleinen gibt es einen Wasserspielplatz. → S. 101

Mit einem oder viel PS

Bei einer Fahrt mit dem **Mini Train** *(Trenaki)* durch Kos-Stadt oder zum Asklepieion sorgen Fahrtwind und Schatten für Abkühlung, so gelangt die ganze Familie bequem zu den interessantesten Sehenswürdigkeiten – und nebenbei kann man sich noch die Geschichten über die Geschichte von Kos anhören. → S. 36

Noch mehr Fahrtwind spürt man auf dem Gokart. Bahnen gibt es beim Kap Agios Fokas oder bei Kardamena. *Christos Go Karts Center* zwischen Tigaki und Marmari bietet neben Benzin- auch Elektrokarts für Kinder ab drei Jahren. → S. 68

Ponyausritte sind an den Hängen des Dikeos, in Kardamena und in der Ebene rund um den Salzsee möglich. Hier empfehlen wir *Erikas Horse Farm* nahe Marmari. Nicht nur Kinderherzen dürften bei einem Ausritt am Strand höherschlagen. → S. 69

Kinder, die Tiere lieben, dürften sich bei den Pfauen in der Plaka oder im Natural Park of Zia wohlfühlen. Schattig ist es an beiden Orten; in Letzterem gibt es einen Spielplatz, Tiere von Kos (inklusive Esel) – und sehr bequeme Hängematten zum Chillen. → S. 112 und → S. 88

Alte Steine, Ritter und Geister

Auch für die Ausgrabungen können Kinder zu begeistern sein, denn nicht nur in der Agora oder dem Odeon in Kos-Stadt ist das Klettern auf den Steinen erlaubt. → S. 22 und → S. 30

Die Kreuzritterburgen in Kos-Stadt und bei Antimachia beflügeln die Fantasie. Auch hier ist das Herumtollen erlaubt, aber Vorsicht: die Sicherheitsabsperrungen sind mangelhaft. → S. 24 und → S. 111

Außerhalb der Mittagshitze bietet sich zudem ein Ausflug zur Geisterstadt Paleo Pyli an. Das Hinaufklettern auf die Festung ist eine machbare Herausforderung und vor allem die alten Kirchen in den Dorfruinen sorgen für ein klein wenig Gruselatmosphäre. → S. 92

Und Action!

Für Fahrradtouren ist die Nordküste ein ausgezeichnetes, weil flaches Terrain. Zudem gibt es zumindest in und rund um Kos-Stadt Fahrradwege und wenig befahrene Nebenstraßen, z. B. auf unserer Tour zum Asklepieion (Tour 1). Und die Runde auf der Nordseite des Isthmus kann man je nach Ausdauer verlängern – mit Badestopp (Tour 10). → S. 208 und → S. 224

Ein paar Tipps am Rande

Wo viele Familien Urlaub machen, haben Restaurants Spielecken oder kleine Spielplätze eingerichtet. Ideal für Familien: Tavernen am Strand.

Babynahrung (und Windeln) führen die großen Supermärkte und Apotheken.

Manchmal sind Mücken eine Plage. Erkundigen Sie sich vorher, ob Ihr Hotel bei Bedarf Moskitonetze verleiht. Insektenschutzmittel sollten Sie bereits zu Hause kaufen.

Im Krankheitsfall helfen Hausärzte in Kefalos, Kardamena und Tigaki. In Kos-Stadt ist zudem eine Kinderärztin niedergelassen. Im Notfall können Sie sich an die Erste-Hilfe-Stationen wenden, an das Krankenhaus in Kos-Stadt oder Kos Medicare. → S. 35

Segelboote in der Marina von Kos-Stadt

Unterwegs

auf Kos

Kos-Stadt & Umgebung

Kos ist das logistische Zentrum der Insel – und keine dieser pittoresken Städte, deren Charme man sofort verfällt. Oft sind die schönen Häuser hinter schrillen Pergolen versteckt. Man muss dann zweimal hinsehen, um die sympathische Vielfalt zu entdecken.

Einwohner: ca.19.500

Gründung: 366 v. Chr.

Venezianer, Johanniter und Osmanen kontrollieren über fünf Jahrhunderte vom Kastell Neratzia aus die Meerenge zwischen Kos und dem türkischen Festland.

Kos ist eine Stadt der Widersprüche: Während ihr unzählige Palmen und die beiden Moscheen orientalisches Flair verleihen, hebt sich wenige Hundert Meter weiter der weiße, italienische Gouverneurspalast gegen den blauen Mittagshimmel ab. In der flirrenden Hitze der steinernen Trägheit antiker Stätten ist es schwer, sich vorzustellen, dass an der Uferpromenade hektisches touristisches Leben tobt.

Die Überreste der antiken Agora, die römischen Bäder, das Kastell der Johanniter, das Minarett der Hadji-Hassan-Moschee und der italienische Gouverneurspalast liegen nur wenige Hundert Meter voneinander entfernt. Kaum ein Ort bietet auf so kurzem Weg Zeugnisse aus so vielen verschiedenen Kulturen und Epochen. Dabei ist die Stadt alles andere als antiquiert oder zu Staub erstarrt.

Kos ist quicklebendig. Die Stadt ist sowohl verwaltungstechnisch die Hauptstadt der Insel als auch deren kulturelles und touristisches Zentrum – und als solches weltweit bekannt. Tag und Nacht herrscht in den Sommermonaten Trubel, die Stadt kommt nie ganz zur Ruhe. Die Touristenschar reicht von Jachtkapitänen, die mit ihren Schiffen im Sporthafen festmachen, über Pauschalreisende aller Kontinente bis hin zu Rucksackreisenden, die vom Mandraki-Hafen zum Island Hopping über den Dodekanes starten.

Entlang des Hafens flanieren die Koer wie auch die Touristen, werfen abends einen Blick auf die Ausflugsboote auf der einen Seite oder die Bars und Tavernen auf der anderen. Auffällig sind die vielen Fahrräder, die in Kos-Stadt unterwegs sind. Die Verwaltung hat schon vor über zwei Jahrzehnten begonnen, Radwege einzurichten, die gerne genutzt werden, auch weil das Stadtgebiet flach ist.

Was anschauen?

Asklepieion: Das Heiligtum des Asklepios ist die archäologische Hauptattraktion der Insel. Fast ein Jahrtausend lang war es eine der wichtigsten Heilstätten des antiken Griechenland; Kranke und Ärzte pilgerten von weither nach Kos. Obwohl Hippokrates, der berühmteste Sohn der Insel, vermutlich nicht mehr selbst hier wirkte, basierte die dort angewandte Heilkunst doch auf seinen Lehren. Die Ruinen der ursprünglich beeindruckend großen Terrassen-Anlage befinden sich auf einer Anhöhe oberhalb von Kos-Stadt und wurden 1902 freigelegt. Heute lassen sich die Ausmaße nurmehr erahnen, Lücken schließt die angeschlossene kleine Ausstellung. Und wenn man schon mal da ist: Die Aussicht von hier oben ist gigantisch. → S. 53

Stadtzentrum: Schritt auf Schritt Geschichte. Rund um die Platia Eleftherias treffen Sie überall auf Zeugnisse aus Antike und Mittelalter: die Agora und das Gymnasion aus der Zeit des Hellenismus, die römischen Thermen oder das Johanniter-Kastell, um nur die wichtigsten zu nennen. → S. 22

Wo baden?

Mylos: Der Strand direkt vor der Stadt ist von Juni bis September ein Rummelplatz. Wer es privater mag, der sollte ein klein wenig Richtung Norden ausweichen. Der Strand nahe der Mylos-Bar ist unserer Ansicht der beste in Stadtnähe. Hie und da spenden Bäume Schatten, das Meer ist meist sehr ruhig – und einen Abstecher in die Bar können wir auch nur empfehlen. → S. 33

Embros-Therme: Aus einer ufernahen Quelle strömt heißes Wasser ins Meer, wo es sich in einem Becken aus Felsbrocken mit dem Meerwasser mischt. So einfach geht Therme. Romantisch ist der Besuch nachts, wenn Sie nach oben in einen imposanten Sternenhimmel blicken. → S. 56

Was sonst?

Einkaufen in der Markthalle: Am zentralen Eleftherias-Platz steht die Markthalle von Kos, die die italienischen Herrscher 1934 errichteten. Hier können Sie kaufen, was die Insel zu bieten hat: eine breite Palette von Obst und Gemüse, Thymianhonig, qualitativ hochwertiges Olivenöl, Süßigkeiten oder die verschiedenen koischen Weine. → S. 41

Ausgehen: Kos-Stadt lockt mit einer großen Auswahl an Restaurants und Bars aller Art. Beenden Sie einen abendlichen Einkaufsbummel mit dem Besuch der Taverne Broadway und genießen Sie Variationen griechischer Klassiker. Die moslemische Minderheit auf Kos setzt im Ali oder im Arap, im Vorort Platani, leckere köstliche kulinarische Akzente. Trinken Sie griechische Craft-Biere im Café Zero oder Cocktails in der hippen Bar Sitar im Herzen des Hafens. → S. 49

Grün, Weiß und Blau – die vorherrschenden Farben auf Kos

Geschichte

Zwei immer wiederkehrende Erscheinungen kennzeichnen die Geschichte der Stadt: die Erdbeben, zahlreich und verheerend, sowie die fremden Herrscher, die sich in Kos jahrhundertelang die Klinke in die Hand gaben.

Nach einem schweren Erdbeben und Angriffen der Spartaner auf die ehemalige Inselhauptstadt Astypalea (in der Nähe des heutigen Kefalos) fliehen die Einwohner an das andere Ende der Insel und gründen um 366 v. Chr. eine neue Ansiedlung. Diese entwickelt sich in kurzer Zeit zur Inselmetropole: Zu Beginn des 3. Jh. v. Chr. leben auf einem Areal von etwa einem Quadratkilometer rund 10.000 Menschen.

Der antike Geschichtsschreiber Diodor schildert die Anfänge der Stadt so: „Das Volk von Kos ließ sich zu jener Zeit in der Stadt nieder, derer es sich jetzt erfreut, und gab ihr den Garten, den sie jetzt hat. Denn sie wurde alsbald sehr volkreich, und es wurde eine kostspielige Mauer um sie gezogen, und sie gaben ihr einen ausgezeichneten Hafen. Von dieser Zeit an wuchs die Stadt mehr und mehr und nahm sowohl in ihren öffentlichen Einkünften als auch im privaten Reichtum ihrer Einwohner stetig zu und war ganz allgemein den hervorragendsten Städten der Welt ebenbürtig."

Die zahlreichen Besucher des Asklepieion, die Seidenweberei und der rege Handelsverkehr machen Kos zu einer reichen Stadt. Der Wohlstand wird ihr schließlich zum Verhängnis. Denn er lockt immer wieder Piraten an, darunter Normannen und Vandalen, die plündernd und brandschatzend über Kos herfallen. Als 554 n. Chr. abermals ein verheerendes Erdbeben die Stadt und das Asklepieion vernichtet, kehren die Koer den Ruinen den Rücken. Über 600 Jahre bleibt der Ort, wie er war – zerstört und verlassen.

Nachdem die Venezianer 1204 die Insel erobert haben, bauen sie an der Stelle des heutigen Kastells eine Festung. 1314 lösen die Ritter des Johanniterordens die Venezianer ab, errichten auf dem Gelände der ehemaligen Agora eine neue Stadt und erweitern das Kastell. In seinem Reisebericht aus dem Jahre 1403 schreibt Gonzales de Clavigio: „Der Hauptort der Insel liegt in einem Tal nicht weit vom Meer entfernt und hat viele Einwohner. Er hat ein kleines Kastell, und zwischen den Festungsmauern und der Siedlung erstreckt sich eine große Lagune. Eine Brücke führt über einen Wehrgraben, der mit Meerwasser gefüllt ist, zum Eingang des Kastells. Rings um die Stadt liegen Gärten mit Orangenbäumen, Reben und Landhäusern."

Sultan Süleiman I. erobert die Stadt 1523 – fast 400 Jahre dauert die Herrschaft der Türken an. Bauwerke wie die Hadji-Hassan- und die Defterdar-Moschee prägen noch heute das Gesicht der Altstadt.

Viele Gebäude früherer Epochen fallen dem Erdbeben am 23. April 1933 zum Opfer. Nur 27 Sekunden dauern die Stöße, doch in den Trümmern sterben 300 Menschen. Was für die Bevölkerung eine Tragödie ist, ist für Archäologen ein Geschenk: Die Italiener, die von 1912 bis 1943 auf Kos herrschen, nutzen die Zerstörung, um das antike Kos freizulegen, und bringen unter anderem die Überreste der Agora zum Vorschein. Sie restaurieren auch die Casa Romana, errichten die Markthalle sowie den Gouverneurspalast und prägen damit – wie die Türken – nachhaltig das heutige Stadtbild.

Ende der Sechzigerjahre reicht die bebaute Fläche gerade einmal vom Fußballplatz im Osten bis zur Kirche Ag. Paulus im Westen. Im Westen der Stadt stehen nur vereinzelte Häuser mit viel Grün: Fast jedes Haus hat einen großen Garten. Nachdem die Baulücken gefüllt sind, werden die meisten Gärten geopfert, denn Erweiterungen und Neubauten versprechen hohen Profit – der Tourismus macht es möglich. So wandelt sich das Gesicht der Stadt.

Im Juli 2021 ereignete sich nach vielen Jahren der Ruhe noch einmal eine schwere Erschütterung: ein Seebeben in 10 km Tiefe, rund 16 km entfernt von Kos, mit einer Stärke von 6,7. Zwei Menschen werden von herabfallenden Gebäudeteilen auf der Barstreet erschlagen, es gibt etliche Verletzte, und mehrere historische Bauten werden schwer beschädigt – bis hin zum Zusammenbruch des Minaretts der Defterdar-Moschee. Dank entsprechender Bauvorschriften haben nur wenige der jüngeren Gebäude Schäden davongetragen, die inzwischen alle wieder behoben sind. Lediglich der Wiederaufbau von Minarett und Moschee zieht sich noch hin.

Blick ins Innere des Kastells Neratzia

Die archäologischen Stätten

Jeder Stein ist Geschichte – beim Flanieren durch die Stadt treffen Sie überall auf Ausgrabungsstätten. Mal nur ein halb verdecktes Mosaik, an anderer Stelle ganze Säulengänge und mächtige Mauern.

Folgende archäologische Stätten sollten Sie auf jeden Fall besuchen: das Hafenviertel mit der antiken Agora und dem Kastell, die Ausgrabungen wie das Odeon entlang der Grigoriou-E.-Straße und natürlich die bedeutendste Sehenswürdigkeit der Insel, das Asklepieion (→ Umgebung von Kos-Stadt, S. 53).

Agora

Wer vom Kastell in südliche Richtung schlendert, erreicht die größte Ausgrabungsstätte der Stadt: die Agora. Das Gelände hat zwei Eingänge. Der eine liegt an der Nafklirou-Straße (Barstreet), der andere befindet sich an der Ecke Ippokratous-/Vironos-Straße. Einen guten Überblick über die historische Stätte gewinnt man im Übrigen vom Café Platano am Platz der Platane des Hippokrates.

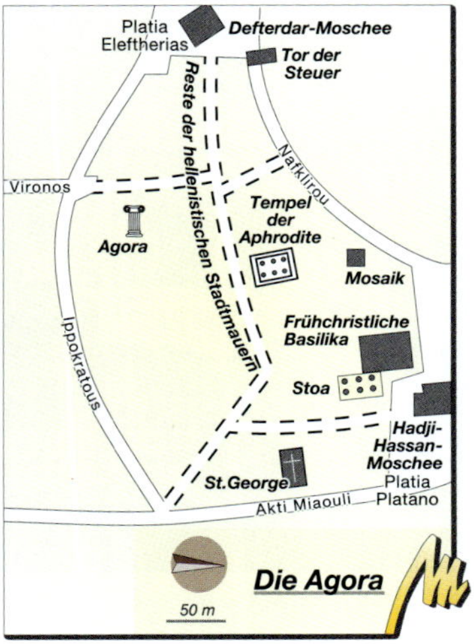

Die Agora bietet eine ganz besondere Atmosphäre. Zwischen den steinernen Zeugen früheren Insellebens wachsen hohe Palmen, Zypressen und vereinzelt Laubbäume, und man kann in diesem Ruinengarten kaum einen Fuß vor den anderen setzen, ohne über marmorne Säulenteile oder Quaderblöcke der mittelalterlichen Stadtmauer zu stolpern. Tafeln auf dem Areal erklären, vor welchen Ausgrabungen man gerade steht.

Die Agora, die dem Areal seinen Namen gab, war in der Antike das Zentrum des öffentlichen Lebens, Marktplatz und Ort, an dem die Volksversammlungen stattfanden. Die Agora ist zu erkennen an den beiden mächtigen, wieder aufgerichteten Säulen mit dem teilweise erhaltenen Gebälk, das sie einst verband. Sie vermitteln einen Eindruck von der Größe der Agora, die immerhin 160 x 80 m betrug. Die Bruchstücke der hellenistischen Stadtmauer durchziehen das ganze Gebiet. Sie war an manchen Stellen bis zu 8 m breit!

Tempel der Aphrodite: Von diesem Heiligtum sind nur noch Stümpfe korinthischer Säulen aus Marmor erhalten, die auf einem gemauerten Podest stehen bzw. liegen.

Stoa (Säulenhalle): Dies ist das älteste Relikt auf dem Gelände; die Stoa stammt aus dem 4. oder 3. vorchristlichen Jahrhundert. Zu erkennen ist sie an den acht wieder aufgerichteten Säulen in korinthischer Ordnung, deren charakteristisches Merkmal die Verzierung der Kapitelle mit Akanthusblättern ist.

Basilika: Im 5. oder 6. Jh. entstand neben den Ruinen der Stoa die große Basilika, deren Grundfläche 72 x 24 m betrug. Trotz der Größe ist kaum noch etwas zu erkennen, denn lediglich die Ruinen einer Treppe, die zum Vorraum führte, und Bodenteile der Taufkapelle blieben erhalten.

Von 1391 bis 1396 erbaute der Johanniterorden unter der Leitung des deutschen Ordensritters von Schlegelholz die mittelalterliche Stadt (Chorio), die mit Verteidigungsmauern befestigt wurde. Reste dieser Stadtmauer sind noch heute zu erkennen, zum Beispiel das Tor der Steuer, das heute den Eingang vom Eleftherias-Platz zur Barstreet darstellt.

Die kleine Kirche St. George tou Arrenagogeiou, die in einem Parkstück zwischen der Agora und der Hafenstraße Akti Miaouli liegt, überlebte als eines der wenigen Gebäude das Erdbeben von 1933. Sie stammt aus der späten byzantinischen Periode und weist eine halbkreisförmige Apsis auf. Ein Dutzend Fenster, davon acht Bogenfenster, bringen Licht ins Innere.

- Tägl. 8–20 Uhr. Eintritt frei.

Museum

Das archäologische Museum von Kos ist in einem kantigen Gebäude aus der Zeit der italienischen Besatzung am Eleftherias-Platz untergebracht. Gezeigt werden Funde von der Insel, die meisten stammen aus dem Odeon, der Casa Romana und dem Haus der Europa. Das Museum zeigt 130 Exponate – ein Besuch lohnt sich vor allem wegen der beeindruckenden Statuen.

Das Museum unterteilt sich im Erdgeschoss in eine westliche, eine östliche und eine nördliche Halle sowie das kleine Atrium. Hier ist das hervorragend erhaltene Fußbodenmosaik eines römischen Wohnhauses in Kos-Stadt aus dem 2. oder 3. Jh. n. Chr. zu sehen. Es zeigt den Empfang des Asklepios, des Gottes der Heilkunst, durch einen Bewohner der Insel und Hippokrates (sitzend).

Säulen auf der Agora

Links im Innenhof finden Sie die Dionysos-Gruppe: Der betrunkene Dionysos stützt sich auf einen unbekleideten Satyr sowie auf einen Weinstock, auf dem der ziegenfüßige Hirtengott Pan sitzt und Flöte spielt. Zu ihren Füßen herzt Eros ein Raubtier. Sehr gut erhalten ist auch die Statue der Jagdgöttin Artemis an der Nordseite des Innenhofs. Zu ihren Füßen sitzt ein Jagdhund, der zusieht, wie sie einen Pfeil aus dem Köcher zieht, um ihren Bogen zu spannen.

Im westlichen Saal links des Atriums sind Statuen aus der hellenistischen Zeit (4. bis 2. Jh. v. Chr.) und der späthellenistischen Periode (1. Jh. v. Chr.) ausgestellt. Hier befindet sich unter anderem eine Statue des Hippokrates, allerdings nur eine Kopie.

Empfang des Asklepios – Mosaik im Museum von Kos

Im östlichen Saal sind Funde aus den Stätten der Insel zu sehen, in denen die antiken griechischen Gottheiten verehrt wurden. Die Funde stammen zum Beispiel aus dem Asklepieion, der Agora oder der Höhle Aspri Petra nahe Kefalos.

Die Treppe führt ins Obergeschoss – und zunächst zurück in die Zeiten weit vor Christi Geburt. Ausgestellt sind hier zum Beispiel Schwerter, die 1300 v. Chr. aus Bronze gefertigt wurden, antike Münzen und Amphoren. Auch eine Grabstele mit dem Relief einer stillenden Mutter ist hier zu bewundern. Die Schmuckstücke im östlichen Ausstellungsraum des Obergeschosses stammen dann aber schon wieder aus dem 2./1. Jh. v. Chr.

Eines der bemerkenswertesten Ausstellungsstücke ist eine Grabstele, die einen Eindruck von der Vitalität des antiken Lebens auf Kos andeutet. Auf der Stele ist eine unbekleidete Frau zu sehen, die sich auf einer Liege ausgestreckt hat und von Jungen bedient wird, während vor ihr eine männliche Figur mit aufgerichtetem Phallus auf dem Boden liegt. Die Szene runden ein Flöten- und ein Leierspieler ab.

▪ Mo und Mi–So 8–20 Uhr, Di geschlossen. Eintritt 6 €.

Kastell Neratzia

Die Venezianer legten den inneren Festungsring des Kastells bereits Anfang des 14. Jh. an. Die Johanniter weiteten das Kastell dann systematisch aus: d'Aubussion, der Großmeister des Ordens, ließ den äußeren Festungsring errichten – 1514 war er fertig.

Vom Kastell aus kontrollierten die Ordensritter die Meerenge zwischen Kos und der türkischen Küste, führten ihre Galeeren in den „ewig währenden Krieg gegen die Muselmanen", der nichts anderes war als die vom Papst abgesegnete Seeräuberei gegen die osmanische Handelsschifffahrt.

1464 griff eine türkische Armada von 156 Schiffen die Festung an, doch die Ritter des Johanniterordens konnten sich gegen die gewaltige Übermacht behaupten. Das Jahr 1523 bedeutete das Ende des Ordens auf Kos. Die Türken übernahmen das Kastell, bis 1908 nutzten sie es noch als Kaserne. Das Erdbeben im Jahr 1933 zerstörte schließlich die letzten intakten Gebäude im Inneren. Die mächtigen Mauern dagegen widerstanden den Erdstößen.

Vom Platz mit der Platane des Hippokrates führt eine Steinbrücke über

Der Eid des Hippokrates

1. Ich schwöre bei Apollon, dem Arzt, und Asklepios und Hygieia und Panakeia und alle Götter und Göttinnen zu Zeugen anrufend, dass ich nach bestem Vermögen und Urteil diesen Eid und diese Verpflichtung erfüllen werde.

2. Den, der mich diese Kunst lehrte, werde ich meinen Eltern gleich achten, ihn an meinem Lebensunterhalt teilnehmen lassen und ihn in Not mitversorgen. Seine Nachkommen werde ich meinen Brüdern gleichstellen und, wenn sie es wünschen, diese Kunst lehren ohne Entgelt und Vertrag.

3. Ratschlag und Vorlesung und alle übrige Belehrung werde ich meinen und meines Lehrers Söhnen mitteilen, wie auch den Schülern, die nach ärztlichem Brauch durch den Vertrag gebunden und durch den Eid verpflichtet sind, sonst aber niemandem.

4. Meine Verordnungen werde ich treffen zu Nutz und Frommen der Kranken, nach bestem Vermögen und Urteil. Ich werde sie bewahren vor Schaden und willkürlichem Unrecht.

5. Ich werde niemandem, auch nicht auf eine Bitte hin, ein tödliches Gift verabreichen oder auch nur dazu raten; auch werde ich nie einer Frau ein abtreibendes Zäpfchen geben.

Hippokrates-Statue aus dem 4. Jh. v. Chr.

6. Rein und fromm werde ich mein Leben und meine Kunst halten.

7. Ich werde nie schneiden, sogar den Blasenstein nicht, sondern es denen überlassen, deren Gewerbe es ist.

8. Welche Häuser ich betrete, ich will zu Nutz und Frommen der Kranken eintreten, mich enthalten willkürlichen Unrechts und jeder anderen Schädigung, auch aller Werke der Wollust an den Leibern von Männern, Frauen und Sklaven.

9. Was ich bei der Behandlung sehe oder höre oder außerhalb der Behandlung im Leben der Menschen, werde ich, soweit man es nicht ausplaudern darf, verschweigen und solches als Geheimnis bewahren.

10. Wenn ich nun diesen Eid erfülle und nicht verletze, möge mir im Leben und in der Kunst Erfolg zuteil werden und Ruhm bei allen Menschen bis in ewige Zeiten; wenn ich ihn übertrete und meineidig werde, das Gegenteil.

Lange Zeit wurde dieser Eid von den angehenden Ärzten geschworen, bis 1949 der Weltärztebund eine zeitgemäße Neufassung des hippokratischen Eides vorlegte, das sogenannte Genfer Gelöbnis – eine nicht minder feierliche Deklaration.

den ehemaligen Burggraben zum Eingangstor des Kastells. Heute verläuft dort die palmengesäumte Straße Finikon. Zu sehen gibt es auf dem weitläufigen Gelände zahlreiche steinerne Wappen aus dem 15. und 16. Jh., in die Mauern eingelassen von Rittern, die die Festung renoviert und erweitert haben. Als Baumaterial verwendeten sie auch Überreste antiker Säulen und Altäre, die heute auf dem Gelände ausgestellt sind. Zu sehen sind zudem einige historische Kanonen.

Im inneren Festungsring ist ein Freilufttheater; dort finden im Rahmen des Festivals Hippocratia Aufführungen statt. Lohnenswert ist ein Rundgang über die restaurierten Wälle und Rundbastionen.

▪ Mo und Mi–So 8.30–15.30 Uhr, Di geschlossen. Eintritt frei.

Gymnasion, Nymphäon und das Haus der Europa

Im Südwesten von Kos-Stadt liegt ein weiteres großes Ausgrabungsgelände. Am westlichen Rand des Geländes, entlang der Theokritou-Straße, befand sich in der Antike das Gymnasion, eine Sportanlage mit einer überdachten Laufbahn, die es den Athleten ermöglichte, auch im Winter und bei Regen zu trainieren.

Der griechische Name der Laufbahn ist Xysto Dromos, was übersetzt „Abschabe-Straße" heißt und auf eine hygienische Gepflogenheit der Sportler hinweist: Vor dem Training und den Wettkämpfen rieben sie ihre Körper mit Öl ein, das sie nachher zusammen mit dem Staub wieder abschabten, um sich anschließend mit klarem Wasser zu waschen – die Seife war eben noch nicht erfunden. Die Anlage wird ins 2. Jh. v. Chr. datiert, also in die hellenistische Epoche. Die wieder aufgerichtete Säulenreihe lässt die Größe der Sportstätte erahnen: Einst waren es sogar 80 Säulen.

Direkt neben der Laufbahn befinden sich die Reste der sogenannten **östlichen Thermen** aus der römischen Zeit – inzwischen nicht viel mehr als ein bogenförmiges Gewölbe. Am nördlichen Ende der Anlage ist ein gut erhaltenes, überdachtes **Fußbodenmosaik** aus römischer Zeit zu sehen. Es zeigt die neun Musen mit Apollon als Musenführer und Dionysos und stellt das Paris-Urteil dar: Im Streit der Göttinnen Hera, Athene und Aphrodite, wer von ihnen die Schönste sei, entscheidet

Nymphäon: öffentliches Bad aus der römischen Zeit

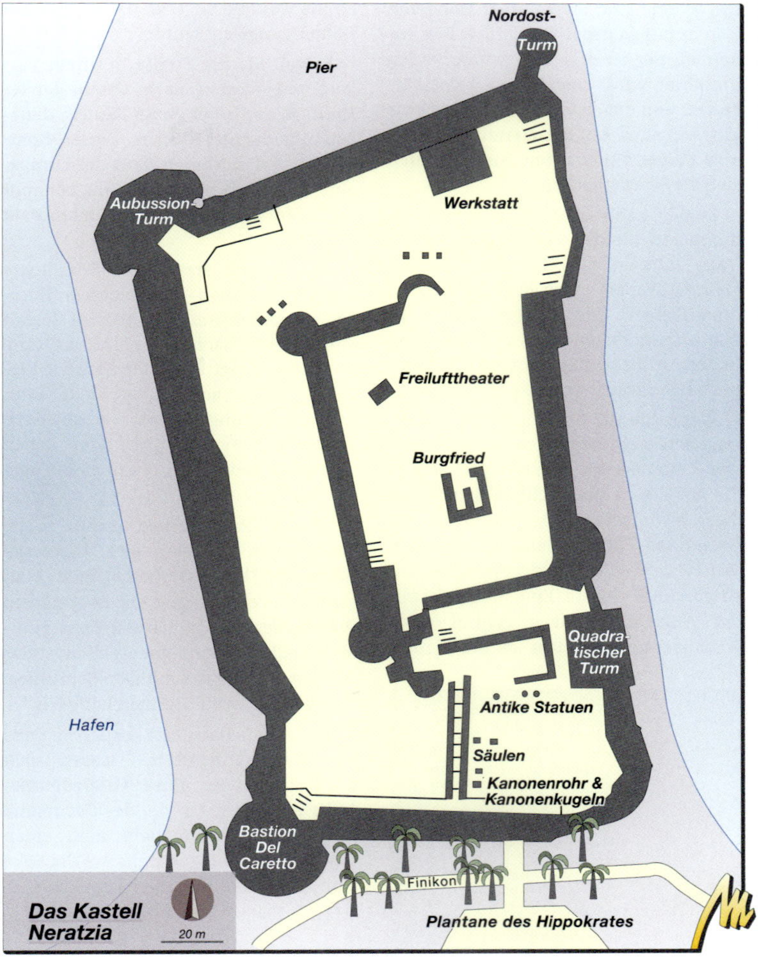

sich Paris, der in Begleitung des Götterboten Hermes als Schiedsrichter herbeigeeilt ist, für Aphrodite. Zum Zeichen ihres Sieges überreicht er ihr einen Apfel, und sie verspricht ihm die schönste Frau auf Erden.

Der Weg gegenüber der Säulenreihe stammt aus der Zeit der Römer. Die Via Cardo (= Achse) begann wahrscheinlich am Hafen und verlief parallel zum Sportstadion. Linker Hand steht gleich ein als **Nymphäon** bezeichnetes römisches Gebäude aus dem 3. Jh. v. Chr., das öffentliche Bäder beherbergte. Die Entdecker des Hauses sollen es Nymphäon getauft haben, weil sie von der Grazie des Baus so beeindruckt waren, dass sie ihn für einen Tempel der Nymphen hielten.

Der Innenraum des Gebäudes erinnert in seiner Formgebung und seinen Ornamenten an maurische Baukunst:

Die Wände sind bis zu einer Höhe von 1,80 m mit Marmor verkleidet. Den Innenhof, der an drei Seiten von Säulen umrahmt wird, schmücken Mosaikarbeiten, von denen leider nur Fragmente erhalten sind. Auf der vierten Seite war eine Mauer mit Nischen, hier befanden sich die Wasserbecken.

Leider kann man den Raum nur durch ein kleines Fenster betrachten. Dazu müssen Sie einige Stufen der kleinen Treppe neben dem Nymphäon hinaufgehen. Die Treppe führt zur **Platia Diagora;** auf dieser Anhöhe lag in der Antike wahrscheinlich die Akropolis (Oberstadt) von Kos.

Wenn Sie die Stufen wieder hinuntergehen, sich dann nach links wenden und weiter der Via Cardo folgen, stoßen Sie auf die zweite wichtige Straße, die diese historische Stätte durchzieht: die **Decumana.** Sie verläuft im rechten Winkel zur Via Cardo, parallel zur Grigoriou-E.-Straße. Eine Steintafel mit der Aufschrift „paved central road" weist darauf hin, dass es die Hauptstraße war, die im 3. Jh. n. Chr. von den Römern angelegt wurde.

Die Palmenallee Finikon

Folgen Sie der Straße in ihrem Verlauf von Westen nach Osten. Linker Hand stehen zwei große Säulen, daneben überdachte Ruinen. Dieser Komplex trägt den Namen **Haus der Europa,** eine ehemalige römische Villa, benannt nach dem berühmten Fußbodenmosaik im Innern.

Das Mosaik erzählt die Geschichte der phönizischen Königstochter Europa, die vom Göttervater Zeus in Gestalt eines Stieres nach Kreta entführt wird. Vor ihnen fliegt Eros, der Gott der Liebe, mit einer Fackel in der Hand. Sinn der Entführung waren verschiedene erotische Vergnügungen, von denen allerdings Zeus' Gattin Hera nichts wissen durfte ...

In dem Raum direkt rechts neben den Säulen befinden sich Überreste **römischer Thermen und Latrinen.** Man sieht die Vertiefungen der Becken und Wandmalereien, die verschiedene Berufe darstellen. Relativ gut erhalten ist das Bild des Briefträgers mit dem Schriftzug: „Die ganzen zwölf Stunden laufe ich."

Im letzten Haus, am östlichen Ende der Ausgrabungsstätte, lassen sich noch Fragmente eines **Fußbodenmosaiks** erkennen: Auf der der Decumana zugewandten Seite sieht man einen Eber und einen Jäger, links um die Ecke sind einige Kampfszenen dargestellt.

- Tägl. 8–20 Uhr. Eintritt frei.

Rund um die Casa Romana und das Odeon

Casa Romana: Die restaurierte römische Villa südlich der Grigoriou-E.-Straße wurde auf den Fundamenten eines hellenistischen Gebäudes aus dem 3. Jh. v. Chr. errichtet. Es handelt sich um ein zweistöckiges Wohnhaus mit drei Atrien, die der Belichtung und Belüftung der umliegenden Wohnräume dienten; diese Räume zieren farbenprächtige Mosaikböden.

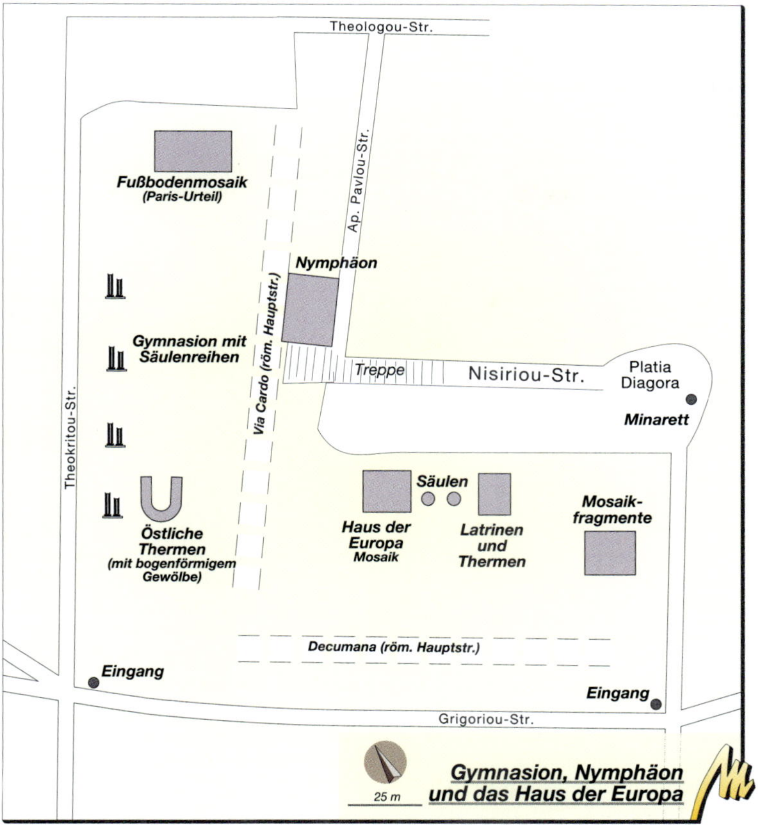

Kos-Stadt & Umgebung → Karten hinterer Umschlag, S. 33 und 47

Daneben gibt es mehrere Fresken sowie ein Badezimmer mit einem 2,5 x 5 m großen Becken. Das Gebäude vermittelt einen guten Eindruck vom Wohnkomfort der antiken Römer, auch wenn – abgesehen von den Mosaiken und den Säulen rund um den großen Innenhof – nur wenig erhalten ist und leider nicht alle Zimmer zu besichtigen sind.

▪ Mo und Mi–So 8–19 Uhr, Di geschlossen. Eintritt 6 €.

Thermen: Sie befinden sich neben der römischen Villa; das Gelände ist über denselben Eingang zu betreten, links davon liegen die Thermen. Diese gleichen einem Trümmerhaufen – ganz im Gegensatz zur Casa Romana. Sie können die Überreste eines antiken Bades inklusive Toilette bewundern – von einer Steinaushöhlung führt eine Abflussrinne zur Kanalisation. Mit viel Fantasie lässt sich ausmalen, über welch ausgeklügelte Installation diese Stätte vor 2000 Jahren verfügt haben muss.

▪ Mo und Mi–So 8–19 Uhr, Di geschlossen. Eintritt frei.

Altar des Dionysos: Schräg gegenüber den Thermen liegt ein weiteres kleines Ausgrabungsgelände. Hier befand sich der Tempel des Dionysos, des Gottes

Odeon – antikes Theater

der Feste, des Weines und des Rausches. Von dem Bauwerk aus dem 3. Jh. v. Chr. sind nur Reste des Altars erhalten.

▪ Frei zugänglich.

Odeon: Das kleine Theater aus dem 2. Jh. n. Chr. liegt am Ende eines Parks an der Grigoriou-E.-Straße. Es war ursprünglich überdacht und für musikalische Aufführungen konzipiert. Wiederentdeckt wurde es erst 1929. Die insgesamt 18 Ränge aus Marmorstufen sind in einem erstaunlich guten Zustand. An sie schließen sich niedrige Steinstufen an, die den Oberrang des Theaters bildeten – hier durften die weniger begüterten Zuschauer sitzen. Gelegentlich finden hier noch heute Theater- und Konzertaufführungen statt. Der Rundgang unter den Stufen wurde 2009 restauriert und beherbergt eine Ausstellung über Ausgrabung und Restaurierung des Odeons in den Dreißiger- und Vierzigerjahren sowie Informationen über andere Theater Griechenlands.

▪ Frei zugänglich.

Die Bäder, die Weine, die Liebe

Einen Eindruck, welche Bedeutung die Thermen bei den alten Römern besaßen, vermittelt der Grabstein eines Mannes, der dort seine Philosophie verewigen ließ: „Die Bäder, die Weine, die Liebe: Sie ruinieren unsere Körper, aber sie machen das Leben aus." Römische Bürger aller Schichten schätzten den Besuch von Thermen und verzichteten nur ungern darauf, obwohl es ein teures Vergnügen war. Für die Befeuerung der Heizungen benötigte man Unmengen von Holz und Holzkohle. Ob auch auf Kos große Waldgebiete abgeholzt wurden, um als Brennmaterial in den Thermen zu enden, ist jedoch nicht bekannt.

Weitere Sehenswürdigkeiten

Zu den reizvollsten Plätzen der Stadt gehören sicherlich der muschelförmige Mandraki-Hafen mit der breiten Promenade und die Palmenallee Finikon, die zwischen Kastell und dem Platz der Platane des Hippokrates verläuft.

Der ehemalige, von den Italienern errichtete **Gouverneurspalast** befindet sich am östlichen Ende der Palmenallee. Auch heute ist das hoheitliche Gebäude noch Sitz verschiedener Ämter, der Polizei und des Gerichts; um den Innenhof verlaufen Arkadengänge, in seiner Mitte steht eine hohe Palme.

Am Gouverneurspalast beginnt die breite Uferstraße Akti Miaouli, gesäumt von italienischen Villen, deren mit Flieder, Palmen und Hibiskussträuchern bewachsene Gärten heute Cafés beherbergen. Zwischen diesen Prachtbauten finden Sie die restaurierten Tore der venezianischen Stadtmauer aus dem 13. Jh.

Platane des Hippokrates

„Eine der hübschesten Gegenden der Stadt", so schreibt Erhart Kästner (1904–1974, Prosaautor, Reiseschriftsteller und ehemaliger Sekretär Gerhart Hauptmanns) in seinen Erinnerungen an die Insel aus den 1940er-Jahren, „ist der kleine Platz, wo die sogenannte Platane des Hippokrates ihre müden Arme auf Marmorsäulen stützt und eine entzückende kleine Moschee aus dem Jahre 1786 beschattet."

Die Platane des Hippokrates steht auf einem kleinen Hügel, direkt vor dem Eingang zum Kastell. Auch wenn einige Koer die Geschichte bis heute gerne erzählen: Hippokrates hat weder im Schatten dieses Baumes gesessen noch dort seine Schüler unterwiesen. Die gewaltige Platane, deren einst mächtiger Stamm inzwischen völlig ausgehölt ist, zählt nach Einschätzung von Biologen höchstens 500 Jahre. Gestützt wird der altersschwache Baum von marmornen Pfeilern, Stahl- und Holzkrücken.

An der Mauer, die die Platane umgibt, befindet sich ein Sarkophag, der während der Türkenherrschaft als Brunnen und Wasserreservoir für die gegenüberliegende **Hadji-Hassan-Moschee** diente. Wegen ihrer schönen Säulenloggia wird die Moschee auch Loggia-Moschee genannt. Bedauerlicherweise kann sie wegen Baufälligkeit nicht besichtigt werden. Das Brunnenhaus davor wurde beim Erdbeben 2017 beschädigt.

Wie eine Bleistiftspitze ragt das Minarett der Hadji-Hassan-Moschee aus dem Häusergewirr von Kos heraus. Der Name Minarett, von dem aus der Muezzin die Gläubigen zum Gebet ruft, leitet sich von dem arabischen Wort „manara" ab, was so viel bedeutet wie „Platz, auf dem Feuer und Licht ist". Tatsächlich wurde der Turm früher während des Fastenmonats Ramadan nachts beleuchtet.

Platia Eleftherias

Der Platz der Freiheit, wie die Koer ihn getauft haben, ist das Zentrum der Stadt. Hier herrscht den ganzen Tag reges Treiben: Die Bauern bringen Obst und Gemüse zur Markthalle, aus den angrenzenden Gassen der denkmalgeschützten Altstadt strömen scharenweise Touristen, und nachts schallt die Musik aus den Bars entlang der Nafklirou-Straße über den Platz.

Zwischen Barstreet und Eleftherias-Platz erhebt sich ein Tor der mittel-

Kos-Stadt & Umgebung → Karten hinterer Umschlag, S. 33 und 47

alterlichen Stadtmauer, das von Bougainvilleen überwachsen ist. Schräg gegenüber vom Museumsgebäude steht die zweite große Moschee der Stadt, die **Defterdar-Moschee** aus dem 18. Jh., die jedoch – wie die Hadji-Hassan-Moschee bei der Platane des Hippokrates – nicht besichtigt werden kann.

In die Jahre gekommen: die Platane des Hippokrates

Synagoge von Kos

Die ehemalige Synagoge liegt in der Diakou-Straße 4, inmitten der Amüsiermeile, und dennoch ist sie eher auf den zweiten Blick zu entdecken. Obwohl Juden seit der Antike auf Kos gelebt haben, gibt es nur wenige Spuren ihres Lebens und Wirkens auf der Insel.

Der jüdische Friedhof, nur wenige Hundert Meter neben dem moslemischen gelegen (→ S. 58), und die Synagoge Hahal Shalom sind die einzigen sichtbaren Zeugnisse ihrer Anwesenheit. Die letzten 120 Juden der Koer Gemeinde wurden 1944 von den Nazis nach Auschwitz deportiert. Anfang der 1990er-Jahre wurde das Gebäude instand gesetzt und 2023 noch einmal restauriert. Da in jüngster Zeit immer mehr Besucher aus Israel nach Kos kamen, beschloss der Zentralrat der jüdischen Gemeinden, die Synagoge auf Kos wieder zu öffnen. Das Gebäude dient der Stadt zudem als Kulturzentrum.

Hamam

Das alte Bad aus der Zeit der Türkenherrschaft an der Platane des Hippokrates (neben dem Gerichtsgebäude) ist restauriert worden. Es diente in der Zwischenzeit als Lager für Salz, das von der Insel einst exportiert wurde.

▪ Mo u. Mi–So 8.30–15.30 Uhr, Di geschlossen.

Baden und Strände

Sowohl nördlich als auch östlich der Stadt befinden sich lang gezogene Sandstrände. An touristischen Unterhaltungsmöglichkeiten fehlt nichts: Wasserski, Paragliding, Surfbrett- und Sonnenschirmverleih, Strandcafés und Eisverkäufer. Wer es ruhiger liebt, sollte das Zentrum meiden.

Lambi Beach, der Hauptbadestrand der Stadt, ist nicht zu empfehlen für Touristen, die Abgeschiedenheit und Ruhe in natürlicher Umgebung suchen. Selbst in der Vor- und Nachsaison herrscht reger Betrieb. Nichtsdestotrotz: Für einen Sprung in die kühlenden Fluten der Ägäis reicht es allemal –

in den Morgenstunden und am späten Nachmittag ist der Strand auch nicht so übervölkert.

Weniger Andrang herrscht an der Küste in Richtung **Kap Skandari. Mylos-Beach,** der Strand vor der Mylos-Bar, ist der schönste Strand in Stadtnähe. Hie und da spenden die Bäume ein wenig Schatten, auch Liegestühle mit Palmwedelschirmen stehen zur Verfügung. Recht ruhig präsentiert sich der frei zugängliche Strand vor dem Hotel Atlantis (Entfernung zum Hafen ca. 3 km).

Östlich des Mandraki-Hafens tummeln sich weniger Menschen auf dem 5 m breiten Strand. Das liegt auch daran, dass die stark befahrenen Straßen Vas.-Georgiou und G.-Papandreou direkt dahinter verlaufen. In Richtung **Kap Psalidi** (= Schere), hinter dem Jachthafen, haben Cafébetreiber in den letzten Jahren den Sand vor ihren Cafés mit Liegestühlen bestückt. Der Strand ist zwar immer noch schmal, doch sauber – und sogar mit einer Blauen Flagge ausgezeichnet.

Zwischen **Kap Psalidi** und **Kap Agios Fokas** befinden sich mehrere größere und kleinere Sand-Kies-Buchten, von der Asphaltstraße zweigen Schotterpisten zu den Stränden ab. Direkt hinter dem Kap Agios Fokas, unterhalb des militärischen Beobachtungspostens, spenden Tamarisken Schatten. Der Strand ist gut zehn Meter breit, im oberen Bereich sandig, am Meer kiesig; ausgeschildert ist er als „Mistral Beach", einige Liegestühle und Sonnenschirme stehen bereit. Wenige Hundert Meter östlich endet der Strand und geht in eine Felsküste über. Bademöglichkeiten gibt es dann erst wieder bei der **Embros-Therme** (→ S. 56).

Basis-Infos

→ Karte S. 47

Information In der **Touristeninformation** der Stadt Kos erhalten Sie allgemeine Infos über die Insel – und eine Broschüre mit Mountainbike-Touren. Die Touren sind auch auf der von der Stadt Kos betriebenen Seite unter kos.gr zu finden. Die interaktive Karte im Internet

Zentrum von Kos-Stadt: die Platia Eleftherias mit der Defterdar-Moschee ...

lokalisiert auch Strände, Restaurants, Sehenswürdigkeiten und Busverbindungen. Vas. Georgiou 8. Mo–Fr 8–15 Uhr.

Auch die **griechische Zentrale für Fremdenverkehr** (EOT) unterhält ein Büro auf Kos, Hier gibt es einen kleinen Wanderführer. Unter visitgreece.gr finden Sie Informationen über ganz Griechenland – auch einige über Kos. Artemisias 2, ✆ 22420-29910, eotkos@otenet.gr. Mo–Fr 8–15 Uhr.

Die **Touristenpolizei,** die Ihnen in dringenden Belangen weiterhilft, befindet sich im ehemaligen italienischen Gouverneurspalast an der Uferpromenade. ✆ 22420-26666.

Kompetent und hilfsbereit sind die Mitarbeiter der **Reiseagentur Exas.** Hier bekommen Sie verbindliche Auskünfte über alle Fähr- und Schnellbootverbindungen sowie zu Ausflügen und können die entsprechenden Tickets erwerben – lediglich die Tickets von Saos Anes sind hier nicht erhältlich. Vas.-Georgiou 10, ✆ 22420-29900, exas.gr.

Wer Tickets für die Fähren von **Saos Ferries** benötigt, erhält diese bei der Agentur **Fanos.** Sie finden die Agentur mitten im Hafen, Akti Kountourioti 11, in der 1. Etage. Fanos besetzt zudem einen Ticket-Verkaufsstand am Kai, der allerdings nur kurz vor Abfahrt der Fähren öffnet. Die Agentur bietet auch Jacht-Charter an und verkauft Flug- sowie Ausflugstickts. ✆ 22420-20035 und 69-45611880

Empfehlenswert ist auch die Agentur **Kentrikon Travel,** die Tickets für Fähren, Ausflüge und Flüge verkauft. Akti Kountourioti 7, ✆ 224 20-28914, kentrik1@gmail.com.

Das **Hafenamt** liegt an der Ecke Akti Koundouriotou/M.-Alexandrou. Die Behörde gibt u. a. Auskünfte über den Fährbetrieb, ob z. B. bei stürmischer See noch Schiffe verkehren oder nicht. ✆ 22420-28507.

Apotheken In Kos-Stadt gibt es mehr als ein Dutzend Apotheken. Sie sind in der Regel Mo, Di, Do und Fr 8.30–13.30 und 17–21 Uhr geöffnet, Mi und Sa 8.30–14 Uhr. **Notdienst:** Jeweils eine Apotheke hat außerhalb dieser Zeiten Notdienst. Name und Adresse der entsprechenden Apotheke erfahren Sie, wie in Deutschland, durch einen Aushang im Fenster jeder beliebigen Apotheke.

Ärzte Die Verständigung ist in der Regel kein Problem, da die meisten Ärzte zumindest Englisch sprechen. Die meisten Praxen finden Sie nahe dem Krankenhaus. Hier eine Auswahl der fast 50 Praxen in Kos:

Kos medicare 38: Übernimmt die Betreuung kleinerer Erkrankungen; besonders häufig sind nach eigenen Angaben Frakturen, Bänderverletzungen und bronchiale Erkrankungen. Dafür stehen mehrere Mediziner (u. a. Internist, Chirurg und Kinderarzt) bereit. Bei aufwendigeren Behandlungen ziehen sie die Ärzte der benötigten Fachrichtungen hinzu oder be-

... und der Markthalle

gleiten Erkrankte ins Krankenhaus. 24 Stunden, 7 Tage die Woche erreichbar, Hotelbesuche und Krankentransport auf der ganzen Insel möglich. El. Venizelou 5, ✆ 22420-23330 und 69-99233343, kosmedicare.gr.

Allgemeinmediziner/Internist: Dimitris Siregelas, Hiracleous 4, ✆ 22420-25060.

Zahnärztin: Katerina Kiritsi, spricht Deutsch, Papanastasiou 17, ✆ 22427-73624 und 69-80641152.

HNO: Vangelis Nicolaidis, Artemisias 2, ✆ 22423-00614 und 69-47995835.

Gynäkologe: Vassilis Sanolis, El. Venizelou 50, ✆ 22420-28390 und 69-44266396.

Kinderärztin: Anna Kleiousi, El. Venizelou 7, ✆ 22423-02030 und 69-73376613.

Öffnungszeiten der Praxen: Mo, Di, Do, Fr 8.30–13 und 17–21 Uhr, Mi und Sa 8.30–14 Uhr.

Banken Die allgemeinen Öffnungszeiten der Banken sind: Mo–Do 8–14.30 Uhr, Fr 8–14 Uhr, Sa/So geschlossen.

Geldautomaten Gibt es in Kos-Stadt reichlich, sie akzeptieren alle gängigen Karten.

Gottesdienst In der **Lamm-Gottes-Kirche** an der Anapafseos, zwischen Casa Romana und Odeon, finden während der Saison katholische Gottesdienste statt. Der niederländische Herzjesu-Missionar schrieb uns: „In dieser Kirche werden mitunter schon ab April, sicher aber in der Zeit von Juli bis Sept., sonntags um 11 und 18 Uhr katholische Messen in verschiedenen Sprachen und mit ökumenischer Gastfreundschaft gelesen." Eine Gedenktafel rechts von der Kirche erinnert an die italienischen Offiziere, die an dieser Stelle von der Wehrmacht im Oktober 1943 erschossen wurden. ✆ 22420-22305.

Internet Wi-Fi funktioniert in Kos-Stadt in fast allen Hotels und Pensionen, vielen Cafés und über mehrere kostenlose Hotspots der Stadtverwaltung, selbst an einigen Stränden in Stadtnähe.

Kino Das **Freiluftkino Orfeas** zeigt neuere Spielfilme in Originalfassung (meist englischsprachig). Selbst Streifen, die man bereits kennt, bekommen unter sternklarem Himmel eine neue Dimension! Die Vorstellungen beginnen um 20.30 Uhr und um 22.30 Uhr, im Sept. um 20 und 22 Uhr. Über das aktuelle Programm informieren die Schaukästen vor dem Kino. Vor der Vorstellung und in der Pause werden Getränke und Snacks verkauft. Die Karte kostet 9 €, für Kinder bis 12 Jahre 6 €. Fenaretis 1, ✆ 22420-25713.

Die gleichen Betreiber führen auch das **Indoor-Kino** am Eleftherias-Platz, wo man sich die (sehr seltenen!) regnerischen Abende mit den neuesten Kino-Hits vertreiben kann. ✆ 224 20-22051.

Krankenhaus Allgemeines Hippokrates-Krankenhaus, Ippokratous 32, ✆ 22420-22300 (Ambulanz), ✆ 22420-28050 (Auskunft).

O.T.E. Der Telefonservice befindet sich in der Vironos-Straße 8/Ecke Xanthou-Straße, ✆ 22420-22499 (Zentrale). Mo–Fr 7.45–15 Uhr, Sa/So geschlossen.

Parken Östlich der Casa Romana finden Sie einen großen gebührenfreien Parkplatz.

Post In der Vas. Pavlou, nahe der Straße El. Venizelou; Mo–Fr 7.30–14.30 Uhr, Sa/So geschlossen. ✆ 22420-22250.

Wäschereien Mehrere Reinigungen, z. B. in der Agikastrou, kurz hinter der Ethnikis-Antistasis; **Happy Wash** in der Mitropoleos 20, ✆ 22420-23424. Eine Maschine Wäsche waschen kostet inkl. Trocknen rund 8 €.

Wichtige Telefonnummern

Polizei: ✆ 22420-22100

Rettungswagen: ✆ 22420-22300

Kos-Stadt & Umgebung → Karten hinterer Umschlag, S. 33 und 47

Unterwegs auf Kos

→ Karten hinterer Umschlag und S. 33

Die Verbindungen innerhalb des Stadtgebiets, auf der Insel selbst sowie zu den Nachbarinseln sind ausgezeichnet. Auf den ersten Blick verwirrt allerdings die Vielzahl der Reiseagenturen, die Fährtickets verkaufen. Oft hängen in den Büros lediglich Preise für die relativ teuren Tagesausflüge aus – auf die preiswerten Tickets der großen Linienfähren wird nur selten hingewiesen.

Bus In Kos-Stadt gibt es zwei zentrale Busbahnhöfe. Die **Stadtbusse (DEAS)** verkehren von 7 Uhr morgens bis Mitternacht innerhalb des Stadtgebiets und pendeln zwischen Hafen und Asklepieion sowie zwischen Lambi und dem Kap Ag. Fokas. Auch Ziele wie die Embros-Therme außerhalb werden angefahren. Die teuerste Fahrt kostet einfach nur 1,50 € am Ticketschalter oder im Hotel bzw. 2 € im Bus. Auf kos.gr gibt es unter dem Punkt „Transport" eine Karte/Übersicht über alle Haltestellen der Stadtnusse. ✆ 22420-26276

Die **Inselbusse (KTEL)** brauchen z. B. für die Strecke Kos–Kefalos eine Stunde. Der Busbahnhof für den Intercity-Bus befindet sich in der Kleopatras 7, ✆ 22420-22292 (Öffnungszeiten des Büros: Mo–Sa 8–15 Uhr). Auch hier erhält man einen Fahrplan gratis. Die Fahrkarten werden im Bus gelöst. Die Busse sind besonders bei den Fahrten zu den Orten an der Nordküste sowie nach Kardamena und Kefalos voll besetzt. Fahrpläne unter ktel-kos.gr.

Verbindungs- und Preisbeispiele (jeweils von bzw. nach Kos-Stadt): Kardamena 8-mal tägl. (So 4-mal), 3,50 €; Kefalos 5-mal tägl. (So 3-mal), 4,80 €; Mastihari 8-mal tägl. (So 3-mal), 3,20 €; Pyli 3-mal tägl. (So 2-mal), 2,10 €. Für 3,20 € kann man auch vom Flughafen nach Kos-Stadt fahren (10-mal tägl., So 3-mal).

Stadtrundfahrten Eine Orientierungshilfe kann die Fahrt mit dem **Mini Train** durch Kos-Stadt sein. Mehrmals täglich zuckelt die kleine Lok mit ihren drei grün-weißen Waggons an den wichtigsten Sehenswürdigkeiten vorbei, bis 14 Uhr mit Erläuterungen, die allerdings zuletzt kaum hörbar waren, auf den späteren Touren mit griechischer Musik. Start ist am Mandraki-Hafen, 10–21 Uhr halbstündlich. Fahrzeit 20 Min., Erw. 10 €, Kinder 5 €. Die zweite Linie, der blau-weiß gestreifte Mini Train, fährt zum Asklepieion (Mo Ruhetag). Di–So 8–15 Uhr stündlich.

Taxis Der Standplatz befindet sich am südlichen Ende der Hafenpromenade (Akti Koundouriotou) direkt unterhalb des Platzes der Platane des Hippokrates, ✆ 22420-22777 oder 22420-23333. Da es zu Engpässen kommen

Stadterkundung mit dem Mini Train

Die Katamarane verbinden die Inseln des Dodekanes – viel schneller als die großen Fähren

kann, sollten Sie bei wichtigen Terminen ein Taxi vorbestellen. Kos-Flughafen 45 €, Kos-Kefalos 60 €, Kos-Kardamena 42 €, Kos-Tigaki 18 €, Kos-Marmari 21 €, Kos-Mastihari 31 €, Kos-Pyli 27 €.

Fähren/Hafen An der Uferpromenade, der Akti Koundouriotou, legen lediglich die kleineren Ausflugsboote und Fähren an, die am Kai Tag und Nacht ihre Inseltouren feilbieten. Hinter dem Kastell wurde ein Anlegekai für die großen Schiffe der Fährlinien gebaut, die auf unterschiedlichen Routen einerseits Rhodos und andererseits Piräus anfahren. Hier können wir nur einen Überblick über die Häufigkeit der Fährverbindungen geben; die genauen Zeitpläne ändern sich oft.

Tickets für die Fähren sind in den Reiseagenturen oder auch vor Ort am Pier erhältlich. Der Schalter öffnet 2 Std. vor der planmäßigen Abfahrt des Schiffes, Karten für eine Deckpassage kann man in der Regel auch direkt an Bord bekommen. In der Hochsaison sollten Sie Tickets für Kabinenplätze frühzeitig kaufen. In der Taverne am Kai können Sie sich mit Reiseproviant versorgen; sie ist rund um die Uhr geöffnet.

Fährverbindungen Die folgende Übersicht kann lediglich eine Orientierung sein. Hilfreich ist die Website **gtp.gr.** Dort finden Sie alle aktuellen innergriechischen Fährverbindungen. Alternativ steht das Internetportal **ferries.gr** für Fährinfos und Buchung zur Verfügung.

Kos-Piräus: tägl. Verbindungen mit den Fähren der Reederei Blue Star, Überfahrt ab 70 €.

Kos – nördlicher Dodekanes: Die Fähren von Blue Star legen auf der Strecke nach Piräus auch in Kalymnos, Leros, Lipsi und Patmos einen Stopp ein – jedoch halten nicht alle Schiffe jeden Tag an den gleichen Inseln. Erkundigen Sie sich genau. Die Deckpassage nach Kalymnos kostet 7 €, nach Patmos ab 20 € pro Person. Etwas günstiger ist Saos Ferries, fährt aber nur zweimal pro Woche.

Doppelt so schnell, aber auch doppelt so teuer sind die großen Katamarane der Linie Dodekanisos Seaways (auf den Katamaranen sind die meisten Sitzplätze innen, es gibt aber auch ein kleines Achterdeck, auf dem Sie sich während der Fahrt draußen aufhalten können). Auch hier gibt es in der Hochsaison tägl. Verbindungen zu den nördlichen Dodekanes-Inseln, in der Nebensaison immer noch mehrmals wöchentlich. Preise: Kos-Kalymnos 22 € oder Kos-Patmos 39 €. Kinder von vier bis zehn Jahren zahlen die Hälfte, Kinder bis vier Jahre sind frei. Informationen (acu zu den Abfahrtzeiten) unter 12ne.gr.

Kos-Rhodos: Blue Star Ferries steuern Rhodos tägl. an. Die Fahrzeit Kos-Rhodos beträgt direkt etwa 3:30 Std. Eine Deckpassage kostet 20,50 € mit Blue Star, 15 € mit Saos. Sie können die Strecke auch schneller mit den Katamaranen von Dodekanisos Seaways (39 €) zurücklegen.

Kos-Nissiros: Zweimal wöchentlich fährt Blue Star Ferries über Nissiros (9 €) nach Rhodos; der Transfer per Katamaran (17 €) ist dreimal

Kos-Stadt & Umgebung → Karten hinterer Umschlag, S. 33 und 47

pro Woche im Angebot. Tägl. Verbindung via Kardamena (→ S. 102).

Weitere Inselverbindungen: Mehrmals wöchentlich können Sie von Kos nach *Tilos* gelangen. Bedient wird die Strecke von Dodekanisos Seaways und Blue Star Ferries. Mehrmals wöchentlich gibt es zudem Fähren nach *Symi*, tägl. setzt ein Katamaran über. Die Fahrt mit dem Katamaran kostet 32 €, für den Transfer mit der Blue-Star-Fähre zahlen Sie 12 €.

1-mal wöchentl. können Sie von Kos aus mit Fähren nach *Astipalea* fahren. Pro Person kostet die einfache Fahrt 14,50 €, sie dauert etwa 3:30 Std. *Samos* ist von Kos per Tragflächenboot (6-mal pro Woche) zu erreichen (44 €).

Kos–Bodrum: Tägl. setzen Katamarane (20 €) und Ausflugsfähren zum türkischen Ferienort über. Nähere Infos zu Bodrum → S. 165.

Ausflugsboote: Wer von Kos aus eine der umliegenden Inseln wie Nissiros besuchen möchte, kann das Angebot kleinerer Agenturen und Veranstalter vor Ort nutzen. Die Überfahrt mit den kleinen Ausflugsbooten und -fähren ist teurer als die Passage mit den Liniendampfern der großen Reedereien. Im ganzen Stadtgebiet und konzentriert rund um den Hafen befinden sich Büros von Fähr- und Reiseagenturen, die Tickets für die Ausflugsfahrten verkaufen. Tickets kann man in der Regel auch abends im Hafen auf den Booten kaufen (Näheres → Ausflüge von Kos-Stadt, S. 52).

Sporthafen In der etwa 1,5 km westlich des Mandraki-Hafens gelegenen **Kos Marina** ankern private Segelboote und Motorjachten. 250 Plätze stehen derzeit zur Verfügung – mit allem, was das Herz der Kapitäne begehrt: Strom, Wasser, Telefon- und Internetverbindungen direkt am Pier. Zudem eine Bar, Apartments für Segler, ein Restaurant und Shops mit maritimem Zubehör – sogar ein Waschsalon ist vorhanden. Das alte Hafenbecken ist Ankerplatz für die Ausflugs- und Fischerboote. kos marina.gr.

Auto-/Zweiradverleih In Kos-Stadt kann man Fahrzeuge aller Art mieten, Anbieter gibt es mehr als genug, die Preisunterschiede sind gering. Nachfolgend einige Beispiele verschiedener Auto- und Zweiradverleihe – das dort angegebene Preisniveau gilt als Orientierungshilfe auch für andere Agenturen in der Stadt. Nehmen Sie auf alle Fahrten die Telefonnummer der Verleihstation mit. Lassen Sie sich erklären, wo sich Ersatzreifen und Werkzeug befinden.

Sevi Rent a Car. Obwohl der Sitz des Autoverleihs in Tigaki ist (→ S. 64), lohnt es, sich hier ein Auto zu leihen, auch wenn man in Kos-Stadt wohnt. Große Auswahl an Modellen. Die Wagen sind in vorbildlichem Zustand und kosten in der NS ab 40 €, in der HS ab 50 € pro Tag, Vergünstigungen gibt es ab mehreren Tagen auf Anfrage. Der Service ist freundlich und zuverlässig. Ein Transfer der

In der Marina ankern bis zu 250 Jachten

Deckel mit Herz

Auf Kos, vor allem am Hafen von Kos-Stadt, stehen mehrere der herzförmigen Drahtgitter-Körbe. Darin sammeln die Koer die Deckel von Plastikflaschen für einen guten Zweck. Initiiert hat die Aktion der Verein SOTIR, der die Deckel an eine Recyclinganlage übergibt. Das schont nicht nur die Umwelt, sondern kommt auch noch Kindern mit Behinderungen zugute: Für je drei Tonnen Deckel erhält der Verein einen Rollstuhl. Sollte der Bedarf gedeckt sein, stellt der Verein einer Schule für Kinder mit Behinderungen Material zur Verfügung. Also: Deckel nicht einfach in den Müll, sondern in die Sammelboxen werfen!

Fahrzeuge zum Flughafen ist problemlos möglich. ✆ 22420-69076 oder 22420-68299, sevirentacar.gr

Avance 43 Großer griechischer Verleiher mit zwei Station auf Kos: am Flughafen und in Kos-Stadt (Lambi). Da Taxen auf Kos manchmal schwer zu bekommen sind, kann für Individualreisende die Fahrt vom Flughafen zur Unterkunft oder zurück mit dem Leihwagen interessant sein. Besonders einfach ist es mit Avance, da der Schlüssel am Schalter im Flughafen abgegeben wird und die Wagen auf dem Leihwagenparkplatz direkt vor dem Terminal bereitstehen. Genauso einfach funktioniert die Rückgabe, auch in der Filiale in Lambi (Ethelonton Palaion). Angebote ab 40 € pro Tag für einen Kleinwagen. ✆ 22420-28406, avance.gr.

Safari Rent a Car 28 Einen Kleinwagen gibt es in der HS ab 40 € pro Tag, einen Suzuki-Jeep für rund 70 €, hochwertige Cabrios ab 90 €. Wer das Auto für drei Tage oder mehr mietet, bekommt Rabatt. 24-Std.- und Liefer-Service; die Autos können auch am Flughafen oder der Filiale in Tigaki entgegengenommen und abgegeben werden. Harmilou/Ecke Karaiskaki 17, ✆ 22420-21023, 69-44533420, safari-rentacar.gr.

Escape Rentals 16 Hat sich auf Zweiräder und Quads spezialisiert. Die Fahrzeuge sind in einem guten Zustand. City Bikes gibt es in der HS ab 5 € pro Tag; hochwertige Mountainbikes und Rennräder ab 25 €. Groß ist die Auswahl an motorisierten Zweirädern ab 50 ccm. Scooter ab 20 € pro Tag, leistungsstarke Quads gibt es ab 75 €. Rabatte ab drei Tagen. Vas. Georgiou 12, ✆ 22420-29620 und 69-37175860, billisantonis@gmail.com.

Ideal 42 Große Auswahl an Fahrrädern (ab 5 € pro Tag), E-Bikes, Tandems, Mountainbikes (ab 8 €), Rennrädern, Scootern (ab 20 €), Buggys und Quads. Der Service überzeugt: eigene Werkstatt, Abholen vom Hotel, 24-Stunden-Pannenbereitschaft. Eth. Antistaseos 57 und G. Papandreou (Lambi) ✆ 22420-29003 und 69-44640050, idealrentals.eu.

Moto Holidays 15 Der Verleih (mit eigener Werkstatt) verfügt über insgesamt vier Läden, zwei davon in Kos-Stadt und zwei in Lambi. Die Zentrale liegt in der Meg.-Alexandrou 21. Mieträder (Trekking, City) sind ab 4 € erhältlich, Scooter (50–125 ccm) ab 20–25 €, Quads (300 ccm) oder Kleinwagen ab 45 € pro Tag. Wer ein Fahrzeug eine Woche leiht, zahlt nur 6 Tage. ✆ 22420-28676.

Moto Service 26 Empfehlenswert, die Fahrzeuge sind in sehr gutem Zustand, der Service ist prima. Ein Scooter oder ein Motorroller kostet 20 €, ein Fahrrad ab 4 €, E-Bikes 13 € pro Tag. Angeboten werden auch leistungsstarke Quads (300 ccm) und Kleinwagen ab 45 € sowie Buggys ab 100 €. Rabatte ab drei Tagen Entleihdauer. Service: Wer abends in den Bars trinken möchte, tauscht sein Fahrzeug für die Nacht gegen ein Fahrrad ein. Am nächsten Morgen können Sie dann nüchtern wieder auf Ihr motorisiertes Gefährt steigen. Harmilou 7 und in der Nähe des Hotels Pelagos in Lambi, ✆ 22420-24828.

Elerent E-Roller. Die schwarz-grünen Roller sind vor allem im Zentrum von Kos präsent – und dort auch sehr praktisch, weil sie überall abgestellt werden können. Weiterer Pluspunkt ist die einfache Nutzung: Elerent-App runterladen, registrieren und vor dem Start den QR-Code auf dem Roller scannen. Die Fahrt kostet 1 € Startgebühr und knapp 30 Cent pro Minute.

Kos-Stadt & Umgebung → Karten hinterer Umschlag, S. 33 und 47

Seltenes Handwerk: Ikonenmalerei

Der Ikonenmaler von Kos

Seit 1973 lebt Panajotis Katapodis mit seiner schwedischen Frau auf Kos. Katapodis ist professioneller Ikonenmaler. In mehreren Kirchen wie der Ag.-Nikolaus-Kirche an der Odos Korai und in vielen kleinen Kapellen sind seine Werke zu bewundern. Die sind strengen Regeln unterworfen. Vorgegeben sind nicht nur Proportionen und Farben, sondern auch die Körperhaltung – bis hin zur Darstellung einzelner Fingerglieder reichen die Bestimmungen. Folgerichtig bleibt der Ikonenmaler anonym, tritt komplett hinter sein Werk zurück. 15 Jahre musste Katapodis lernen. Ein langer Weg. Doch es geht auch nicht um ein x-beliebiges Produkt. Der griechisch-orthodoxe Glaube verehrt die Ikone als Abbild der auf ihr dargestellten Heiligen und Szenen unmittelbar. Mit anderen Worten: Ikonen sind heilig. Erstellt werden sie meist von Mönchen, die in einem Kloster leben. Katapodis ist einer der wenigen „weltlichen" Ikonenmaler, die von der orthodoxen Kirche anerkannt sind. Nicht nur Kirchen und Kapellen zieren Katapodis' Werke, auch viele Haushalte schmücken sich mit seinen Ikonen. Leider empfängt der Ikonenmaler inzwischen keine Besucher mehr in seinem Atelier oberhalb der Stadt.

Einkaufen

Die meisten Läden haben tägl. durchgehend von 8.30 Uhr bis mindestens 21 Uhr geöffnet. Samstags schließen die großen Supermärkte um 18 Uhr. Sonntags sind viele Geschäfte in Kos-Stadt geschlossen. Keinen Ruhetag kennen Souvenirläden für Touristen und die meisten Minimärkte.

Floristik Balkone und Terrassen in Kos-Stadt sind oft üppig begrünt. Die Pflanzen aller Art (inkl. Kräuter) könnten von **LouLouDou** stammen. Das Geschäft an der Ecke Korai/Mitropoleos bietet auch eine große Auswahl an Schnittblumen und viele florale Mitbringsel wie getrocknete Sträuße oder sogenannte AirPlants (Tillandsia).

Gewürze/Honig Rosmarin, Lavendel, Thymian, Oregano, Griechische-Salat-Mischung ... Eine beachtliche Auswahl an Gewürzen und Honig in unterschiedlichen Größen und Geschmacksrichtungen finden Sie in der **Markthalle** – es duftet betörend aus allen Ecken. Möchten Sie mehr als ein Glas Honig mit nach Hause nehmen, empfehlen wir einen Abstecher in einen der großen den **Supermärkte** (siehe unten): Hier gibt es die süße Köstlichkeit bis zu einem Drittel billiger als in den Geschäften der Innenstadt.

Komboloi Es gibt wohl kaum ein Souvenir, das mehr an Griechenland erinnert, als das Komboloi – Lieblingsspielzeug griechischer Männer. Die Griechen haben es aus der türkischen Gebetskette entwickelt, die aus 99 Perlen für sämtliche Namen Allahs besteht. Beim Komboloi – das heute keine religiöse Bedeutung mehr hat – wurde die Anzahl der Kugeln mittlerweile reduziert. Mit 13, 15 oder 17 aus Holz, Kunststoff, Bernstein, Glas oder Silber gefertigten Kugeln lässt es sich leichter spielen.

Eine reiche Auswahl dieser vielseitigen Perlenketten führt das kleine Geschäft in der A.-Ipssilandou 14, nahe der Ecke zur 25.-Martiou. Hier gibt es von der bunten Plastikvariante für 5 € bis zur Kette aus Bernstein oder Silber einfach alles.

Markthalle Mitten auf dem Eleftherias-Platz steht die große, weiß getünchte Markthalle von Kos. In dem 1934 von den Italienern errichteten Bau bieten Händler eine breite Palette an Obst und Gemüse an, auch Thymianhonig, qualitativ hochwertiges Olivenöl und Kräuter. Außerdem finden Sie hier eine große Auswahl lokaler Süßigkeiten, z. B. in Honig eingelegte Walnüsse, in Sirup eingelegte Früchte oder weißen Nougat (besser bekannt als türkischer Honig), der vorwiegend aus Eischnee, Honig und Mandeln, teilweise auch kandierten Früchten besteht. Neben weiteren kulinarischen Köstlichkeiten, wie lokalen Weinen oder Bio-Kosmetika, sind auch Souvenirs aus Holz oder Ton zu erwerben. In der Hochsaison tägl. 8–23 Uhr.

Mode In der Straße Kanari reihen sich Geschäfte, die allerlei Plagiate, Handtücher und mehr oder weniger geschmackvoll bedruckte Kleidung anbieten. Die Koer kaufen Kleidung rund um die El. Venizelou, z. B. beim Store des griechischen Labels **Funky Buddha.** In der Vas. Pavlou 22 bietet **Electra** handgefertigte Handtaschen, Hüte und Schmuck von griechischen Desigern an.

Musikinstrumente Typisch griechische Musikinstrumente wie Bouzoukias und Gitarren, aber auch Synthesizer und Zubehör gibt es bei **Kahoudis** in dem winzigen Viertel Marmaroto, das an der Verlängerung der Grigoriou-E. in Richtung Asklepieion linker Hand liegt, ✆ 22420-26201.

Sandalen/Schuhe Handgefertigte Sandalen produziert und verkauft der Schuster in seinem kleinen Werkstattgeschäft namens **Elli Kos** in der Vas.-Pavlou 9, gegenüber der Markthalle. Hochwertige Sandalen gibt es ab 15 €.

Schmuck Vor allem in der Altstadt von Kos finden sich viele Anbieter, die Auswahl reicht von einfachen Ständen auf der Straße mit preisgünstigem Silberschmuck bis hin zu teuren Juwelierläden.

Spirituosen Reichliche Auswahl an griechischen und internationalen Spezialitäten, auch an Wein und Sekt, bieten zwei Geschäfte: Ipssilandou-Straße/Ecke Riga Ferreou; das andere finden Sie an der Ecke 25th Martiou.

Sportgeräte/-kleidung Die größte Auswahl auf Kos hat **Kosmosport** in der El.-Venizelou 23. Direkt nebenan befindet sich **Diana Sport;** das Geschäft hat sich auf Tauchen und Angeln spezialisiert. Sportutensilien finden Sie zudem in der Filiale des britischen Herstellers **Admiral** in der Straße Kleopatras, nahe dem Busbahnhof.

Baima Kos, spezialisiert auf Fischen, Jagen und Tauchen. Irodotou 12, ✆ 22420-20354, baimakos@gmail.com.

Supermärkte Viele Läden nennen sich zwar Supermarkt, doch die meisten haben nur ein kleines Sortiment. Zu Recht trägt z. B. **Sklavenitis** an der Schnellstraße Richtung Zipari diesen Namen, der größte Supermarkt der Insel liegt am Highway, rund 4,5 km vom Stadtzentrum entfernt. Das Sortiment reicht von Lebensmitteln über Kosmetika und Kleidung bis hin zu Haushaltswaren. In der Nähe liegt noch eine Filiale von **Lidl.** In Kos-Stadt haben die zwei Supermärkte von **Kritikos** die größte Auswahl (Archiepiskopou Gerasimou 35–39 und Eth. Antistasis 93). Leider gibt es keinen ausgewiesenen **Bio-Supermarkt** in Kos-Stadt, wohl aber mehrere Bauernmärkte an der Küstenstraße Richtung Tigaki, ungefähr auf halber Strecke zwischen den Orten.

Wein **Cava,** eine empfehlenswerte Adresse, um lokalen, aber auch internationalen Wein zu kaufen. Der ganze hintere Bereich des Laden-

Weißer Nougat: eine von vielen Spezialitäten in der Markthalle

lokals ist dem Wein gewidmet, die Auswahl ist entsprechend groß, die Preise sind vernünftig. Ipsilantou/Ecke Riga Ferreou.

Zeitungen Fast alle größeren europäischen Zeitungen und Zeitschriften sind – mit einem Tag Verspätung – in dem Zeitschriftenhandel am Eleftherias-Platz erhältlich.

Sport & Spiel

Angeln Boote und Equipment stehen im Hafen bereit, z. B. bei **Agios Georgios.** Eine dreistündige Tour mit max. 6 Anglern an Bord kostet 40 € pro Person. Den gefangenen Fisch können Sie später in einer kooperierenden Taverne zubereiten lassen. ✆ 69-43667561.

Basketball Freiplätze gibt es etliche. In der Halle an der Ecke Artemisias-/Fenaretis trainieren die Teams des örtlichen Basketballclubs. Die Damen spielen sogar in der ersten Liga.

Beachvolleyball Mehrere gepflegte Plätze finden Sie am Lambi-Strand.

Fahrradfahren Auf Kos ein beliebter Sport. Gut 6.500 Leihräder soll es nach Angaben der Toruristeninformation auf Kos geben. Die Stadtverwaltung bewies ein Herz für die Radler: 3 m breite, asphaltierte Radwege ziehen sich vom Stadtrand über das Kap Psalidi in Richtung Kap Ag. Fokas auf der einen und vom Kap Skandari mehrere Kilometer in Richtung Tigaki auf der anderen Seite. Außerdem ist auf dem Highway zwischen Kos-Stadt und Zipari eine Spur für Radfahrer reserviert. Die Stadtverwaltung hat die Uferstraße zur Einbahnstraße für Autos erklärt. Dafür führen jetzt Radwege am Hafen entlang.

Mountainbiken **KAPU.** Das Akronym steht für „Kos Adventures Places Unknown". Das Team von KAPU, Nicolas und Angelo, bietet Mountainbike-Touren mit hochwertigen klassischen Rädern und E-Bikes an. Die Teilnehmer fahren hauptsächlich auf und um den Berg Sympetro. Sie starten direkt vom Shop am Jachthafen oder werden zum Startpunkt mit dem Auto gefahren. Wer möchte, kann sein Können auf einem oder mehreren Trails unter Beweis stellen oder dort das Fahren im Gelände erlernen. Die Einrichtung der Trails begann 2016, zwei Jahre später erweiterten Freiwillige aus ganz Europa im Rahmen des Aegean Trail Project das Trail-Netz. Das KAPU-Team hat Touren mit maximal 9 Teilnehmern im Angebot. Außerdem werden auf Anfrage Touren auf Nissiros oder Wanderungen veranstaltet, z. B. die Dikeos-Besteigung. Buchen Sie am besten direkt über die Website oder kontaktieren Sie den Shop, die Preise sind dann 20 Prozent günstiger als bei einer Buchung über Ihr Hotel. Touren bei Direktbuchung ab 80 €, Wanderungen ab 50 €, ✆ 030-69 57594395, gokapu.com.

Rennradfahren Rennradfahrer sind auf Kos oft zu sehen; auch einen Radsportclub (koscyclingclub.gr) gibt es. Räder sind z. B. bei **Escape** und **Ideal** (→ S. 39) für 25–30 € pro Tag zu mieten, auf Wunsch auch mit Klickpedalen (SPD), die Rennradschuhe müssen Sie von zu Hause mitbringen oder in einem der sehr gut sortierten Fahrradgeschäfte in der Asklipiou in Platani kaufen. Ambitionierte Fahrer sollten auch ihren Helm mitbringen, die Modelle der Verleiher machen nicht den besten Eindruck. Es gibt eine ganze Reihe empfehlenswerter Strecken, z. B. Kos–Kefalos (ca. 40 km, eher flach) oder Kos–Kardamena via Pyli (ca. 29 km, bergig). Tourenvorschläge sind auf den Plattformen Komoot oder Strava vorhanden. Der Asphalt ist gut, auf Schlaglöcher ist allerdings zu achten, auch Rollsplit gibt es leider immer wieder. Und wenn etwas zu reparieren ist: Die Werkstatt Sernikos Cycling kennt sich mit Racebikes aus. Asklipiou 31, ✆ 22420-27117.

Fitness Studios gibt es eine ganze Reihe im Stadtgebiet, teils auch in den größeren Hotels. Für Gäste ist die Nutzung in der Regel frei, ansonsten ist eine Gebühr (um 5 € pro Tag) zu zahlen.

Fußball Auf dem Kunstrasenplatz an der Artemisias-Straße oder dem Stadion an der Al Papanastasiou wird trainiert und gespielt. Die Gäste der großen Hotels am Kap Psalidi können auf kleinen Kunstrasenplätzen spielen. Strandfußball ist unter anderem auf dem Gelände der Mylos-Bar möglich.

Gokart Im Stadtgebiet von Kos gibt es eine Bahn. Sie liegt in Psalidi, rund 5 km vom Zentrum entfernt. 10 Min. kosten 12 €.

Tennis Die meisten großen Hotels außerhalb des Stadtzentrums haben einen Tennisplatz, viele mit Flutlicht. Schläger und Bälle können meist geliehen werden, z. T. gegen Gebühr.

Wassersport Das Angebot ist groß. Auch einige Hotels haben Wassersportstationen eingerichtet, wie z. B. das Oceanis und das Sun Palace beim Kap Psalidi sowie das Costa Angela in Lambi. Die Stationen verleihen ihre Surfbretter bevorzugt an Hotelgäste. Der Wind kommt meist aus nörlicher Richtung, bewegt sich also parallel zum Ufer.

Anemos Windsurf Club. Stadtnächster und günstigster Anbieter, 500 m hinter der Marina Richtung Ag. Fokas. Verliehen werden Surfbretter (1 Std. 20 €) und Ausrüstung für Stand-Up-Paddling (1 Std. 15 €). Wer einen 2-stündigen Surf-Schnupperkurs absolvieren möchte, bezahlt 50 €. Außerdem im Angebot: Jetski, Parasailing, Wasserski und kleine Katamarane. ✆ 69-44730719, anemoswindsurf.gr.

Windzone Surf Club. Das Team bietet Wind- und Kitesurfing, Windsurf-Equipment für 300 € pro Woche. Kurse gibt es auch, z. B. zweistündiger privater Kitesurfing-Einstiegskurs (140 €) oder zweistündiger privater Windsurfkurs (70 €); in der Gruppe günstiger. Die Station liegt am Strand vor dem Naturschutzgebiet Psalidi Wetlands. ✆ 69-39117475, windzone-kos.gr.

Big Blue Watersports Center. Ebenfalls in Psalidi, am Strandabschnitt vor dem Hotel Natura Park Village. Spiros Emmanuel und sein Team haben Windsurfing im Programm. Equipment je Woche für 320 €, es gibt auch Unterricht. ✆ 69-45898232, bigblue-surfcenter.gr.

Tauchen Die Tauchreviere bei Kos sind nicht gerade berauschend, die Ägäis ist praktisch leer gefischt. Dennoch nutzen viele im Urlaub die Gelegenheit und entdecken die Welt unter Wasser.

Die Ägäis: ein traumhaftes Segelrevier

Kos-Stadt & Umgebung → Karten hinterer Umschlag, S. 33 und 47

Ein Einsteigerkurs bei **Liamis Dive Centre** bzw. **Kos Diving** kostet rund 85 €, im Preis sind die Bootsfahrt, die Ausrüstung, Einweisung (auf Deutsch) und Unterwasserbegleitung enthalten. Sicherheit schreiben die Tauchlehrer groß: In kleinen Gruppen mit ständiger Begleitung geht es maximal 6 m tief. Alles andere wäre für Anfänger zu gefährlich. Schnorchel-Touren (ca. 5 Std.) werden für 40 € angeboten. Das Boot liegt im Hafen Mandraki, ✆ 69-44295830, kosdiving. com.

Die **Kos Divers** sitzen beim Niriides Beach Hotel in Psalidi, etwa 1,5 km vom Zentrum entfernt. Hier bietet man begleitete Tauchgänge an, Refresher-Kurse (sowie Ausrüstung und Zubehör zum Verkauf. Im Kipriotis Village Resort, einer großen Ferienanlage ebenfalls in Psalidi, werden außerdem PADI-Tauchkurse für Anfänger und zertifizierte Taucher angeboten (ab 100 €), ✆ 22420-21553 oder 69-32155422, kosdivers.com.

Übernachten

→ Karten hinterer Umschlag, S. 33 und S. 47

Hotels und Pensionen sind weit über die Stadt verteilt. Doch Sie müssen nicht in Hafennähe wohnen, um nahezu alles in der Stadt bequem zu Fuß oder mit dem Fahrrad zu erreichen – die Stadt ist nicht sehr groß. Wer absolute Ruhe haben will, sollte ein Hotel in einer Seitenstraße wählen oder nach Psalidi oder Lambi ausweichen.

Moderne Hotelarchitektur

Da viele Unterkünfte an Reiseveranstalter oder Agenturen angeschlossen sind, kann die Zimmersuche für Individualreisende in der Hochsaison nervenaufreibend sein. Wir haben in die folgende Liste vor allem empfehlenswerte Häuser aufgenommen, die ohne Agentur arbeiten.

Im Stadtzentrum **Koala** **29** Von der australisch-griechischen Familie Patakos geführtes Hotel. Großer, ansprechender Dachgarten mit Liegestühlen. Ausgestattet sind die Zimmer mit Klimaanlage, Fernseher und Kühlschrank. Insgesamt 49 DZ. In der Nebensaison gibt es Sonderangebote, über die die Website informiert. Harmilou 21, ✆ 22420-22897, koalahotel. gr. **€**

meinTipp **Afendoulis** **21** Das Hotel wird von Alexis Zikas mit seiner Frau Denise, seiner Tochter Kiriaki und deren Mann Dimitris geführt. Ein sympathischer Familienbetrieb! Es liegt abseits vom Getümmel des Hafenviertels und doch nur zehn Gehminuten davon entfernt. Die 20 Zimmer, meist mit Balkon, haben alle einen privaten Telefonanschluss, ein Bad, einen eigenen Kühlschrank, Fernseher und Klimaanlagen. Sowohl die Zimmer als auch die Küche befinden sich in einem ausgesprochen sauberen Zustand. Auf der Terrasse vor dem Haus wird das Frühstück serviert, hier kann man in Ruhe sitzen, lesen oder den Katzen beim Spielen zusehen. Auf die Tavernen- und Ausflugstipps der Betreiber ist stets Verlass, sie helfen beim Buchen von Fähren und Mietwagen - und wenn die Zeit es zulässt, begleiten sie die Gäste auch auf einer Tour. Die selbst gekochten Marmeladen von Denise, die zum Frühstück auf den Tisch kommen, sind legendär! Evripilou 1, ✆ 22420-25321, afendoulis hotel.com. **€**

meinTipp **Hotel Sonia** 9 Das City-Hotel punktet mit seiner hervorragenden Lage nahe dem Hafen: Tavernen, Clubs und die wichtigsten Sehenswürdigkeiten sind fußläufig zu erreichen. Sonia und ihre beiden Söhne Yannis und Afendoulis überzeugen durch ihre Gastfreundlichkeit und sorgen dafür, dass keine Wünsche offen bleiben. Wenn man beim Frühstücksbuffet mit Reisenden aus anderen Ländern plaudert, dann hat der Urlaub begonnen. Mit Tour- und Tavernentipps sorgt das Sonia-Team für einen gelungenen Kos-Aufenthalt. Die zweistöckige Pension verfügt über 14 Zimmer, die meisten mit Balkon. Die Einrichtung ist neu, die Bäder sauber und gepflegt. Irodotou 9, ✆ 22420-28798 und 69-45286233, hotelsonia.gr. **€€**

Kos Aktis 12 Direkt am Stadtstrand gelegen. Wer auf gestylte Zimmer Wert legt, ist in diesem „Art Hotel" richtig. Satiniertes Glas, Marmor, Metall und edle Hölzer sind für den Innenausbau verwendet worden. Die Gäste bringen ihre Körper im Fitnessstudio in Form. Das moderne Design prägt auch das hoteleigene Bar-Restaurant H2O. Vas.-Georgiou 7, ✆ 22420-47200, kosaktis.gr. **€€€€**

Phaeton 13 Das in die Jahre gekommene Zwei-Sterne-Hotel liegt abseits des von Nachtschwärmern in Beschlag genommenen Hafenviertels. Die 31 klimatisierten (recht schmalen) Zimmer verfügen über Balkon, Bad und Toilette. Zur Ausstattung gehören auch Fernseher und Kühlschrank. Dicke Zypressen sorgen für angenehmen Schatten, und vor dem Haus werden kühle Getränke serviert. El.-Venizelou 75, ✆ 22420-28901. **€**

Maritina 39 Ruhig und dennoch nahe dem Zentrum gelegen, wird das 3-Sterne-Hotel auch von vielen Griechen genutzt, die nach Kos kommen, sei es privat oder beruflich. Die Ausstattung der 81 Zimmer dürfte kaum Wünsche offen lassen: Klimaanlage, Minibar, Fernseher und Balkon gehören dazu – und eine Dachterrasse mit Pool. Das Haus ist barrierefrei eingerichtet. Vironos 19/Ecke Ag. Nikolau, ✆ 22420-23511, maritina.gr. **€€**

Lambi **Manine.** Einfaches Zwei-Sterne-Haus mit freundlichem Personal, ruhig gelegen, abseits des Trubels und fernab großer Straßen. Die 12 Apartments bestehen jeweils aus zwei Zimmern mit kleiner Küchenzeile. Ein kleiner Pool und der Party-Raum, der Freitag und Samstag genutzt wird, bilden das Herzstück des Hauses. Olympias (abzweigende Stichstraße an der Feuerwache), ✆ 22420-28192. **€**

Psalidi **Theodorou Beach Hotel** 46 Am östlichen Ende der Marina, 1,5 km von Kos-Zentrum entfernt. Das Hotel ist architektonisch angenehm zurückhaltend und trägt den Namen des Strandes, der nur 30 m entfernt ist; hier betreibt das Haus eine Beach-Bar. Einen hauseigenen Pool gibt es auch noch. Die geräumigen Zimmer sind geschmackvoll eingerichtet und gepflegt, mit einer Kochgelegenheit und einem Kühlschrank ausgestattet, haben Bad, Balkon, Klimaanlage und Fernseher. ✆ 22420-22280, theodorouhotel.com. **€€**

meinTipp **Seagull Apartments** 48 An der Straße zu den Embros-Thermen, ca. 5 km vom Stadtzentrum entfernt. Der Stadtbus hält vor der Haustür. Insgesamt 14 Apartments vermietet die sympathische deutsch-griechische Betreiberfamilie. In dem großen Garten rund um die Apartments gib es einen Pool. Das Meer ist aber auch nur 400 m entfernt. Vangelis, Marlies und Kristina Dimoudis kümmern sich intensiv um die Gäste. Der Strand ist 400 m entfernt. ✆ 22420-25200, seagull-kos.gr. **€€€**

Michelangelo Resort & Spa 49 Das Hotel an der Ostspitze der Insel beim Agios Fokas integriert sich trotz seiner 250 Zimmer harmonisch in die Küstenlandschaft. Blickfang ist der 120 m lange Panoramapool, der direkt an die Steilküste grenzt. Die Zimmer sind ab 25 m^2 groß, komfortabel ausgestattet und alle mit Balkon ausgerüstet. Ausgezeichnete Restaurants, Bars, eine großer Wellnessbereich (u. a. Sauna, Fitnesscenter, Yogakurse) sowie eine breites Sportangebot mit Kleinfeld-Fußballplatz, Tennis und Beachvolleyball stehen den Gästen zur Verfügung. Einen Wermutstropfen gibt es: Der Strand unterhalb des Hotels ist recht schmal und kiesig. ✆ 22420-45810, michelangelo.gr. **€€€€**

Essen & Trinken

→ Karten hinterer Umschlag, S. 33 und S. 47

Vom etwas feineren Restaurant bis zur Gyros-Bude, von der Pekingente über Moussaka bis zur Pizza Margherita ist in Kos-Stadt alles zu haben. Unsere Auswahl beschränkt sich auf gute Restaurants mit griechischer Küche, die viel besser ist als ihr internationaler Ruf.

Restaurants in der Innenstadt **Petrino** **19** Ein schöner Ort für einen feierlichen Anlass: Man speist in einem auf zwei großen Stufen angelegten, sehr ruhigen Garten, in dem alles üppig blüht und duftet. Die wohlschmeckende griechische Küche, die mit großer Sorgfalt zubereitet wird, kann einige Anleihen aus der internationalen Kochkunst nicht leugnen. Das führt zu größerem Abwechslungsreichtum als in den meisten anderen Tavernen: So kann man hier zur Vorspeise auch mit Shrimps gefüllte Avocados essen, und die Salatvariationen sind ausgesprochen vielfältig. Die Speisen sind zwar teurer als anderswo, aber wir sind entspannt, satt und zufrieden nach Hause gegangen. I.-Theologou-/Ap.-Pavlou, ✆ 22420-27251.

meinTipp **Elia** **23** Mitten in der Altstadt liegt dieses ganzjährig geöffnete Restaurant, doch dank der schattigen Terrasse auf der Rückseite entfliehen Gäste dem Trubel sofort nach dem Eintritt. Die Küche ist offen, bei der Zubereitung der Speisen kann man jederzeit zusehen – hier ist man stolz auf seine Produkte. Die Vorspeisen (Mezes) wie das Auberginensaganaki oder die Olivenpitta mit Sesam und Fetakäse sind ausgezeichnet, das Lamm in Tomatensoße mit Honig und Zimt (Kapamas) als Hauptspeise reicht fast für zwei Personen. Wirt Sotiris serviert zudem hausgemachte Liköre. Kein Wunder, das das Elia auch bei Koern sehr beliebt ist. Apellou 27, elia-kos.gr.

Never on Sunday **25** Sonntags ist die familiäre Taverne tatsächlich geschlossen. An den anderen Tagen genießt man die griechischen Gerichte an den wenigen Tischen auf der Terrasse. Das Haus liegt zwar nahe dem Busbahnhof, aber so versteckt, dass man es leicht übersieht. Pisandrou 9.

Kafenion an der Busstation **40** Es dürfte kaum einen besseren Platz geben, um auf den Bus zu warten. Das Kafenion serviert auf der schattigen Veranda Mezes, mittwochabends gibt es griechische Live-Musik. Pisandrou 4.

La Prima **22** Das Restaurant liegt an einem für den Verkehr gesperrten kleinen Platz mit Springbrunnen am Ende der Fußgängerzone. Ein guter Ort für Familien. Das La Prima offeriert gute griechische Küche, z. B. Dolmades mit Kohlblättern, Zucchiniblüten gefüllt mit Reis oder Ziegengerichte wie das gefüllte Kleftiko. Lassen Sie etwas Platz und ordern Sie zum Nachtisch das Schokoladensoufflé. Der Service ist zuvorkommend (auch deutschsprachig). Wer es ruhig mag, wechselt auf die Terrasse in der ersten Etage und blickt auf die Flanierenden. Tipp: Besuchen Sie das Restaurant am Samstagabend, denn dann finden Konzerte auf dem Platz statt. Platia Diagora.

Taverne Agora **37** Hinter der Markthalle, in der Vas.-Pavlou-Straße, kann man im Schatten eine Rast einlegen. Das Restaurant liegt im Zentrum des touristischen Treibens. Die Preise sind etwas höher, der Platz unter vier Schatten spendenden Platanen ist dafür aber einer der schönsten der Altstadt. ✆ 22420-25885.

Restaurants nördlich der Innenstadt **Mummy's Cooking** **8** All das, was die überschaubare Karte aufführt, schmeckt vorzüglich. Zudem werden, wenn möglich, lokale Zutaten verwendet. Die Kellner erklären gerne, was sich hinter den einzelnen Gerichten verbirgt. Weil die Taverne relativ preiswert und recht klein ist, findet man in der HS keinen Tisch, wenn man nicht früh genug hier ist. Spezialität: Mummy's Lamm (12 €), Vegetariern sei die Kichererbsen-Suppe ans Herz gelegt. Bouboulinas 13/Irodotou, ✆ 22420-28525.

Patriko **5** Die Kombination aus günstigen Preisen (Hauptspeisen um 10 €) und leckeren Speisen führt dazu, dass die Taverne in der Saison fast jeden Abend bis auf den letzten Platz gefüllt ist. Geboten wird griechische Küche mit einigen arabischen Akzenten. Der Auberginensalat mit Walnüssen schmeckt ausgezeichnet, ebenso das Moussaka und das schön scharfe Adana Kebab. Spezialität des Hauses ist die Schweinshaxe (Kotsi). Reservierung empfohlen. Alikarnissou 35, ✆ 22420-20541.

Lampros **6** Auch nach dem Umzug in eine größere Lokalität eines der beliebtesten Restaurants bei den Einheimischen. Der Service ist herzlich und prompt, Spezialität des seit 1935 bestehenden Traditionshauses sind die Rind- oder Schweinefleisch-Souvlakis, u. a. mit Kreuzkümmel gewürzt. Die begehrten Spieße werden auch außer Haus verkauft, wovon die Koer regen Gebrauch machen. Doch auch wer kein Fleisch, sondern z. B. einen Tintenfischsalat bestellt, wird nicht enttäuscht: Erfrischend und würzig ist die Vorspeise. Psaron 17/Spetson, ✆ 22420-28808.

meinTipp **Broadway** **17** Alteingesessenes Restaurant, von Kostas eröffnet, nachdem er Ende der 1980er-Jahre mit seiner Familie aus New York zurückkehrte und seine Kochkünste auf der Insel zelebrierte. Inzwischen führt sein Sohn Yiannis in der Küche Regie und setzt auf griechische Küche – die er gekonnt variiert.

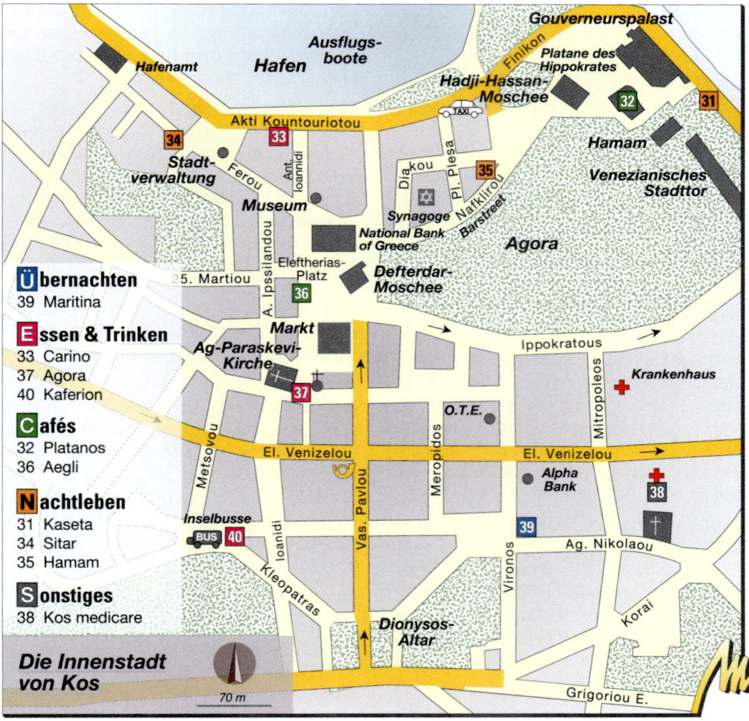

Köstlich schmeckt der Krasotiri, ein in Rotwein eingelegter, lokaler Ziegenkäse, gratiniert mit einer Marmelade aus roten Zwiebeln, serviert auf einem Brioche-Bun. Die Experementierfreude zieht sich durch die ganze Karte, so wird das Moussaka als Krokette serviert. Lassen Sie sich überraschen, es schmeckt toll, auch die vegetarischen und veganen Gerichte. Reservierung nötig. Meg. Alexandrou 36, ✆ 22420-27052, broadway-kos.gr.

meinTipp **Ta Votsalakia** **4** Die Konkurrenz der Fischtavernen auf der Averof-Straße ist groß. Uns – und vielen anderen – hat diese Fischtaverne am Meer, nahe dem Hafen, dort wo der Stadtstrand beginnt, am besten gefallen. Der Grund: Das Essen ist frisch, einfach und gut, die Preise angemessen. Als Fisch-Mezedes wurden u. a. Maridaki und Sardinen (je 6 €) angeboten. Köstlich! Auch der gegrillte Tintenfisch als Hauptgang (10 €) war fein. Wer keinen Fisch mag, bekommt auch Vegetarisches oder ein Fleischgericht. Averof 1, ✆ 22420-26555.

Nick The Fisherman **1** Wie der Name schon sagt, das Restaurant gehört Nick: Nikolas Paras ist ein Fischer, der sich nicht nur auf den Fischfang, sondern auch vorzüglich auf die Zubereitung von allerlei Meeresgetier versteht. Während Nick und seine Frau die Speisen zubereiten, bedient der Sohn die Gäste. Mittlerweile hat sich der Familienbetrieb darauf verlegt, die Preise etwas anzuheben, bessere Weine zu servieren und somit eine insgesamt zahlungskräftigere Klientel an die Tische zu ziehen. Doch die hervorragenden Speisen sind ihren Preis allemal wert: Die gefüllten Kalamari sind genauso ein Gedicht wie das Schwertfisch-Steak in Zitronen-Olivenöl-Soße. Der Fisch kostet pro Kilo rund 60 €. Averof-/Alikarnasou.

Restaurants südlich der Innenstadt

Canadeza **24** Hier werden nicht nur vorzügliche Pizzen serviert, sondern auch gute traditionelle griechische Gerichte wie gefüllte Weinblätter, Feta Saganaki und ein richtig gutes Gyros. Angenehm: Man sitzt auf einer Terrasse

Kos-Stadt & Umgebung → Karten hinterer Umschlag, S. 33 und 47

abseits der Uferpromenade und deshalb ruhiger. Artemisias 31/Ecke Evripilou, ✆ 22420-25616.

Ali **20** Die griechische Küche mit türkischen Akzenten lockt Interessierte seit vielen Jahren in den Vorort Platani, nun gibt es diese besondere Küche auch in Kos-Stadt. Und kommt hier sehr gut an. Beliebt ist z. B. das Adana Kebab, scharf gewürztes und gegrilltes Hackfleisch, mit Reis oder Käse gefüllte Zucchini-Blüten und der ausgezeichnete Auberginensalat. Artemisias/ Ecke Thessalou, ✆ 22420-21860.

Antonas **27** In diese urgriechische Taverne verirrt sich selten ein Tourist. Tische, Stühle und Decken passen nicht wirklich zusammen – aber die einfachen griechischen Gerichte wie Souvlaki, Bifteki, Salate oder Fisch sind ausgezeichnet. Deswegen ist das Antonas bei den Einheimischen sehr beliebt. Mittags essen die Angestellten der umliegenden Büros mit Kollegen hier, nach Feierabend kommen Familien und Freunde. Filimonos 5.

Restaurants in der Umgebung **Mavromatis** **44** Ein köstliches Abendessen direkt in Psalidi am Strand, das Meer vor den Füßen, Sand in den Schuhen – und das nur 2 km vom Stadtzentrum entfernt. Einfach die Hafen- und später die Uferstraße entlangfahren in Richtung Psalidi, nach ca. 2 km sehen Sie auf der linken Seite die Taverne. In dem geräumigen Lokal und am Strand davor wird neben griechischer Küche vor allem Fisch serviert, z. B. Schwertfischfilet. ✆ 22420-22433.

Akrogiali **45** In Psalidi, nur wenige Schritte weiter stadtauswärts als das Mavromatis. Auch hier isst man direkt am Meeresstrand, der Service ist prima, die Speisen, die den Weg aus der sehr sauberen Küche auf den Tisch finden, sind es ebenfalls. Traditionelle Gerichte gibt es auch hier: Fisch und Fleisch vom Grill oder aus der Pfanne, zur Vorspeise vielleicht ein Tirokafteri (mit Peperoni gewürzte Schafskäsecreme) mit frischem Weißbrot oder Dolmadakia aus Kohl- statt aus Weinblättern? Man tritt den Weg nach Hause sicher zufrieden und gut gelaunt an. ✆ 22420-21357.

Lofaki **30** Eine grandiose Aussicht über Kos-Stadt und die Ägäis genießen Sie von diesem Café-Restaurant, das einsam auf einem Hügel über der Stadt thront, rund 4 km vom Zentrum entfernt. Bei den Koern ist es als Hochzeits-Location gefragt. Modernes, klares Design, große Terrasse, die Preise dem Ambiente angepasst etwas höher. Anfahrt: von der Gregoriou E rechts abbiegen in die Mitropoleos-Nathanail, am Kloster Ag. Georgios, dem Ikonenmaler (Icon Painter) und dem Wasserspeicher von Kos vorbei, dann noch rund 300 m den Hügel hinauf (ausgeschildert).

Cafés **Platanos** **32** Das Café trägt den Namen der legendären und inzwischen reichlich altersschwachen Platane des Hippokrates und befindet sich am gleichnamigen Platz. Die Stühle sind zum Teil auf die Agora, die beeindruckendste Ausgrabungsstätte der Stadt, ausgerichtet, sodass man einen wunderbaren Blick über das Areal genießt. Diese Aussicht und die leichte Musik, die hier meist im Hintergrund läuft, schaffen eine entspannte Atmosphäre. Abends oft Live-Musik. All das entschädigt für die höheren Preise.

Aegli **36** Das Café der Frauen-Kooperative liegt am zentralen Eleftherias-Platz, an dem sich auch Markthalle und Museum befinden. Das Konzept ist sympathisch, das Essen bestens. Serviert werden einfache, traditionelle griechische Gerichte zu reellen Preisen – vom Frühstück bis zum Abendessen. Die Produkte stammen, wenn möglich, von lokalen Bauern aus Kos.

MeinTipp **Mylos** **41** Liegt am Ende des Lambi-Strands an der alten Mühle. Bemerkenswerteste Sitzgelegenheiten sind die Holzbänke mit Kissen, die lässig im Sand stehen und von denen man bestens den regen Schiffsverkehr auf der Ägäis beobachten kann. Abends wird eher Alkohol als Frappé serviert. Der Ort ist auch bei den jungen Koern beliebt. Ein Beachfußball- sowie ein Beachvolleyballplatz sorgen für zusätzliche Unterhaltung. Auch auf den Liegestühlen am Strandabschnitt vor dem Café unter den Schatten spendenden Palmenschirmen wird man vom freundlichen Service mit Getränken und Speisen versorgt. ✆ 22420-23235.

Bella Vista **11** An der Uferstraße Akti Miaouli, gehört zum Nobelhotel Aktis. Hier bezahlt man den unverbauten Blick aufs Meer mit, doch man tut es gerne. Die Korbstühle sind bequem, der Kaffee ist genauso prima wie die Snacks, der Service stets freundlich. Frisch und mit ausgezeichnetem Dressing versehen sind die mediterranen Salate im **H2O-Restaurant** daneben.

Azzurro Bar. Neben dem Bella Vista, in einem von den Italienern in den 1930er-Jahren errichteten Prachtbau, genießen Besucher die entspannte Atmosphäre, tagsüber Kaffee und Frappé, abends Longdrinks und Cocktails. Die Stühle und Tische reichen bis zum Meer.

Snacks Die Koer kaufen ihre **Gyros-Pita** übrigens am liebsten beim Imbiss am Paleologou-Platz/Ecke M.-Alexandrou (für ca. 2,50 €).

Die besten **Souvlakis** (auch zum Mitnehmen) serviert die Taverne **Thrasivoulos** (Amerikis, ☏ 22420-26945). Es gibt die Souvlaki sowohl in der klassischen Version mit Fleischstücken oder mit Hackfleischbällchen – auch sehr lecker.

Süßspeisen Zentral liegt das alteingesessene **Ariston** am Platz zwischen dem archäologischen Museum, der Agora und der Defterdar-Moschee. Es gibt ausgezeichnete Torten und Baklava, ein Stück kostet um 2,50 €. Die Konditorei schließt schon am Mittag.

Wussten Sie, dass Eclairs eine griechische Spezialität sind? Die Koer nennen das (eigentlich französische) Gebäck zärtlich *Eklaraki* und kaufen es bevorzugt in der Konditorei **O Lichondis,** Ecke Grigoriou/Aristonos. Ausführliche Testreihen der Autoren dieses Buches haben ergeben, dass nicht nur die unterschiedlich gefüllten Eclairs, sondern auch das restliche Gebäck fantastisch ist!

Gute Süßspeisen gibt es auch bei **Deni's** in der Veriopoulou/Ecke M. Alexandrou. Was hier in den Regalen und an der Theke angeboten wird, muss man einfach probieren. Verführerische Eissorten und die leckeren Waffeltüten mit Schokoladenüberzug.

Seit 1953 versorgt die Konditorei **Mr. Serano** **2** an der Averof 61 die Koer mit Kuchen, Keksen und Desserts, vielfach in bunten Farben. Den süßen Verführungen ist kaum zu widerstehen.

Eisdiele Special **14** Ein Knüller in Sachen Eiscreme mit mehreren Filialen. Zunächst nur an der Uferpromenade angesiedelt, inzwischen auch an der Venizelou und Meg. Alexandrou – und nun auch in Zipare und Kardamena präsent. Betrieben wird die Eisdiele von einer Koer Bäckerfamilie, deren Sohn in Italien die Kunst des Eismachens gelernt hat. Die Süßigkeiten und Kuchen sind ebenfalls sehr begehrt, z. B. *Galaktoboureko,* Blätterteig mit Vanillecreme-Füllung und Sirup übergossen.

Carino **33** Die mitten im Hafen gelegene Manufaktur genießt einen ebenso guten Ruf wie das Special. Zu verheimlichen hat das Carino nichts, das Eis wird in einem Raum direkt neben der Theke hergestellt, ein großes Fenster gewährt Einblicke. Entscheiden Sie, wer das beste Eis auf Kos macht! Akti Kountourioti 11.

Nachtleben

→ Karten hinterer Umschlag, S. 33 und S. 47

Das Nachtleben von Kos kann sich sehen lassen, was Umfang, Angebot und Nachfrage angeht: Unzählige Bars und Kneipen schließen erst im Morgengrauen. Wer sich im Urlaub austoben will, dem sind in Kos-Stadt keine Grenzen gesetzt: Hier begegnen sich Nachtschwärmer und Frühaufsteher.

Barstreet Das Ausgehzentrum liegt mitten in der Stadt zwischen dem Eleftherias-Platz und der Platane des Hippokrates. Der Ort besitzt gewisse Ähnlichkeit mit dem Bermudadreieck – Absturz programmiert. In den drei Straßen Diakou, Pl. Plesa und Nafklirou grenzt eine Bar an die nächste, die Musik vermischt sich in der

Die Liebeserklärung im Hafen ist Tag und Nacht ein gutes Motiv

Hauptsaison allnächtlich auf den Straßen zu einem babylonischen Mix. Ob drinnen oder draußen – es wird getrunken, geflirtet und getanzt, vor den Bars auf und ab flaniert. Bis 4 Uhr morgens tobt das pralle Leben. Das Publikum ist gemischt, was die Nationalität angeht, und vorwiegend jung.

Ein zweites Zentrum mit mehreren Kneipen und Clubs ist zwischen Averof-Straße und Strand gewachsen.

Kantouni 18 Das Musik-Café in der Altstadt ist bei einheimischen Jugendlichen genauso angesagt wie bei Kos-Urlaubern. Der Innenraum lebt von der Rustikalität des fast 100 Jahre alten Gebäudes, der Hinterhof ist schlicht und bequem möbliert. Die Musik kommt von einem DJ. Wer Hunger hat, erhält auch spät noch Snacks, Drinks gibt es sowieso immer. Apellou 19.

Kaseta 31 Der In-Laden der Koer zwischen 30 und 50 Jahren, in dem meist griechische Popmusik läuft. Die Cocktails sind ausgezeichnet, zum Beispiel der Kaseta mit Gin, Maraschino, Grapefruit- und Zitronensaft. Akti Miaouli 4, neben dem Gouverneurspalast bzw. der Polizeistation.

Zero 10 Mit viel Liebe zum Detail eingerichteter Innenraum und ein großer Gartenbereich am römischen Forum. Serviert werden auch 45 griechische Craft-Biere, zum Beispiel Ali aus Thessaloniki oder Septem Sunday's Honey aus Kymi. Am Wochenende legen manchmal DJs auf oder spielen Livebands. Irodotou/ M. Alexandrou.

Sitar 34 Angesagte Bar mitten im Hafen. Der Innenraum ist klein, die meisten Gäste stehen an den hohen Tischen draußen auf dem Platz und genießen die ausgezeichneten Cocktails (ca. 12 €). Die DJs legen im Zweifel auch draußen auf.

Hamam 35 unterhalb der Hadji-Hassan-Moschee. Die Räume beherbergten einst ein türkisches Bad. Heute gibt es Cocktails in den früheren Badekammern.

Blues Brothers 7 Sitzen kann man drinnen und draußen, im Innenraum befindet sich eine kleine Tanzfläche. Angenehm: Hier hört man auch mal einen Song, der älter als vier Wochen ist – im Gegensatz zur Barstreet. Wer Lust hat, kann draußen das Treiben im Hafen beobachten. Am Politekhniou-Platz (besser bekannt als „Dolphin Square" in Anlehnung an den Springbrunnen, den drei Wasser speiende Delfine zieren).

Uniq 3 Tagsüber Beach-Bar, nachts Tanzclub. Am Freitag ist Latin-Party, zudem oft griechische Pop-Musik live. Averof 38.

Mylos 41 Am Ende des Lambi-Strands. Was tagsüber als lässiges Strandcafé funktioniert, verwandelt sich abends in eine Open-Air-Bar mit angesagter Musik von DJs, teilweise auch Livemusik.

Ammos Beach-Bar 47 Am Psalidi-Strand. Liegen und Sitzecken, chillige Beach-Sounds tagsüber, am Abend laufen die Charts. Wenn DJs auflegen, feiert man bis tief in die Nacht; am Wochenende kommen gerne auch die jungen Koer hierher.

Feste

Dreikönigstag (6. Jan.): Ein religiöses Spektakel. Das Heilige Kreuz wird im Meer versenkt und damit das Wasser geweiht. Junge Männer tauchen nach dem Kreuz und übergeben es dem Metropoliten. Während der Zeremonie werden weiße Tauben freigelassen.

Ostern – das Fest aller Feste: Zum Osterfest kehrt ganz Kos heim. Die Fähren, die in Piräus ablegen, sind oft schon Wochen vorher ausgebucht. Ostern kommt die Familie zusammen, das Dorf, die ganze Insel.

Das griechisch-orthodoxe Osterfest beginnt – nach einer vierzigtägigen Fastenzeit – am Gründonnerstag. Am Morgen des Karfreitags bringen die Menschen Blumen zur Kirche. Um 21 Uhr treffen sich die Gläubigen an der Kirche Ag. Paraskevi in der gleichnamigen Straße beim Eleftherias-Platz zu einer Prozession, angeführt vom Popen (Papas) und den städtischen Honoratioren.

Höhepunkt der Osterwoche ist die Auferstehungsfeier am Samstagabend. Auch der allerletzte Stehplatz in der Kirche ist vergeben, Menschentrauben bilden sich an den Eingängen. Stundenlang trägt der Pope seine Gebete vor.

In der Kirche herrscht keineswegs die stille Andacht mitteleuropäischer Ostergottesdienste, es wird gesprochen, begrüßt, man kommt und geht. Alle warten auf Mitternacht: Der Pope verkündet die Auferstehung Christi: „Christos anesti". Man umarmt und küsst sich, wünscht sich frohe Ostern (Kalo Pasca) und antwortet auf den Gruß „Christos anesti" mit einem freudigen „lithos anesti": Er ist wirklich auferstanden.

Das Shaka-Handzeichen bedeutet: locker bleiben

Am Hafen wird dann ein Feuerwerk gezündet, begleitet von Böllerschüssen, überall flackern Kerzen. Schließlich machen sich Familie und Freunde auf den Weg nach Hause, wo bereits die traditionelle Ostersuppe wartet und man bis zum Morgengrauen trinkt und feiert. Am Sonntag unternehmen die Familien Ausflüge – sehr beliebt ist das Wäldchen Plaka bei Antimachia – und braten dort ihr Osterlamm.

Wichtig: Da das Datum des griechisch-orthodoxen Osterfestes nach dem julianischen Kalender berechnet wird, liegt es meist später als in Mitteleuropa. Übrigens: Auch Fremde sind beim Osterfest willkommen.

Kulturwochen „Hippocratia": Das städtische Kulturamt veranstaltet jedes Jahr von Juli bis Sept. ein Kulturfestival unter diesem Namen. Das Programm ist ansprechend bunt gemischt und reicht vom Auftritt lokaler Rockbands im Sportstadion über Ausstellungen zeitgenössischer Malerei bis zur Aufführung von Theaterstücken und byzantinischer Musik im Kastell. Auch für Kinder werden Tanz- und Malveranstaltungen angeboten. Infos unter kos. gr.

Ein besonderer Tipp ist die „Deklamation des hippokratischen Eides" im Asklepieion, die mehrfach während der Kulturwochen zelebriert wird – kein alltägliches Ereignis! In der einnehmenden Atmosphäre des antiken Heiligtums spricht ein Jüngling, begleitet von zwei Mädchen, die die Göttinnen Hygieia und Panakeia darstellen, den altgriechischen Originaltext der berühmten Eidesformel der Ärzte.

Ausflüge

Sie haben die Qual der Wahl. Wir haben die beliebtesten Ausflüge zusammengestellt. Mehr Infos zu den Zielen → Ausflüge, ab S. 132.

Am Hafen, wo auch die Ausflugsboote ablegen, finden Sie Reiseagenturen. **Tickets** gibt es zudem direkt bei den Booten. Auch in den großen Hotels sind Tickets zu haben, mitunter aber teurer als bei den Agenturen.

Mit dem Bus **Inselrundfahrt:** Auf der Rundreise werden mehrere Stopps eingelegt: Zia, Antimachia und Kefalos fehlen in keinem Programm. Der Preis inklusive Mahlzeit beträgt 30 €. Die Stopps sind fast ein wenig zu kurz, um einen Eindruck von den Orten gewinnen zu können.

Offroad-Safaris: Touren über die Insel bietet z. B. **Safari** an – mit Quad, Jeep oder Buggy. Eine Halbtagestour über holprige, abgelegene Pisten kostet inkl. Snacks 65 € pro Person (✆ 22420 27693, moto-harley.nl). In voluminösen Range Rovern erkunden die Guides von **Uncharted Escapes** schwer zugängliche

Stellen der Insel, z. B. auf der Halbinsel Kefalos, dem Dikeos-Gebirge oder rund um den Sympetro. Touren pro Person ab 85 € (unchartedescapes.com).

Mit dem Boot Die Auswahl an Überfahrten zu den Nachbarinseln ist groß. Wir empfehlen, das Ticket direkt am Hafen zu erwerben: So können Sie wählen, ob Sie lieber mit einer großen Motorfähre oder einem kleinen Segler aufbrechen wollen.

Am Abend ankert die Armada von Ausflugsbooten im Mandraki-Hafen entlang der Promenade. Am Kai stehen Tafeln, die die Fahrten der nächsten Tage ankündigen. Die Boote sind bis 21 Uhr besetzt (in der Hauptsaison länger).

Three-Islands-Tour: Seit Jahren die beliebteste aller Touren – mindestens 10 Boote stehen täglich für diesen Ausflug bereit. Sie führt zu den Inseln Pserimos, Plati und Kalymnos (→ S. 132). Sie können wählen, ob Sie nach Kalymnos-Stadt (dort wird meist eine Schwammfabrik besichtigt) oder zur Ortschaft Vathi im Osten der Insel Kalymnos (liegt in einer bezaubernden Bucht) wollen. Badestopps auf Pserimos und Plati gehören zum Programm. Im Preis enthalten sind Snacks an Bord sowie ein einfaches Mittagsmahl, oft auch Getränke. Abfahrt zwischen 9 und 10.30 Uhr, Rückkehr zwischen 17 und 18.30 Uhr. Je nach Anbieter, Route und Verpflegung 25–35 €.

Das Ausflugsboot „Eva" stoppt nur in Vathi und Pserimos – und kommt mit diesem Konzept wie auch mit dem eher kleinen Boot sehr gut an. In Leserbriefen und der Social Media gibt es viel Lob für das in einer Bucht gegrillte Mittagessen samt frisch zubereiteten Salaten und den Rotwein vom Fass.

Biotop Psalidi Wetlands

Östlich von Kos-Stadt erstreckt sich an der Spitze des Kaps Psalidi auf einer Halbinsel auf einer Fläche von rund 100 ha das Biotop Psalidi Wetland. In den Wintermonaten ist die Senke zu großen Teilen mit Brackwasser gefüllt, in den Feuchtwiesen mit ihren salzliebenden Pflanzen finden Zugvögel wie Reiher und Flamingos eine willkommene Rast auf ihrem Weg in den Süden oder überwintern hier. Im Hochsommer ist das Gelände trocken, die Zugvögel halten sich dann in nördlicheren Gefilden auf.

Ein Spaziergang lohnt sich dennoch: Ein Fußweg (Eco Path) führt durch das Gelände, in dem unter anderem Schilf, Strandhafer und Schafgarbe wachsen, Kiefern und Eukalyptusbäume spenden vereinzelt Schatten. Auf zwei Beobachtungstürmen haben Besucher die Möglichkeit, die Vögel zu beobachten. In den Wetlands sind zudem Schmetterlinge, Eidechsen oder Frösche heimisch.

Mit dem Biotop stellt die Insel nicht nur dem immer weiter raumgreifenden Tourismus an der Küste ein Stück geschützte Landschaft entgegen. Im Sommer 2002 öffnete hier der Wasserpark Shape mit riesigen Rutschen, Bars und Musikbeschallung. Das Remmidemmi im Park vertrieb die Vögel im angrenzenden Schutzgebiet. Stadtverwaltung und Parkbetreiber gerieten aneinander. Am Ende siegte der Naturschutz. Gut für die Tiere. Und nicht so schlimm für die Urlauber, denn wer auf Riesenwasserrutschen steht, der kommt im Wasserpark Lido in Mastihari auf seine Kosten.

Von Kos-Stadt Richtung Ag. Fokas, kurz vor dem Ramira-Beach-Hotel links abbiegen und bis zum Ende der asphaltieren Straße fahren. Rechts am geschlossenen Besucherzentrum vorbei, finden Sie ein kleines Tor, dahinter verläuft der Eco Path. Der Eintritt ist frei.

Beachten Sie: Die kleinen Nussschalen schaukeln schon bei leichtem Wind erheblich – wer leicht seekrank wird, sollte sich daher für eine große Ausflugsfähre entscheiden. Sollten Sie ruhebedürftig sein, fragen Sie bei der Buchung nach musikalischer Beschallung.

Nissiros, die Vulkaninsel: Ebenfalls täglich steht dieser Ausflug auf dem Programm, allerdings ist die Zahl der Anbieter deutlich kleiner, z. B. die Ausflugsfähren M/V Nissos Kos und M/V Stefamar. Die Fähre startet in Kos um 8.30 Uhr, Abfahrt von Nissiros um 15.30 Uhr, der Ausflug kostet rund 30 € – von Kardamena aus ist es günstiger. Der Vulkan ist ein Erlebnis (→ S. 158).

Unterwassertour: Mit der Yellow Submarine, die vom Mandraki-Hafen startet, können Sie 1:30 Std. eintauchen in die Unterwasserwelt vor der Nordküste von Kos. Der Rumpf des Bootes ist rundum verglast (20 €, erm. 10 €). seaexplorer.gr.

Bootsausflug in die Ägäis

Bodrum: Ob Sie dort einen Einkaufsbummel durch die kleinen Gassen der Altstadt unternehmen oder das Mausoleum besichtigen, bleibt Ihnen überlassen. Der Trip hinüber auf das türkische Festland lohnt sich (→ S. 165). Die Fähren legen täglich zwischen 8.30 und 9 Uhr ab, Rückkehr zwischen 16 und 17 Uhr. Der Tagesausflug kostet ca. 20–25 €.

Umgebung von Kos-Stadt

Rund um die Stadt locken reizvolle Ziele. Die meisten Besucher zählt das Asklepieion, das antike Heiligtum der Heilkunst. Heilende Wirkung wird auch dem warmen Wasser der Embros-Therme zugeschrieben, das am Kap Agios Fokas ins Meer strömt. Ein kulinarisches Highlight bietet die türkisch angehauchte Küche in den Restaurants der Ortschaft Platani.

Asklepieion

Ein Asklepieion (sprich: Äsklipion) ist ein Heiligtum des Asklepios oder auch Äskulap, wie die Römer den Gott der Heilkunst nannten. Die rund 300 Asklepieien in Griechenland, an die teilweise Ärzteschulen angeschlossen waren, entwickelten sich seit dem 5. Jh. v. Chr. zu Wallfahrtsorten für Kranke, die vor Beginn der Behandlung Tier- oder Speiseopfer darbrachten, um sich göttliche Zuneigung zu sichern. Die Ärzte traten dann als Mittler zwischen Gottheit und Patienten auf, die den Anweisungen strikt folgten. Von solch einer „Compliance" können die meisten Mediziner heute nur träumen.

Zentrum der Asklepios-Verehrung war Epidauros. Von dort aus verbreiteten die Asklepiaden – Mitglieder einer geheimen Brüderschaft von Priesterärzten – den Kult zu Ehren des Gottes der Heilkunst. Immer wenn ein neues Heiligtum eingeweiht wurde, brachten sie eine Schlange aus Epidauros mit. Die antiken Äskulap-Statuen zeigen Asklepios, den Gott der Heilkunst, meist mit einer Schlange, die sich um einen Stab windet. Noch heute gilt der Äskulapstab als Symbol der Heilkunst; er ziert Apotheken und Arztpraxen und dient den Sanitätskorps mehrerer

Nationen (auch der Bundeswehr) als Abzeichen. Die antiken Therapiezentren waren mit Badeanlagen, Ruheräumen und Gästehäusern ausgestattet. Die – neben Epidauros – bekanntesten Asklepieien befanden sich in Athen, Pergamon und schließlich auf Kos.

Obwohl das Asklepieion auf Kos wahrscheinlich erst nach seinem Tod 370 v. Chr. entstanden ist, gilt es weithin als die Heilstätte und Schule des Hippokrates. Zweifelsfrei steht jedoch fest, dass dieses medizinische Therapiezentrum auf seinen Lehren basierte.

Viel ist von der ursprünglich beeindruckenden Architektur des antiken Asklepieion nicht geblieben, denn es fiel dem Erdbeben 554 n. Chr. zum Opfer. Dennoch ist genug erhalten, um einen Eindruck von der Größe und Konzeption zu bekommen. Entdeckt wurden die Ruinen des Heiligtums 1902 von dem deutschen Archäologen Rudolf Herzog und von Iacovos Zaraftis, einem Geschichtsforscher aus Kos.

Die nicht zuletzt wegen ihrer Größe aufsehenerregende Heilstätte erstreckte sich über drei Terrassen, die durch Freitreppen miteinander verbunden waren.

Erste Terrasse

Hat man den Eingang passiert, geht man direkt auf die große Treppe (24 Stufen) zu, die zur ersten Terrasse führt. Kurz hinter der obersten Stufe fällt rechts der Blick auf eine Zypresse, an deren Fuß eine Steintafel darauf hinweist, dass hier einst das Eingangstor (Propylon) des Asklepieion stand. Die Rudimente, die noch zu erkennen sind, lassen die Größe des Portals erahnen. Insgesamt hat die erste Terrasse eine Ausdehnung von 80 x 100 m.

Die Fundamentreste sind Überbleibsel der **Säulenhalle** (Stoa), die die Terrasse im Westen, Norden und Osten umgab, sowie der dahinterliegenden Zimmerreihen. Es ist anzunehmen, dass hier Patienten wohnten und behandelt wurden und außerdem ein Teil der Ärzteschule sowie das Anatomie- und Pathologie-Museum untergebracht waren. Wenn Sie sich gleich nach dem Treppenaufgang links halten, finden Sie hinter den Stoa-Resten die Ruinen einer **römischen Badeanlage,** in der Wasserbehandlungen durchgeführt wurden.

Wieder aufgerichtet: die Säulen des Apollon-Tempels

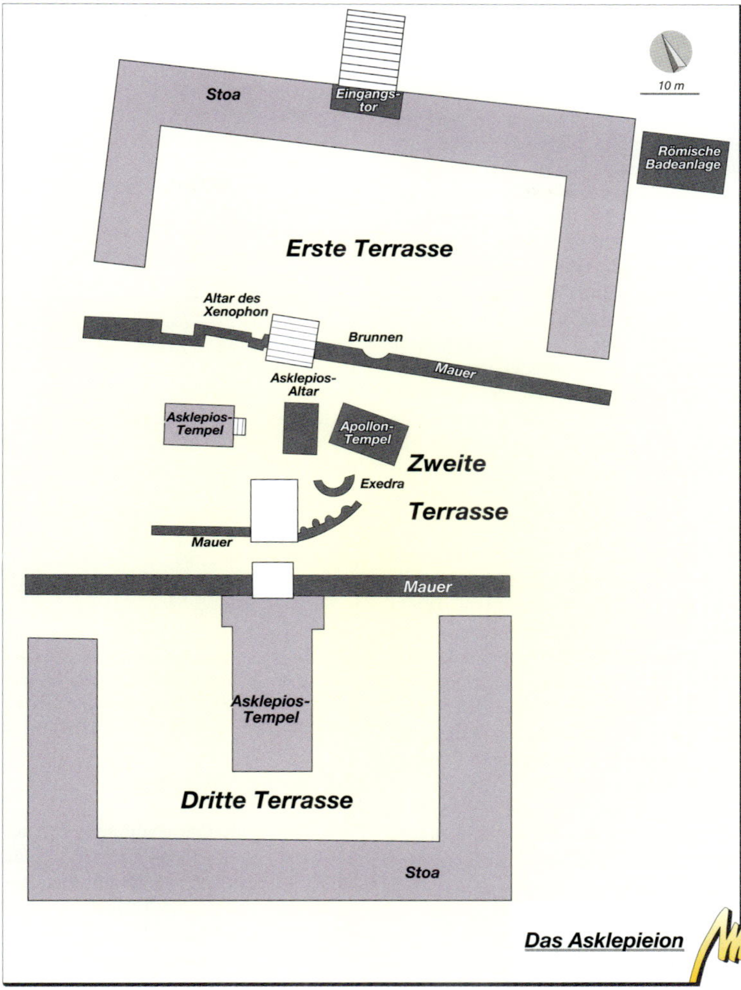

Das Asklepieion

An der Frontseite des Areals sehen Sie die Mauer mit eingelassenen Bogennischen, die die zweite Terrasse stützt. In den restaurierten Nischen standen früher Götterstatuen. In einer etwas größeren links von der Treppe befindet sich ein **Brunnen** mit einer Figur des Gottes Pan, der seine Flöte in der Hand hält. Leider ist die Quelle, die den Brunnen mit Wasser speiste, versiegt.

In der ersten Nische rechts neben der Treppe sind die Reste eines Altars zu besichtigen. Eine Inschrift weist darauf hin, dass der Altar dem Koer Xenophon geweiht war, einem Leibarzt von Kaiser Claudius.

Zweite Terrasse

Sie ist deutlich schmaler als die erste. Hier befand sich das religiöse Zentrum

Kos-Stadt & Umgebung → Karten hinterer Umschlag, S. 33 und 47

der Anlage. Wenn Sie nach dem Treppenaufgang weiter geradeaus gehen, sehen Sie direkt vor sich den **Asklepios-Altar,** der mit Seilen abgesperrt ist.

Rechts davon, etwas erhöht und mit einem eigenen kleinen Treppenaufgang, sind zwei Säulen des dazugehörigen **Asklepios-Tempels** wieder aufgebaut worden; sie stammen aus dem 4. oder 3. Jh. v. Chr. Im Tempel verdeckt eine recht gut erhaltene Granitplatte die Schatzkammer mit den Weihgeschenken an Asklepios, den Gott der Heilkunst. Links vom abgesperrten Altar stehen sieben wieder aufgerichtete korinthische Säulen des **Apollon-Tempels.** Auch diese Terrasse wird im Süden von einer Mauer begrenzt, die die nächste Plattform stützt.

Dritte Terrasse

Auf der mit 60 Stufen längsten Treppe geht es hinauf zur dritten Terrasse, die etwa so groß ist wie die erste. Direkt gegenüber der Freitreppe erhebt sich der große **Asklepios-Tempel** aus dem 2. Jh. v. Chr., der einmal 34 x 18 m maß, überdacht und von 104 Säulen umgeben war. Die Podeste der Säulen sind teilweise noch zu erkennen. Erhalten ist zudem ein Altar. Auch diese Ebene war wie die erste an drei Seiten von einer **Säulenhalle** (Stoa) und daran angrenzenden Zimmern umgeben.

Ein Besuch des Asklepieion lohnt sich nicht nur wegen der archäologischen Funde, sondern auch wegen der geschichtlichen Assoziationen, die die Weite dieser antiken Heilstätte mit ihren freigelegten Ruinen zulässt. Ein weiterer Grund für einen Besuch: die herrliche Aussicht auf die Ebene, in der die Stadt Kos liegt, auf das ägäische Meer und die Küste des türkischen Festlandes.

▪ Tägl. 8–20 Uhr. Eintritt 8 €, erm. 4 €, Kinder und Jugendliche bis 17 Jahre sowie Studenten frei. Oft drängen sich mehrere Besuchergruppen gleichzeitig auf dem Gelände des Asklepieion. Besuchen Sie das Heiligtum deshalb während der Woche am späten Nachmittag. Dann haben sich die Touristenbusse bereits wieder auf den Heimweg gemacht.

Anfahrt Von 8 bis 22 Uhr fahren die **Stadtbusse** 1-mal stündl. zur Ortschaft Platani; von hier sind es noch 1,5 km bis zum Ziel. Bis zum Asklepieion fährt der blau-weiße Mini Train, der stündlich zwischen 8 und 15 Uhr vom Parkplatz neben der städtischen Touristeninformation startet. Fahrpreis 7 €, Kinder 3,50 €.

Mit dem **Fahrrad** ist das Asklepieion, das knapp 4 km vom Stadtzentrum entfernt liegt, problemlos zu erreichen. Ab Platani geht es zwar stetig bergauf, jedoch ist die Steigung gut zu schaffen. Die Fahrt mit dem Rad dauert von Kos-Stadt aus etwa 20 Min. Der Weg zum Asklepieion ist ausgeschildert. Auch Autoparkplätze stehen ausreichend zur Verfügung.

Essen & Trinken Vor dem Eingang zum Asklepieion bietet eine Bar, die einige Tische und Stühle im Schatten der Bäume platziert hat, frisch gepressten Orangensaft an. Teuer, aber der Saft ist köstlich. Für einen Stopp bietet sich die Ortschaft Platani an, 1,5 km vom Asklepieion entfernt (→ S. 58).

International Institute of Hippocrates Zwischen Platani und Asklepieion zweigt eine Straße zu der 1960 gegründeten Stiftung ab. Hier können Sie eine Ausstellung über die Geschichte der antiken Medizin (vier Räume) und den Kräutergarten besichtigen, was sich im Frühjahr mehr lohnt. Tägl. 8–15 Uhr. Eintritt 3 €.

Embros-Therme

Die schwefelhaltige Heilquelle, fast an der Ostspitze der Insel, dem Kap Agios Fokas, gelegen, lockt scharenweise Besucher an – allerdings kurieren die wenigsten davon ein Leiden aus.

Von der Straße oberhalb der Therme zweigt eine Sand- und Geröllpiste hinunter zum Meer ab, die an einer hohen schroffen Felswand entlangführt. Zunächst passieren Sie einen kleinen Strand mit schwarzem Sand. Hier bietet ein Sonnenschirm- und Liegenverleih seine Dienste an. Kurz darauf folgt die Therme: 49 Grad Celsius heiß strömt das nach Schwefel riechende Wasser aus einer Felsspalte, von dort fließt es durch einen schmalen, kurzen Korridor ins Meer. In einem Natur-

Kos-Stadt & Umgebung → Karten hinterer Umschlag, S. 33 und 47

Hippokrates, die Legende lebt ...

Hippokrates wurde 460 v. Chr. auf Kos geboren, in Kefalos im Inselwesten. Er war der Sohn der Fainareti und des Arztes Gnossidikos, der ihm grundlegende medizinische Kenntnisse beibrachte. Hippokrates studierte in den medizinischen Schulen von Kos und Iona sowie im Asklepieion von Ephesus, unternahm Studienreisen nach Ägypten, Asien und zur Insel Samos. Er starb um 370 v. Chr. in Larissa (Thessalien).

Um sein Leben und Wirken ranken sich unzählige Sagen und Legenden, deren Wahrheitsgehalt Historiker allerdings bezweifeln. So soll Hippokrates den an einer „unheimlichen Krankheit" leidenden Makedonenkönig Perdikkas II. geheilt haben, indem er die Ursache der Erkrankung in einer unstandesgemäßen Liebesbeziehung zu einer schönen Magd entdeckte. Nach Abbruch des Verhältnisses verschwanden Kopfschmerz und Appetitlosigkeit des Königs, und schließlich bekam jener auch wieder Lust auf die Königin.

Als gesichert gilt, dass Hippokrates die medizinische Wissenschaft seiner Zeit entmystifizierte. Er löste sie aus den magischen Fesseln der Zauberei und stellte sie auf die Grundlage empirischer Beobachtung und Beschreibung von Krankheitssymptomen. Der bedeutendste Arzt seiner Zeit vertrat die sogenannte Säftelehre, nach der die Elemente Wasser, Feuer, Luft und Erde – in Gestalt von „Blut, Schleim, gelber und schwarzer Galle" – im Körper des Menschen als Kardinalsäfte wirken. Gesundheit beruht demnach auf der richtigen Mischung dieser Elemente, Krankheit auf einer fehlerhaften Zusammensetzung. Das „Corpus Hippocraticum" ist die erste naturwissenschaftlich fundierte Systematik der Medizin in Europa. Die Säftelehre hielt sich bis ins Mittelalter; seitdem gilt Hippokrates als „Vater der Medizin".

Jedoch nur ein kleiner Teil der Schriften, die Hippokrates zugeschrieben werden, stammt tatsächlich von ihm selbst. Unter seinem Namen finden wir Dokumente aus rund 500 Jahren vereinigt – ein Beweis für die rätselhafte Wirkungskraft dieser historisch schwer fassbaren Persönlichkeit. In seiner Reportage „Eine Handvoll Feigen für ein Lächeln" schreibt Theodor Geus: „Fast nichts von den Geschichten, die hier (auf Kos) erzählt werden, ist wahr. Niemals saß Hippokrates unter der Platane am Marktplatz, die uralt ist, aber nicht alt genug; er hat nicht den Eid der Ärzte geschrieben, und er hat nicht im Asklepieion gewirkt."

becken aus aufgeschichteten Steinen vermischt es sich mit dem Salzwasser. Die Temperatur in dem ca. 35 m² großen Pool nimmt zu, je näher Sie sich an die heiße Quelle heranwagen.

Bei hohen Außentemperaturen ist das Baden nicht gerade erfrischend, aber umso gesünder. Hartgesottene schwören auf Wechselbäder: Zunächst legt man sich in das heiße Wasser, um dann in das vergleichsweise kühle Meer außerhalb des Bassins zu springen. Die Bäder sollen bei Haut-, Augen-, Atemwegs- und Muskelerkrankungen sowie bei Rheuma und Arthritis helfen.

Vom Meeresboden im Naturpool wie auch im Meer ringsum steigen Luftblasen empor: Bei den als *Thionies* bezeichneten Bläschen handelt es sich um Gase, die einem unterirdischen erloschenen Vulkan entströmen. Zu tauchen lohnt auch wegen der vielen Fische, die sich hier tummeln.

Leider sind Pool und Kiesstrand in der Hauptsaison bis in die frühen Abendstunden arg überlaufen. Dies gilt auch für den schmalen Kieselstrand westlich der Therme, der von einer bis zu 20 m steil aufragenden Felswand gesäumt wird. Wenn Sie aber über den nächsten Felsvorsprung klettern, erreichen Sie eine weitere Kiesbucht, in die sich nur wenige Touristen verirren.

In jüngster Zeit wirkte die Therme wenig einladend, weil das Gebäude oberhalb verfällt. Es wurde in den 1920er-Jahren von den Italienern errichtet, die es als Badehaus nutzten; das Quellwasser wurde damals in Eimern in die Badestuben getragen. Seit 2010 steht das Gebäude leer.

Besuchen Sie die Therme am besten abends oder in der Nacht, am besten in einer Vollmondnacht. Wenn die Außentemperaturen sinken, ist das Baden im heißen Wasser unter einem grandiosen Sternenhimmel besonders schön.

Am Ende der asphaltierten Strecke, wenige Hundert Meter hinter dem Abzweig zu den Thermen, führt ein Fußweg auf eine ca. 20 m hohe Klippe mit einer herrlichen Aussicht über die karge, hügelige Südküste von Kos.

Anfahrt Über die beiden Kaps Psalidi und Ag. Fokas führt die breite Uferstraße direkt zu dem beliebten Ausflugsziel, rund 12 km von Kos-Stadt entfernt. Einen Parkplatz gibt es an der Hauptstraße, bevor die Sandpiste zur Therme hinabführt. **Radfahrer** können die 6 km von Kos-Stadt aus über einen Fahrradweg fahren. Schweißtreibend ist die Strecke rund um das Kap Ag. Fokas: Hier gilt es, einen Höhenunterschied von ca. 75 m zu überwinden. Nehmen Sie auf jeden Fall ausreichend Wasser und eine Kopfbedeckung mit. Die **Stadtbusse** fahren von 10 bis 18 Uhr etwa im Stundenrhythmus zur Therme und zurück; die einfache Fahrt kostet 1,50 € am Ticketschalter bzw. 2 € im Bus.

Essen & Trinken **Imbissbuden** finden Sie am oberen Parkplatz und am Steinstrand neben der Therme.

Platani

Die meisten Besucher nehmen nur die schöne Zypressenallee wahr, die von Platani zum Asklepieion führt. Doch auch das Dorf ist einen Besuch wert. Hier leben Orthodoxe und türkischstämmige griechische Moslems seit vielen Generationen friedlich zusammen.

Es gibt eine Moschee und eine Kirche, vor allem aber rund um die Platia einige empfehlenswerte Tavernen, deren Küche ein türkischer Akzent auszeichnet. Hier servieren die Kellner zum Beispiel zum Kebab ein Glas Airan, ein typisches türkisches Erfrischungsgetränk aus Joghurt, Salz und Wasser.

Am südlichen Ortsrand, auf der Asklipio-Straße, etwa auf halber Höhe zwischen der Ortschaft Platani und dem Zervanos-Platz, liegen zwei Friedhöfe in unmittelbarer Nachbarschaft: der moslemische und der jüdische. Die mit zwei Davidsternen verzierten Gittertore sind seit Jahrzehnten verschlossen. Die jüdische Gemeinde Kos wurde 1944 von den deutschen Besatzern ausgelöscht, die die letzten Mitglieder in Konzentrationslager deportierte – niemand kehrte zurück.

Der moslemische Friedhof steht dagegen offen. Die letzte Ruhestätte scheint aus allen Nähten zu platzen. Grabsteine stehen dicht an dicht entlang der Wege und Mauern. An anderer Stelle liegen sie scheinbar wahllos übereinander. Der Friedhof entstand wahrscheinlich kurz nach der türkischen Eroberung, Moslems aus fünf

Jahrhunderten liegen hier begraben – größtenteils sind arabische Schriftzeichen in die Grabsteine gemeißelt.

Essen & Trinken **Arap.** Gäste dürfen sich auf abwechslungsreiche griechische Spezialitäten mit türkischem Einfluss freuen, denn die Familie hat türkische Vorfahren. Besonders empfehlenswert: die gemischte Vorspeisenplatte, an der man sich fast schon satt essen kann. Stellen Sie sie ruhig nach Ihren Vorstellungen aus einzelnen Vorspeisen zusammen, die Kellner sind geduldig, freundlich und erfüllen gerne jeden Wunsch. Das Restaurant ist zudem relativ preiswert – und deshalb oft voll belegt. An der Platia.

Paradosi. Traditionsreiche Konditorei mit großer Auswahl an Kuchen und Gebäck inklusive orientalischer Spezialitäten wie Baklava oder Kataifi. An der Platia.

Panagia Tsoukalaria

Suchen die Bewohner der Stadt Ruhe und Abgeschiedenheit in nächster Umgebung, dann unternehmen sie einen Ausflug in ein schmuckes Wäldchen westlich von Kos. Mitten im Wald, zwischen Nadel- und Eukalyptusbäumen, liegt die Kirche Panagia Tsoukalaria.

Sie ähnelt mehr einem Bunker als einem Gotteshaus: Das 1920 errichtete Gebäude ist komplett betonverschalt. Auch die Sitzgelegenheiten und Tische auf dem großen Vorplatz strahlen unbesetzt eher den Charme einer Autobahnraststätte aus. Dies ändert sich jedoch an Sonn- und Feiertagen, wenn die Koer zum Grillen hierher kommen, dann erfüllen griechische Sommerhits den kleinen Wald, und der Duft von Holzfeuer und gegrilltem Fleisch lässt einem das Wasser im Munde zusammenlaufen. Dem Weg in den Wald folgend, durch ein im Sommer trockenes Flussbett, kommen Sie zu einer Quelle, aus der Gebirgswasser sprudelt.

Ideal zum Wandern und Mountainbiken: die Umgebung des Berges Sympetro

Anfahrt Zwischen dem Odeon und der Casa Romana zweigt von der Grigoriou-E.-Straße eine Straße in Richtung des Vororts Ambavris ab. An der gleichnamigen Taverne vorbei, erreichen Sie eine Kreuzung, an der einSe Windmühle steht, die zu einer Ferienwohnung umgebaut wurde. Dort geradeaus weiter, an einer Kaserne vorbei, bis sich der Weg nach ca. 500 m gabelt. Der links abzweigende Weg, der im letzten Stück von hoch gewachsenen Zypressen gesäumt wird, führt direkt zur Kirche Panagia Tsoukalaria.

Der Weg an der Gabelung rechts führt zur **Quelle Vourina:** Durch einen ca. 30 m langen unterirdischen Gang gelangt man zum Quellgebäude, das wahrscheinlich aus der hellenistischen Epoche stammt und heute leider verschlossen ist. Durch eine Öffnung in der Mitte der Kuppel dringt Licht und Luft ins Innere. Noch heute wird das Quellwasser der Stadt Kos als Trinkwasser zugeleitet.

Auf dem Rückweg können Sie einen Stopp in der Ortschaft Platani einlegen. Dazu müssen Sie bis zur Kreuzung nach der Kaserne zurückfahren und dort nach links abbiegen. Nach etwa 800 m erreichen Sie Platani.

Tour 1: Kos–Zia–Asklepieion–Kos → S. 208
Abfahren über die bewaldeten Flanken des Dikeos.

Die Nordküste

Vom Kap Skandari bis nach Mastihari zieht sich der Sandstrand die gradlinige Nordküste entlang. In der Tiefebene dahinter betreiben Bauern Landwirtschaft, sichern die Versorgung mit Getreide und Gemüse aller Art. Allerdings wurden in den vergangenen Jahren auch etliche Hotels hochgezogen.

Phänomenal: 25 km Sandstrand

Fläche des Salzsees: 2,3 km²

Zahl der hier lebenden Tierarten: 215

Die Touristenhochburgen Tigaki und Marmari fehlen heute in kaum einem Katalog deutscher Reiseveranstalter. Noch in den 1980er-Jahren gab es weit und breit nur Felder, wo jetzt Tavernen, Geschäfte und Unterkünfte für Touristen stehen. Landwirtschaft wird ringsum aber noch immer betrieben, vor allem Getreide und Gemüse wächst auf den Feldern. Dazwischen gedeihen Feigen-, Zitronen- und Orangenbäume, Olivenhaine und Weinstöcke. Nach der Ernte grasen die Kühe oft nur ein paar Meter hinter dem Strand.

Auch das ehemalige Fischerdorf Mastihari geriet in den Sog des Fremdenverkehrs, doch noch ist der ursprüngliche Charme des Ortes, der direkt gegenüber der Insel Kalymnos liegt, nicht ganz verschwunden. Obwohl die Besucherzahl jährlich zunimmt, lässt sich leicht ein ruhiger Platz am feinsandigen Strand finden, abseits von Tavernen und Sonnenschirmen.

Denn die gesamte Nordküste ist ein einziger langer sandiger Strand. Mal fast 100 m breit, mal ganz schmal. Zum Teil begrenzen Dünen den Strand, im Westen ragen einige Felsen dahinter auf, an einigen Stellen herrscht Hochbetrieb, an anderen können Sie ganz einsam sein. Nicht nur bei Sonnenanbetern und Wassersportlern ist der Strand beliebt, die Reitställe hinter dem Salzsee bieten auch Ausritte an – besonders romantisch sitzt man hoch zu Ross, wenn die Sonne untergeht.

Was anschauen?

Salzsee: Besonders wenn Sie am Anfang der Saison nach Kos kommen, sollten Sie unbedingt einen Abstecher zum Salzsee (Alikes) zwischen Tigaki und Marmari machen. Denn dann können Sie eine große Kolonie Flamingos beobachten, die hier ihren Nachwuchs aufzieht. Das Naturschutzgebiet ist Heimstätte vieler Vogelarten geworden. Ruhig und ursprünglich sind übrigens auch die Strandabschnitte vor dem Salzsee. → S. 62

Hippocrates Garden: Westlich von Mastihari, weit ab allen Trubels, können Sie eintauchen in die Zeit, als Hippokrates auf Kos lebte. Mehrere Gebäude sind nach antikem Vorbild errichtet worden, darunter ein zweigeschossiges Wohnhaus, ein Arkadengang und ein Amphitheater. → S. 73

Skulpturenpark: Begegnen Sie Achilles, Poseidon und Co. auf Augenhöhe. Die antike Götter- und Sagenwelt zum Anfassen bietet der für die Öffentlichkeit zugängliche Skulpturenpark am Hotel Neptune Beach östlich von Mastihari. → S. 73

Wo baden?

Sie haben an der Nordküste die Qual der Wahl. Wer es einsam mag, dürfte sich an den Stränden westlich von Mastihari wohl fühlen. Auf Service in Form von Liegen und Tavernen müssen Sie dennoch nicht verzichten. Echte Geheimtipps sind die Aplo-Bar sowie die Tavernen Dolphin Bay und Lovly, alle westlich von Mastihari gelegen. → S. 75

Perfekte Strandtage lassen sich auch östlich von Mastihari verbringen, etwa am **Troulos Beach.** Eine Institution auf Kos ist die Bar Tam Tam. Zwischen Bar und Strand pendeln die Besucher von morgens bis abends. → S. 78

Wassersportler tummeln sich gerne am **Strand von Marmari,** was an den guten Windverhältnissen und Wassersportstationen liegt. Der rund 25 m breite Strand ist von Dünen begrenzt und vereinzelt von Tamarisken bestanden; er fällt flach ins Meer ab. → S. 68

Ruhiger als an den Ortsbadestränden von Marmari und Tigaki geht es am schmalen Sandstrand vor dem Salzsee zu, der als **Flamingo Beach** bezeichnet wird. → S. 62

Was unternehmen?

Surfen: Die Nordküste ist ein sehr gutes Surfrevier – für Anfänger und Fortgeschrittene. Doch nicht nur der stete Wind, im Schnitt mit rund vier Beaufort aus Nordwest, sondern auch das ausgezeichnete Angebot an Material und Kursen macht den Küstenabschnitt zum Hotspot für Wind- und Kitesurfer. Ein weiteres Plus: In den meisten Stationen wird Deutsch gesprochen.

Reiten: Auf dem Rücken eines Pferdes oder Ponys in der Abenddämmerung den Strand entlangreiten? Kein Problem. Zwischen Tigaki und Marmari sind mehrere Reitställe angesiedelt, die verschiedene Ausritte anbieten. Auch Abstecher in die Berge oder rund um den Salzsee sind möglich. → S. 69

Kartfahren: Fahrtwind kühlt. Auf den Spuren von Sebastian Vettel und Lewis Hamilton sausen Erwachsene und Jugendliche über die 750 m lange Kartbahn westlich von Tigaki. Für kleinere Kinder stehen Elektrokarts zur Verfügung. → S. 68

Tigaki

Der Ort ist jung: Anfang der 1980er-Jahre wurden rund um die Stichstraße zum langen Sandstrand die ersten Hotels gebaut. Auch Tavernen, Bars und kleine Geschäfte haben sich hier angesiedelt. Mittlerweile tummeln sich in der Hochsaison mehrere Tausend Urlauber hier.

Überlaufen wirkt Tigaki, oft auch Tingaki geschrieben, aber nicht. Zum Strand hin wurde der Asphalt der Stichstraße durch Pflastersteine ersetzt, wohl um dem Ort zum Flanieren mehr städtische Atmosphäre zu verleihen. Auf den Feldern ringsum aber weiden immer noch Kühe, Ziegen und Schafe. Im Winter ist Tigaki weitgehend menschenleer. Dann ist die Zeit der tierischen Gäste gekommen und viele Zugvögel bevölkern den **Salzsee** westlich des Ortes. Besonders gut sieht man den See, wenn man von den Bergen aus den Blick über die Ebene an der Nordküste schweifen lässt. Als helle Fläche zeichnet er sich zwischen Marmari und Tigaki ab. **Alikes** nennen ihn die Griechen. Bis in die 1990er-Jahre zur Gewinnung von Salz aus Meerwasser genutzt, ist die Saline heute stillgelegt und hat sich zum Lebensraum für allerlei Tierarten entwickelt. Im Frühling und Frühsommer brüten hier viele seltene Vogelarten. Auch Exoten wie Flamingos kommen zu Hunderten hierher, um zu überwintern – Salzseen und Brackgewässer sind die bevorzugten Lebensräume dieser grazilen Vögel. Spätestens im Mai brechen die Flamingos wieder auf, dann ist das Wasser in diesem einzigartigen Naturschutzgebiet verdunstet – und die ersten Touristen halten Einzug.

Baden und Strände

Die ursprüngliche, natürliche Schönheit des Strandes hat in Ortsnähe durch die Vielzahl von Sonnenschirmen und Strandliegen gelitten. Dafür verspricht die touristische Infrastruktur einen Urlaub der kurzen Wege: Die meisten Hotels befinden sich in der Nähe des Strandes, an dem auch die Versorgung mit Getränken und Snacks stets gesichert ist.

Im Ortsbereich ist der Sandstrand zwischen 50 und 100 m breit; einige

Tamarisken spenden Schatten, die regelmäßige Reinigung zeigt Wirkung, doch stehen die Sonnenliegen stellenweise dicht an dicht. Zur Infrastruktur am Strand gehören zudem Süßwasserduschen, Toiletten und einige Snackbars. Rund 500 m westlich und östlich des Wendeplatzes verschwinden die Sonnenschirme, der Strand ist hier schmaler.

Folgt man dem Schild mit der Aufschrift „Alikes", so erreicht man nach 800 m das ehemalige Salzwerk. Vor dem Salzsee finden diejenigen, die nicht am Dorfstrand liegen möchten, den wahrscheinlich besten Platz zum Baden: Der Strand ist mit rund 20 m deutlich schmaler als im Ortsbereich, doch dafür ist das Wasser klar, und die Zahl der Badegäste (darunter auch einige FKK-Freunde) hält sich in Grenzen. Eine vorgelagerte Sandbank sorgt dafür, dass man selbst nach 50 m noch stehen kann – ideal für Kinder. Allerdings gibt es hier kaum Baumbestand und damit wenig natürlichen Schatten. Lediglich der kontinuierliche Wind aus nördlichen Richtungen verschafft den Strandbesuchern etwas Kühlung. Ausgesprochen gut und freundlich ist der Service am **Vangelis Beach:** Dort erhalten Sie für 12 € nicht nur zwei Liegen mit Schirm, sondern dürfen auch noch das Standup-Board und weiteres Equipment nutzen und bekommen Getränke und Essen geliefert. Sogar einen Bücherschrank gibt es.

Per Velo nach Tigaki

Viele Urlauber, die in Kos-Stadt wohnen, fahren mit dem Fahrrad nach Tigaki. Da die Strecke über die Schnellstraße wegen der vorbeibrausenden Autos und Lkws unangenehm zu fahren ist, schlagen wir eine alternative Route vor, die in der ersten Hälfte über gut ausgebaute Radwege und in der zweiten über weniger befahrene Seitenstraßen führt: Verlassen Sie Kos-Stadt in Richtung Lambi über die Amerikis-Straße. Wenn Sie an deren Ende angelangt sind, fahren Sie rechts und dann sofort wieder links. Jetzt sind Sie auf der Verlängerung der Kanari-Straße in Richtung Lambi. Nach etwa 1 km sehen Sie links eine Bushaltestelle und eine Allee, die von Eukalyptusbäumen gesäumt ist; in die biegen Sie ein. Am Ende der Allee, wo sich die Straße gabelt, rechts abbiegen und an der Anlage des Blue Lagoon Resort entlang bis zum Meer fahren. Dann links und auf der breiten, asphaltierten Straße direkt am Meer entlang. Am Hotel Costa Angela führt die Straße ins Landesinnere, der folgen Sie einfach. Nach rund 1 km gabelt sich die Straße. Nach rechts folgen Sie dem natürlichen Verlauf der Straße, die den letzten Kilometer die Küste entlangführt, bis zum Wendeplatz von Tigaki. Die Strecke ist wegen des teilweise unverstellten Blicks auf die Türkei sowie die Inseln Pserimos und Kalymnos attraktiv.

Alternativ können Sie Kos-Stadt auch über die Argirokastrou-Straße in westlicher Richtung verlassen, die Strecke ist etwas kürzer. Sie überqueren die Ethnikis-Antistasis-Straße und sind nun auf der Verlängerung der Argirokastrou – von nun an folgen Sie einfach dem natürlichen Verlauf der Straße bis nach Tigaki. Diese Route führt durch landwirtschaftlich genutztes Gebiet: Am Straßenrand sieht man Felder mit Tomaten und Auberginen, wild wachsende Feigenbäume, Oliven- und Zitronenhaine. Linker Hand liegt das Dikeos-Gebirge.

Basis-Infos

→ Karte S. 64

Verbindungen Von Kos-Stadt fahren die **Busse** Montag bis Samstag zwischen 9 und 23 Uhr insgesamt 12-mal tägl. nach Tigaki. In umgekehrter Richtung fährt der erste Bus um 8.15Uhr, der letzte abends um 23.30 Uhr (Fahrpreis: 2,10 €). Sonntags fahren die Busse zwischen 10 und 21 Uhr 8-mal von Kos nach Tigaki und retour. Der aktuelle Fahrplan hängt bei

Tigaki Tours am Wendeplatz aus. Die Agentur verkauft auch deutsche Zeitungen und Magazine.

Am Wendeplatz halten die Busse, und einige **Taxis** warten auf Kundschaft. Ein Taxifahrer verlangt für die 12 km lange Fahrt von Kos-Stadt nach Tigaki etwa 18 €.

Arzt Die Praxis von Dr. med. Konstantinos Labrianidis liegt an der Stichstraße. Er spricht Deutsch und Englisch und bietet einen 24-Std.-Service an. ✆ 22420-68016 und 69-44533440.

Ausflüge Inzwischen buhlen eine Handvoll Touristenbüros um die Gunst ausflugswilliger Urlauber. Die Angebote sind inhaltlich und preislich nahezu identisch.

Für 35 € wird täglich ein Ausflug zur Vulkaninsel **Nissiros** angeboten. Für 30 € gibt es die **Inselrundfahrt** im Bus. Den Sonnenuntergang in **Zia** kann man dreimal in der Woche bestaunen, angeboten wird auch ein Ausflug zur **Embros-Therme.** Bestseller ist der Trip nach **Bodrum,** für den Sie inklusive Hafentaxe und Transfer nach Kos 35 € zahlen. Beliebt ist auch die **Three-Islands-Tour** (Pserimos, Plati und Kalymnos), die 35 € inklusive Mittagessen kostet. Wer die Südküste der Insel besuchen möchte, kann an der **Three-Bay-Cruise** mit Stopps am Camel- und Paradise-Beach sowie der Bucht von Kefalos teilnehmen.

Im Programm ist ferner ein **griechischer Abend,** der in Zia veranstaltet wird und für den 40 € zu zahlen sind. Essen und Wein sind im Preis inbegriffen, geboten werden Tanz und Livemusik.

Mehr Infos zu den Zielen → Ausflüge, ab S. 132, zu Fährverbindungen → Kos-Stadt, S. 36.

Auto-/Zweiradverleih Eine Handvoll Autoverleihstationen buhlen um Kundschaft. Besonders empfehlen können wir **Sevi Rent a Car** mit drei Stationen in Tigaki: an der Stichstraße, etwas westlich davon und an der Straße, die am Strand entlang Richtung Kos führt. Ein Dutzend Modelle (auch Cabrios) stehen zur Wahl. Die Kleinwagen sind in vorbildlichem Zustand und kosten in der HS ab 50 € pro Tag. Der Service ist freundlich und zuverlässig. ✆ 22420-69076 und 69-47121792, sevirentacar.gr.

Tigaki Tours. Die Reiseagentur verleiht auch Autos. Einen Kleinwagen können Sie in der Nebensaison ab 35 € pro Tag mieten. Ab zwei Tagen Leihdauer oder bei Buchung einer Tour sind Sonderangebote möglich. Das freundliche Personal spricht auch Deutsch. ✆ 22420-69994 oder 22420-69494.

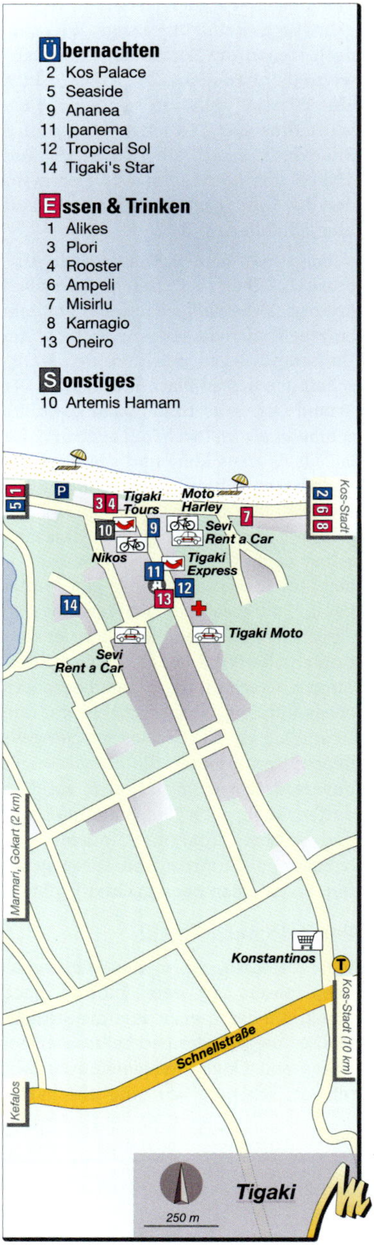

Tigaki Express. Einen Fiat Panda erhalten Sie ab 35 €, Cabrios ab 55 €. Rabatte bei längerer Dauer. Großer Anbieter mit Büros in Marmari und Kos (Paslidi und Marina). ✆ 22420 69000, tigakiexpress.gr

Nikos. Für die neuen Alu-Fahrräder verlangt der freundliche Betreiber ab 5 € pro Tag, Mountainbikes kosten 10–20 €, E-Bikes ab 15 €. Motorroller gibt es ab 20 € und Quads ab 40 € pro Tag. Ermäßigung ab drei Tagen. Preise inkl. Helm und 24-Std.-Service. Der Verleih befindet sichan der Stichstraße Richtung Kos. ✆ 69-44990943, nikosbikeskos.com.

Geldautomat Am Kreisverkehr, direkt neben der Reiseagentur Tigaki Tours.

Supermärkte Der **Konstantinos-Supermarkt** verfügt über ein enorm großes Sortiment an Souvenirs: von Schwämmen über Muscheln bis zu griechischer Musik. Daneben finden Urlauber hier alles, was sie zum Baden brauchen. Und Lebensmittel gibt es auch. Unten am Wendeplatz finden Sie einen **kleineren Supermarkt,** dessen Sortiment für den täglichen Bedarf ausreicht.

Tankstelle Nahe der Schnellstraße.

Wassersport **Plori Water Sports** (am Strand bei der gleichnamigen Taverne) bietet Jetski (15 Min. für 30 €), man kann auch Tretboote leihen oder auf der „Banane" über das Wasser reiten. Eine weitere Wassersportstation **Alikes Beach** befindet sich ca. 200 m weiter in Richtung Salzsee. Hier steht Windsurfen im Zentrum des Angebots: Zu leihen sind außerdem Kanus, Kajaks und alles fürs Stand-Up-Paddling. **Stavedo Watersports,** 200 m vom Wendeplatz Richtung Kos-Stadt, vermietet Jetski (10 Min. für 30 €) und Kanus, bietet verschiedene Schleppfahrten, Parasailing (50 €) sowie Wasserski (40 €) an.

Wellness **Artemis Hamam** **10** In angenehmer Backsteinoptik wurde hinter der Taverne Plori ein Hamam errichtet. Vom traditionellen orientalischen Bad hat es nur den Namen und die dekorative Innenausstattung entliehen. Hier wird nicht nach Geschlechtern getrennt im Dampf gebadet, sondern moderne Wellness angeboten. Das Basis-Paket (90 Min.) kostet 65 €. Dafür bekommt man: Sauna, Peeling und Massage. Sie können verschiedene Entspannungs-Pakete buchen, z. B. für 50 € eine 40-minütige Anti-Stress-Massage. Ein Schönheitssalon, Barber Shop und Friseur sind an das Hamam angeschlossen. Wer nicht am Ort wohnt, kann den Shuttleservice in Anspruch nehmen. ✆ 224 20-67270, artemishamam.com.

Übernachten & Ausgehen

→ Karte S. 64

Übernachten Der Bauboom hat in Tigaki zweckmäßige und schmucklose Hotels und Tavernen entstehen lassen. In der Vergangenheit gestaltete sich die Zimmersuche während der Hauptsaison schwierig, da die meisten Unterkünfte an Veranstalter gebunden sind. Wenn die Hotels freie Zimmer haben, stehen sie aber auch Individualreisenden offen.

Kos Palace **2** Das Hotel mit 110 Zimmern und 7 Suiten liegt rund 1 km westlich des Wendeplatzes. Viel Licht durchflutet die ansprechende Architektur. Die Zimmer sind mit einem Kühlschrank ausgestattet und haben Balkon oder Terrasse sowie einen Fernseher (mit deutschen Programmen). An der Rezeption wird auch Deutsch gesprochen. Ein Restaurant und eine Snackbar am großen Swimmingpool mit üppigen Grünflächen ringsherum. Der Strand vor dem Gelände ist etwas schmal und ohne natürlichen Schatten. ✆ 22420-69890, kospalace.gr. **€€€**

Tigaki's Star **14** Das Hotel mit seinen 73 Zimmern und gepflegtem Garten verfügt über einen Pool sowie einen kleinen Kinderspielplatz und liegt 500 m vom Strand entfernt. ✆ 22420-69541, tigakisstar-kos.com. **€€**

Tropical Sol **12** Die 120 Zimmer verfügen über eineKlimaanlage, einen Kühlschrank und TV. Swimmingpool und Tischtennisplatte sind in reger Benutzung, das sympathische Hotel versprüht Achtzigerjahre-Charme und liegt recht zentral an der Stichstraße. Lobenswert: das eichhaltige Frühstücksbuffet. ✆ 22420-69381, tropicalsol.gr. **€€€**

Ipanema **11** Das kleine, sympathische Hotel liegt etwas versteckt und ruhig abseits der Stichstraße. Die schattige Terrasse vor dem Hotel ist ein angenehmer Ort. Die Zimmer sind sauber und mit TV, Klimaanlage und Kühlschrank ausgestattet. Die Betreiberin führt direkt neben dem Hotel auch eine Café-Bar. ✆ 22420-69255, ipanemahotelkos@gmail.com. **€**

Ananea **9** Das Gebäude strahlt schlichte Eleganz aus. Die meisten der 60 Suiten und DZ haben einen Balkon, sind komfortabel ausgestattet und schallisoliert. Inzwischen sind das

Gutes Surfgebiet: die Nordküste

Restaurant Cantina und eine sehr gute Bar angeschlossen, die auch Nicht-Hotelgästen offen stehen. ✆ 22420-69217, ananea.com. €€€€

Seaside 5 Alle Zimmer mit freiem Blick aufs Meer und mit Bad und Balkon. Die Räume liegen über der Taverne Alikes (an der Stichstraße in Richtung Salzsee) und werden von denselben Betreibern vermietet. ✆ 22420-69577, seaside_tigaki@hotmail.com. €

Essen & Trinken Ein Teil der Tavernen vor Ort bietet nur Fast Food und einfache griechische Küche – höhere Ansprüche bleiben unbefriedigt. Empfehlenswert sind aber die Tavernen Plori, Ampeli und Alikes.

Mein Tipp **Plori 3** Rund 100 m westlich des Kreisverkehrs. Hier hat man die Füße fast im Sand, so nah am Strand liegt die Taverne. Die Kellner sind ausgesprochen freundlich, die griechische Küche ist gut und abwechslungsreich; Hauptgerichte liegen zwischen 12 und 19 €. Wirt Michali pflegt seinen Garten, Gemüse und Gewürze landen auf den Tellern der Gäste. Der Auberginensalat ist genauso frisch und lecker wie Shrimps, Muscheln und Fisch. Die Küche setzt auf lokale Produkte, Weine und traditionelle Gerichte wie Gigantes und Giouvetsi, zubereitet nach traditionellen koischen Rezepten. Zum Abschluss sollten Sie die hausgemachten Süßigkeiten kosten, z. B. Revani, einen Grießkuchen mit Eis, oder Galaktoboureko, Blätterteig mit cremiger Füllung. Die Betreiber unterhalten auch die Wassersportstation am Strand, die z. B. Jetski und Schleppfahrten anbietet.

Ampeli 6 In dem alten Bauernhaus außerhalb von Tigaki herrscht eine familiäre Atmosphäre. Gäste sitzen in einem wunderschönen Garten, in dem ein Teil der Produkte gedeiht, die die Küche verarbeitet, z. B. Paprika, Tomaten und Auberginen. Das Essen ist einfach, aber lecker und reichhaltig. Von Tigaki aus am Strand entlang in Richtung Kos. Rund 250 m hinter den Byron-Apartments führt eine Straße ins Landesinnere. Die Taverne ist ausgeschildert.

Alikes 1 Vor dem Salzsee (Alikes), mit Blick aufs Meer. In das einfach eingerichtete, griechische Restaurant kehren regelmäßig – vornehmlich am Sonntagmittag – Einheimische ein. Die solide Küche zu niedrigen Preisen verdient diesen Qualitätsbeweis. Die angebotene Palette der Vorspeisen ist breit, vom klassischen Tsatsiki über Kartoffelsalat mit Knoblauch bis zu kleinen, gebratenen Fischen ist alles dabei. Auch all jene, die von der griechischen Küche genug haben, kommen auf ihre Kosten: Die Sandwichs und Pizzen sind dick belegt und schmecken richtig gut. Im Wendekreis Richtung Salzsee fahren, auf der linken Seite am Ortsende gelegen.

Oneiro 13 Taverne mit 200 Plätzen und großer Auswahl an griechischen Gerichten, aber auch Spaghetti und Pizza.

Karnagio 8 Die Taverne liegt etwa 4 km östlich vom Wendeplatz in Tigaki, direkt am Strand. Die Taverne bietet einfache, aber gute und preiswerte griechische Küche. Ein wunderbarer Ort zum Entschleunigen.

Rooster 4 Direkt am Wendeplatz mit weitläufiger Terrasse und flottem Strandservice. Im Angebot vor allem leichte Speisen wie Salate, Sandwiches und Pasta ab 10 €.

Misirlu 7 All-Day-Bar am Strand östlich des Wendeplatzes, geöffent von 9 bis 3 Uhr in der Nacht. Speisen und Getränke werden auch zu den Strandmöbeln geliefert, wobei sich die großen Pizzen besser in der Bar verzehren lassen. Cocktails um 10 €.

Nachtleben Wer des Nachts das Tanzbein schwingen will, muss sich nicht zwangsläufig auf den Weg nach Kos-Stadt machen. Das Nachtleben Tigakis spielt sich in einem halben Dutzend Bars und Musikcafés ab. Die meisten befinden sich an der Stichstraße, die Stühle zur Flaniermeile hin ausgerichtet. Angeboten werden Snacks, Kaffee und natürlich Alkoholika aller Art: Vom irischen und deutschen Bier bis zum Cocktail ist hier alles zu bekommen. Eine Sperrstunde gibt es nicht; die Bars sind bis in den frühen Morgen geöffnet, wenn trinkende und zahlende Gäste da sind.

Manche Bars haben eine kleine Tanzfläche, so z. B. das **Mascot,** wo mittwochs und samstags Karaoke oder Livemusik auf dem Programm stehen. Bands treten gelegentlich auch in der **Karma Cocktailbar** gegenüber und im **Barzentrum Mall** auf, vis-à-vis der Taverne Plori. Sehr gute Cocktails mixen die Barkeeper in der **More Meni Bar** im gleichnamigen Hotel an der Stichstraße.

Die Nordküste → Karte S. 62

Marmari

Ähnlich wie der östliche Nachbarort Tigaki ist Marmari ein Sommerbadeort. Einst lagen hier die Boote der Fischer aus Pyli, nun surfen Urlauber über die Wellen. Mit vier Wassersport-Stationen gibt es in Marmari ein reichhaltiges Angebot.

Ausschlaggebend für die touristische Erschließung war der kilometerlange Sandstrand mit einem Band niedriger Dünen, an dem sich auch heute noch ein ruhigeres Plätzchen finden lässt, wenn man sich etwas vom Zentrum des Orts entfernt. Durch die teils weit ins Wasser reichenden Sandbänke eignet sich dieser Küstenabschnitt für einen Urlaub mit Kindern.

In Marmari machen viele deutsche Pauschalurlauber Ferien. Der Ort hat sich darauf eingestellt: Das Personal in Hotels und Surfstationen spricht vielfach Deutsch. Dass es in Marmari inzwischen mehrere große All-inclusive-Anlagen gibt, hat sich auf die Infrastruktur ausgewirkt. Obwohl die Zahl der Urlauber steigt, existieren entlang der Hauptschlagader, der Stichstraße zum Meer, nur wenige Tavernen und Cafés. Die Gäste werden in den Anlagen und Hotels rundum versorgt.

Baden und Strände

Westlich des zentralen Platzes gibt es etwa einen Kilometer lang immer wieder natürlichen Schatten, doch die Plätze unter den Tamarisken sind rasch belegt. Sonnenschirme und Strandliegen finden die Urlauber an mehreren Abschnitten.

Einsamere Stellen am 20 bis 30 m breiten Sandstrand, den ein Band niedriger Dünen von den Feldern im Hinterland trennt, finden Sie aber auch in der Hochsaison: Dann müssen Sie allerdings die Abschnitte unmittelbar vor dem Ortskern und den großen Hotels umgehen. Je weiter Sie sich in westlicher oder östlicher Richtung bewegen, umso mehr Ruhe können Sie genießen. Allerdings wird der Strand auch schmaler (knapp 10 m). Ohne Unterbrechung zieht er sich bis Tigaki bzw. Mastihari – beste Voraussetzungen für einen ausgedehnten Strandspaziergang.

Leider sammelt sich stellenweise Seegras im Wasser und am Ufer, was die Badefreuden trüben kann. Ein angenehmer Abschnitt, weil etwas weniger besucht, ist der Pithos Beach etwa 1 km östlich des Wendeplatzes. Sie erreichen ihn über einen ausgeschilderten Abzweig von der Verbindungsstraße zwischen Marmari und Tigaki.

Basis-Infos

→ Karte S. 69

In Marmari befindet sich eine von insgesamt vier Kartbahnen auf Kos

Verbindungen Von Kos-Stadt fahren **Busse** Montag bis Samstag in der HS zwischen 9 und 23 Uhr insgesamt 12-mal tägl. nach Marmari (sonntags 8-mal). In umgekehrter Richtung fährt der erste Bus um 8 Uhr, der letzte abends um 23.30 Uhr (Fahrpreis: 2,10 €). Die Haltestelle befindet sich vor dem Marmari Beach Hotel. Mit dem **Taxi** kostet die Strecke Kos–Marmari 21 €.

Ausflüge Hier finden Sie das gleiche Ausflugsprogramm wie in Tigaki (siehe dort), zu buchen sind die Ausflüge in den Touristenbüros vor Ort (z. B. Tigaki Tours, ✆ 22420-42055, oder Tigaki Express, ✆ 22420-41666).

Auto-/Zweiradverleih Eine Handvoll Auto- und Zweiradverleiher konkurrieren in Marmari um die Gunst der Kunden. Bei **Kombos** kostet ein Kleinwagen mit Klimaanlage 30–40 € je nach Saison. Buggys werden für 70–120 € pro Tag angeboten. ✆ 22420-41657 oder 69-45550112, kombosrent.gr.

Autos bietet auch die Filiale der Reiseagentur **Tigaki Tours** in Marmari. Das Angebot entspricht dem in Tigaki (siehe dort). ✆ 22420-42055.

KOSmoto hat neben Autos auch viele Fahrräder in der Vermietung. Einfache Räder ab 7 € tägl., Mountainbikes ab 10 € und E-Bikes ab 20 € pro Tag. ✆ 22420 41711, kosmoto.gr.

Kartbahn Auf halbem Weg zwischen Tigaki und Marmari, an der Straße Ioanni Kapodistria, liegt das **Marmari Go-Kart Center.** Die

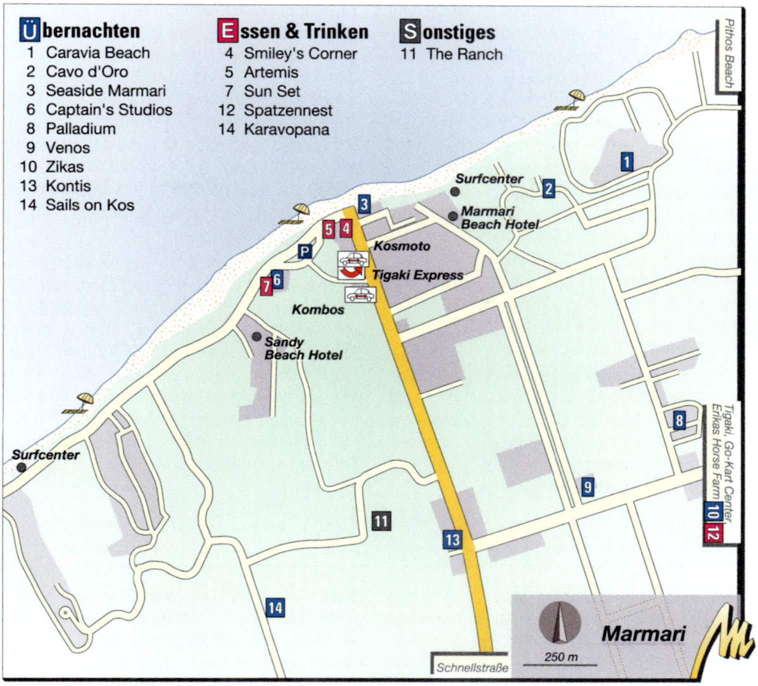

750 m lange Piste ist top, ebenso die Karts. 15 Min. Fahrspaß kosten 18 €. Auf einer kleinen Extrastrecke können sich Kinder auf Elektrokarts profilieren (7 € für 10 Min.). Derweil können die Eltern auf der Terrasse der Snackbar ihren Sprösslingen zuschauen – die meisten steigen aber lieber selbst in eines der rasanten Gefährte. Tägl. 9.30–23 Uhr. ✆ 22420-68184, marmarigokartcenter.com.

Reiten Das Herz des Reitsports schlägt in Marmari. Gleich vier Reitställe wetteifern um die Gunst.

Erika's Horse Farm. Hier finden nicht nur 30 Reitpferde ein Zuhause, sondern auch eine bunte Mischung aus Eseln, Hühnern, Truthähnen, Pfauen, Ziegen, Lamas und Rehen. Die Tiere werden liebevoll gepflegt und das merkt man. Die Anlage ist sauber und verfügt über ein rustikales Café. Erika selbst, eine ausgebildete therapeutische Reitlehrerin, begeistert mit Gastfreundlichkeit und Herzlichkeit. Ein einstündiger Reitausritt am Strand kostet 35 €. Besonders beliebt ist der Ausflug während des Sonnenuntergangs (1:30 Std., 45 €). Auf Wunsch begleiten Angestellte der Farm die Kinder auf den Ponys. Zu finden ist der Reitstall zwischen Marmari und Tigaki an der Poseidon-Straße in Marmari. ✆ 69-45935137, erikashorsefarm.gr.

Beim Reitstall **Salt Lake Stables** werden unterschiedliche Touren angeboten, z. B. ein Ritt inklusive Badestop oder ein Ausritt bei Sonnenuntergang. Es gibt Angebote für Anfänger wie Fortgeschrittene. Wer einfach nur reiten will, zahlt für eine Stunde 25 €, für zwei Stunden 40 €. Alle Preise verstehen sich inkl. Kleidung und nötiger Reitaccessoires sowie – falls gewünscht – Transfer vom/zum Hotel. Der Reitstall liegt zwischen Tigaki und Marmari am Strand. ✆ 69-44104446, horseridingkos. wixsite. com.

The Ranch **11** Der Name hält, was er verspricht: Es wirkt wie in einer Ranch im Wilden Westen – inklusive Saloon. Das Angebot entspricht dem der anderen Reitställe. theranchkos.com, ✆ 69-47400215.

Der vierte Reitstall, **Veroutas,** ist kleiner als die anderen und befindet sich nahe der Gokart-Bahn. ✆ 69-46846626, veroutasg@yahoo.gr.

Die Nordküste → Karte S. 62

Wassersport **Kite Surfing Kos.** Am Strand vor dem Hotel Caravia Beach ist die Wassersportstation von Debbie und Holger angesiedelt. Absolut entspannt präsentieren sich die beiden, er aus Norddeutschland, sie Berlinerin – die gute Stimmung greift auf die Gäste schnell über. Ob Ausflug, Lernen oder Mieten: Hier geht alles. Ein Windsurfkurs an 4 Tagen kostet 235 € (für Kinder 125 €). Erlernen können Sie hier auch das Katamaransegeln. Könner leihen sich ihre Ausrüstung: Surfequipment pro Stunde 25 €. Weiter im Angebot: Wing Foils, Wasserski und Schleppfahrten, also Banana Boat oder Ringo, Stehpaddeln. Die Station ist von Mai bis Okt. geöffnet, ✆ 69-445 58405, windsurfingkos.com.

Übrigens: Die blaue Flagge über der Surfstation signalisiert nicht die Sauberkeit des Strandes (auch wenn die hervorragend ist), sondern auch Holgers Treue zum Hamburger Sportverein. Einen Fanclub gibt es auf Kos auch, raten Sie mal, wer Gründungsmitglied ist ...

Marmari Windsurfing. Neben dem Hotel Marmari Beach befindet sich seit rund 15 Jahren die Sportstation des Schweizers Beat und der Tschechin Alena. Der Surfeinsteigerkurs dauert 8 Std. und kostet 250 €, die Ausrüstung steht für eine Woche zur Verfügung. Wer bereits surfen kann und sich nur ein Brett mieten will, zahlt 30 € pro Std. bzw. 300 € pro Woche. Kanus und SUP-Boards sind ebenfalls im Angebot für 20 € pro Stunde. ✆ 69-40607280, marmari-windsurfing.com.

Fun 2 Fun. Auch beim dritten Anbieter in Marmari wird Deutsch gesprochen. Die Station befindet sich nahe dem Grecotel Royal, westlich des Ortszentrums. Neben einem klassischen Surfkurs (10 Std. für 240 € inkl. Grundschein) können Sie auch einen Katamaran- oder Kitesurfkurs belegen. Wer nur Surfequipment braucht, erhält es für 30 € pro Std. Außerdem im Angebot: SUP-Boards, Wing Foils und Katamarane. ✆ 69-42695576, fun2funkos.com.

Übernachten & Ausgehen

→ Karte S. 69

Übernachten **Captain's** **6** Eines der ersten Häuser, die in Marmari gebaut wurden. Der ehemalige Tankerkapitän Nikita baute es 1987 mit dem Wunsch, an dieser Stelle die Ruhe und Natur der Insel genießen zu können. Seither führt er mit seiner Frau diese Pension. Die Atmosphäre ist herzlich und familiär: Das Frühstück nehmen die Gäste auf der Terrasse mit Blick aufs Meer und den üppigen Garten ein. Insgesamt stehen zwölf einfache Räume, acht Studios und vier DZ zur Verfügung. Kinder sind stets herzlich willkommen ✆ 22420-41431, captain_nikita@hotmail.com. **€**

Seaside Marmari **3** Beste Lage direkt am Strand, insgesamt 24 Zimmer in zwei Gebäuden, alle mit Balkon, Klimaanlage, TV, WiFi und die meisten auch mit Meerblick. Das Frühstück wird auf der Terrasse serviert. Der Strand vor dem Hotel ist feinsandig, breit und es stehen Liegestühle sowie Sonnenschirme für die Gäste bereit. Auch eine Bar gehört zur Anlage. Neben DZ auch Familienzimmer im Angebot. ✆ 22420-42452, seasidemarmari.com. **€€**

Caravia Beach **1** Die Anlage liegt am Strand, rund 400 m östlich des Wendeplatzes. Insgesamt 600 Betten stehen im viergeschossigen Haupthaus und einer Reihe von Bungalows zur Verfügung. Durch ihre Blütenpracht sticht die Gartenanlage des Hotels aus der Umgebung hervor. Das Freizeitangebot des All-inclusive-Hotels ist reichhaltig: Swimmingpool, Tennisplätze, Windsurfing, Minigolf, ein großer Kinderspielplatz – die Liste ließe sich fortsetzen. Das Hotelmanagement sorgt auch für eine Kinderbetreuung oder Jazzkonzerte. Die Zimmer lassen sich ausschließlich all-inclusive buchen. Dies gilt auch für die Unterkunft in den Bungalows für bis zu vier Personen. ✆ 22420-41291, caraviabeach.gr. **€€€€**

Cavo d'Oro **2** Familienfreundliche Apartmentanlage mit Strandbar, Restaurant, üppigem Garten, Pool und Jacuzzi. und kleinem Spielplatz. Den Betrieb organisieren zwei Brüder. Die insgesamt 30 Apartments, die Platz für drei, zum Teil für bis zu fünf Personen bieten, liegen abseits des Ortszentrums, sodass Gäste den Strand (mit Beachvolleyball-Feld und kleiner Bar) fast für sich haben. Zur nächsten Windsurfstation sind es nur 60 m. ✆ 22420-41800, cavodorohotel.gr. **€€**

Sails on Kos **14** Der Begriff „Glamping" vereint die Wörter glamurös und Camping. Das ist im Falle von Sails on Kos vermutlich etwas übertrieben, aber ausgesprochen komfortabel sind die 24 Zelte schon. Die „Tented Villas" verfügen sogar über großzügige Bäder, mehrere Räume, eine gemütliche Couch, Kühlschrank, Hängematten und noch einige Extras mehr. Einen Pool und eine empfehlenswerte Taverne, die griechische Küche mit orientalischen Akzenten bietet, gibt es auch. Die griechisch-australischen Betreiber bieten ein abwechslungsreiches Programm an mit Aktivitäten wie Wandertouren, Olivenseife herstellen oder Kochkursen sowie ein kleines Amphi-Theater. Ein großes Herz schlägt für Kinder, die sich auf der 2020 eröffneten Anlage besonders wohlfühlen dürften. ✆ 69-48904534, sailsonkos.com. **€€**

Palladium **8** Das Hotel liegt 800 m vom Strand entfernt. An der Frontseite des u-förmigen Gebäudes sind Bar, Restaurant, Minimarkt und Rezeption (auch deutschsprachig) untergebracht. In den anderen Teilen des zweistöckigen Hauses befinden sich die 144 Zimmer. Größtenteils deutsche Pauschaltouristen logieren hier. Breites Angebot an Tageszeitungen, fast alle überregionalen bundesdeutschen Blätter sind erhältlich. Von den Gästen gelobt wird vor allem das hervorragende Essen. Im Hotel selbst findet sich eine eigene, mehrfach prämierte Konditorei. Buchung inkl. Frühstück oder Halbpension möglich. ✆ 22420-41407, hotelpalladiumkos.gr. **€€-€€€**

Zikas **10** An der Stichstraße zum Pithos Beach, rund 1 km östlich von Marmari. Stavros Zikas, der den gleichnamigen Supermarkt betreibt, vermietet sechs Studios. Ein kleiner Garten umgibt das Haus, die Unterkünfte sind einfach, zum Strand sind es etwa 400 m. ✆ 22420-41323. **€**

Venos **9** Auf den ersten Blick fällt der überaus gepflegte Garten mit Rosen und Geranien auf. Im zweistöckigen Gebäude gibt es elf schlichte Zimmer mit Balkon zum Meer (400 m entfernt), Kitchenette, Klimaanlage und TV. DZ zwischen 25 und 35 €. An der Straße Richtung Tigaki. ✆ 22420-41538 und 69-44654870. **€**

Kontis **13** An der Stichstraße zum Meer, gegenüber der Abzweigung nach Tigaki. Die 6 kleinen, zusammenhängenden Bungalows sind klimatisiert und sauber, verfügen über eine Küche mit Spüle, Herd sowie Kühlschrank. Vom hinteren Balkon aus blickt man auf Aprikosenbäume, Bananenstauden und Weinreben. Die Vermieter wohnen nebenan. ✆ 22420-41094 und ✆ 069-77095688, tpapanik@in.gr. **€**

Essen & Trinken Da viele Besucher mindestens mit Halbpension oder All-inclusive gebucht haben, gibt es in Marmari nichtallzu viele Tavernen.

Smiley's Corner **4** Auch wenn der Name etwas anderes vermuten lässt, hier wird frisch und gut und griechisch gekocht, u. a. Saganaki (panierter, gebackener Schafs- oder Ziegen-

Gut gepflegt: die Ponys und Pferde auf Erika's Horse Farm

käse). Der Besitzer spricht sehr gut Englisch, was den Kontakt erleichtert. Dass sich die Einheimischen hier zum Essen einfinden, ist ebenfalls ein gutes Zeichen. Zum Ouzo reicht man kleine Köstlichkeiten.

Karavopana **14** Die Taverne gehört zur „Glamping-Anlage" Sails on Kos (s. o.), externe Gäste sind aber herzlich willkommen. Die Karte des Familienbetriebs umfasst die Klassiker der griechischen Küche, bietet aber auch einige orientalische Gerichte, darunter Kebab, Salate mit Falafel oder Halloumi und Tabouleh (Couscous). Bei der Auswahl der Zutaten achten die Köche auf lokale, saisonale und biologisch angebaute Zutaten; außerdem wird ein großer Teil der Elektrizität durch Sonnenenergie gewonnen. Gut gefallen hat uns die Auswahl an griechischen Weinen und Bieren – auch aus kleinen Brauhäusern.

Artemis **5** Griechische Küche bietet die Taverne, deren Mobiliar in weiß und blau gehalten ist. Der Service ist freundlich und aufmerksam, die Speisen schmackhaft. Dafür sorgt die Köchin aus Kalymnos schon seit 27 Jahren. Bei starkem Wind werden die Terrassenfenster geschlossen, sodass der Blick aufs Meer erhalten bleibt, ohne dass die Servietten durch die Gegend fliegen. Hauptgerichte ab 12 €.

Die Nordküste → Karte S. 62

Snackbar Sun Set 7 Die griechischen Klassiker werden sorgfältig zubereitet und sind preisgünstig. Hier wird man nicht nur mit Essen und Trinken versorgt, sondern kann auch Kicker und Billard nutzen.

Spatzennest 12 Den deutschen Namen trägt die Taverne wegen der Gäste, nicht wegen der Betreiber: Die sind Griechen. Beliebt ist das östlich von Marmari gelegene Spatzennest wegen der hausgemachten Pizzen und der Cocktails, die die Gäste gerne auch mal auf dem Liegestuhl auf dem Rasen vor der Taverne genießen.

Nachtleben Wie in Tigaki findet das Nachtleben in den Bars statt, die sich entlang der Stichstraße zum Meer angesiedelt haben. Sie sind auf flanierendes Publikum eingestellt, die gepolsterten Stühle mit Blick auf die Straße ausgerichtet.

Bar Image. Bietet eine musikalische Besonderheit. Zwar werden auch hier die bekannten Chart-Hits gespielt, ab Mitternacht jedoch wird klar, warum sich im Laufe des Abends mehr und mehr Einheimische einfinden: Der DJ wechselt das Programm und spielt griechische Weisen und Bouzouki-Musik, zu der dann auch gerne und ausdauernd getanzt wird. In der Nähe des Wendeplatzes am Strand.

Mastihari

Der dritte Badeort an der Nordküste zeichnet sich nicht nur durch seine schönen Strände und die spärlich bevölkerte Umgebung aus, sondern auch durch die zentrale Lage, die es erlaubt, weitere wenig besuchte Strände schnell zu erreichen.

Schnurgerade zieht sich die Straße auf den letzten zwei Kilometern zwischen Antimachia und Mastihari durch die fruchtbare Küstenregion, den Wegesrand säumen Eukalyptusbäume.

Eintritt frei: Skulpturenpark des Neptune-Hotels

Im Zentrum von Mastihari dominieren die kleinen Privatquartiere, am westlichen Rand sind einige Ferienhäuser gebaut worden und in der Umgebung des Dorfes haben größere, komfortable Hotels ihre Pforten geöffnet. Doch Hektik ist ein Fremdwort in Mastihari, das sich einen gewissen ursprünglichen Charme bewahrt hat.

Überreste antiker Hafenanlagen und einer frühchristlichen Basilika, wahrscheinlich aus dem 5. Jh. deuten auf eine frühe Besiedelung der Gegend hin. Für das Mittelalter fehlen Zeugnisse, es ist daher anzunehmen, dass die Siedlung damals aufgegeben wurde. Erst 1933 fanden erneut Menschen an diesem Platz eine Heimat. Dabei handelte es sich um Bewohner von Antimachia, die ihr Dorf nach einem schweren Erdbeben verlassen hatten. Bis Mitte der Achtzigerjahre lebten die Einwohner Mastiharis vorwiegend von Landwirtschaft und Fischerei. Dann fasste der Tourismus langsam Fuß – und heute ernährt diese Branche die Mehrheit der Einwohner.

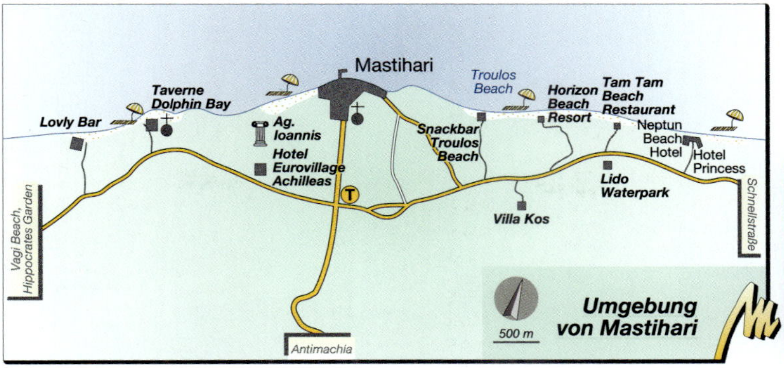

Am Hafen von Mastihari fällt der Blick unweigerlich auf die Ruine einer Kirche. Doch handelt es sich hier nicht um eine Ausgrabung, sondern um Steine, die heftigen Anstoß erregt haben. Die Gemeinde wollte dem Hafen mehr Charme verleihen, plante deswegen den Bau des Gotteshauses als Blickfang im ansonsten tristen Hafenrund. Gleichzeitig wollte ein anderer Bauherr direkt gegenüber eine Taverne errichten. Die Interessen kollidierten. Denn der Tavernenbetreiber in spe fürchtete um den Meerblick seiner künftigen Gäste und trat dem Bau der Kirche entgegen. Mit Erfolg: Die Arbeiten mussten eingestellt werden. Doch Ironie des Schicksals – während des langen Streits ging dem Griechen das Geld aus, die Taverne blieb genauso unvollendet wie die Kirche.

Sehenswertes

Skulpturenpark: Am Neptune Beach Hotel steht Interessierten die antike Götter- und Sagenwelt offen. Der bayerische Bildhauer Peter Müller hat die griechische Mythologie in eisernen Figuren umgesetzt. Achilles, Poseidon und Co. begegnen Ihnen auf Augenhöhe, Göttervater Zeus jedoch wie auch Neptun, der Namensgeber des Hotels, sind auf übermenschliche vier Meter angewachsen.

Basilika Agios Ioannis: Nahe dem Strand vor dem Hotel Euro Villages Achilleas, gut 1 km westlich von Mastihari, stehen die Überreste der frühchristlichen Basilika, die wahrscheinlich aus dem 5. Jh. stammt. Die Strukturen des insgesamt etwa 20 x 15 m großen Gebäudes lassen sich anhand des Verlaufs der rudimentär erhaltenen Grundmauern gut rekonstruieren. Besonders gut erhalten innerhalb der Reste der Außenmauern ist das kreuzförmige Taufbecken, in den Boden eingelassen und mit Marmor und Ziegeln befestigt. Es lag einst inmitten der Taufhalle, des Baptisteriums, eines Raumes mit kuppelartigem Dach und fünf halbkreisförmigen Nischen in den Wänden; in einer dieser Nischen saß der Bischof während der Taufzeremonie.

■ Über den (nachts beleuchteten) Fußweg am Strand entlang bis zur Hotelanlage Euro Village Achilleas, die westlich von Mastihari liegt. Kurz vor dem Hotelstrand weist links das Schild „Basilica St. John" auf die Ausgrabung hin.

Hippocrates Garden: Das Kulturzentrum hat Giouli Zafeiratou dem berühmtesten Sohn der Insel, Hippokrates, gewidmet. Die naturverbundene Griechin errichtete die Kopie einer griechischen Siedlung, so wie sie im 5. Jh. v. Chr. ausgesehen haben mag, in jener Zeit also, als der berühmte Arzt auf Kos lebte. Im Zentrum der Anlage steht die

Die Nordküste → Karte S. 62

Der Weg von der Tam-Tam-Bar zum Strand ist kurz

Nachbildung eines traditionellen griechischen Hauses (Oikos) aus jener Zeit, ein zweigeschossiges Gebäude, das aus lokalen Steinen erbaut wurde. Es dient als Ausstellungsraum für die Kultur jener Epoche und wird für Seminare und Kurse genutzt.

Daneben liegt der „Arkadengang der Philosophen", ganz im Stil der Antike mit Fußbodenmosaik und Reliefs an den Wänden. Im Garten gedeihen Kräuter wie Lavendel, Thymian und Oregano; zudem wird biologisch erzeugtes Obst und Gemüse angebaut und verkauft. Aus den Weinstöcken geht ein trockener roter Biowein hervor, der unter dem Namen Eros vermarktet wird. Ein Amphitheater, das bis zu 80 Besuchern Platz bietet, vervollständigt die Anlage. Die jüngste Erweiterung ist ein Schlafraum, der in der antiken Medizin der Traumdeutung diente.

■ Das Kulturzentrum liegt 6 km entfernt von Mastihari in Richtung Antimachia. Gegenüber dem Eingang führt ein Pfad zu einer etwa 500 m entfernten Quelle. Geöffnet tägl. 9–21 Uhr, Eintritt 5 €. ✆ 69-95196413, hippocratesgarden.gr.

Baden und Strände

Westlich des Hafens beginnt der örtliche Badestrand, der sich über 1 km erstreckt. Er ist bis zu 20 m breit, anfangs von Tamarisken gesäumt und feinsandig. Später gibt es einige Dünen, die mit Büschen und Disteln bewachsen sind. Die regelmäßige Säuberung des Strandes verhindert, dass sich das Seegras auftürmt, so, wie es im Hafen geschieht. Hinter dem Strand befinden sich ein Kinderspielplatz und ein Volleyballfeld. Bis dorthin stehen auch die Liegestühle. Ein schmaler, aber beleuchteter und betonierter Weg führt vom Ortskern den Strand entlang zum Euro Village Achilleas Hotel – ideal für einen abendlichen Spaziergang. Für das leibliche Wohl der Urlauber sorgen mehrere Tavernen in Strandnähe. Einige haben Liegestühle am Strand platziert; wer etwas in der Taverne verzehrt, darf dort ohne Leihgebühr Platz nehmen.

Vagi, ein weiterer feinsandiger Strand, befindet sich 2 km westlich. Von der

Straße Richtung Hippocrates Garden zweigt eine Sandpiste zum Strand ab, an dem sich eine gepflegte Bar befindet. Unterhalb der Apartment-Anlage The Small Village, rund 4 km westlich von Mastihari, finden Sie einsame Strandabschnitte ohne Service. Bei starkem Wind rollen die Wellen über 50 m kräftig ein, sodass sich hier Bodysurfer richtig wohlfühlen können.

Rund 1,5 km östlich von Mastihari führt eine Sandpiste zum sogenannten **Troulos Beach.** Dort scheint die Zeit stehen geblieben zu sein: Einige einfache, von Sonne und Salz bereits ausgebleichte Liegestühle unter Schirmen bieten den wenigen Besuchern schattige Plätzchen. In der gemütlichen Strandbar „Troulos Beach" erhalten Sie kühle Getränke und einfache griechische Speisen; besonders die Grillgerichte werden von Besuchern regelmäßig gelobt.

Lido Waterpark: Es soll der größte Wasserpark der Ägäis sein – das sagen zumindest die Betreiber. Geboten wird Wasserspaß auf 75.000 m² mit fünf großen Wasserrutschen und einem Wellenbad. Die Kleinen können sich auf einem Wasserspielplatz austoben, Erwachsene können in einem normalen Schwimmbecken ihre Bahnen ziehen, im Jacuzzi entspannen oder sich im Lazy River auf einem großen Schwimmring treiben lassen. Bademeister wachen darüber, dass keiner untergeht. Fürs leibliche Wohl (und zusätzlichen Umsatz) sorgen Bars und Restaurants.

■ Der Wasserpark liegt zwischen Mastihari und Marmari, in der Nähe des Neptun-Hotels. Der Bus hält auf der Strecke Kos–Mastihari direkt vor dem Lido. Erw. 22 €, Kinder (4–11 J.) 14 €. ✆ 22420-59241, lidowaterpark.com.

Die Nordküste → Karte S. 62

Basis-Infos

→ Karte S. 77

Verbindungen **Bus:** 8-mal tägl. (sonntags 3-mal) geht es nach Kos und zurück; die Fahrt dauert 30 Min. und kostet 3,20 €. **Taxi:** Der Taxameter klettert auf der Strecke von Mastihari nach Kos (rund 30 km) auf 31 €, bis zum Flughafen kostet die Fahrt 16 €.

Fähre: Zwischen Mastihari und Kalymnos verkehrt 3-mal tägl. eine Fähre, sonntags 2-mal tägl. (auch in der NS), zwei Fahrten pro Woche zusätzlich laufen via Pserimos. Einfache Fahrt: Erw. 6 €, Kinder 4 €, Mopeds 5 € und Pkws 17 €. In der Regel legt die Fähre gegen 9 Uhr, um 14.30 und um 17.30 Uhr in Mastihari ab. Die Überfahrt nach Kalymnos-Stadt (Pothia) dauert ca. 45 Min. Die aktuellen Zeiten sind beim A.N.E.M-Büro am Wendekreis zu erfragen. ✆ 224 20-59027 oder 22420-59124, anemferries.gr.

Ausflüge Die Agenturen **Mastihari Holidays** und **Helios Travel** vermitteln auch Ausflüge wie die Drei-Insel-Tour (35 €), nach Nissiros (30 €) oder Bodrum (40 €), Kinder ermäßigt.

Auto-/Zweiradverleih Autos vermieten die großen Hotels, die Reiseagenturen sowie die beiden Verleihstationen vor Ort.

Mavros Rent. Günstiger Verleih: ein Kleinwagen in der HS für 40 € pro Tag, ein Fiat Doblo (7 Sitze) kostet 90 €. Rabatte gibt es ab einer Leihe von drei Tagen. ✆ 22420-59252.

Theo Rentals. Theo verleiht u. a. Mountainbikes ab 10 €, E-Bikes ab 15 €, Scooter ab 22 €, Quads ab 40 € pro Tag. Rabatte gibt es auch hier ab drei Tagen. ✆ 22420-59097 und 69-360 17213, theomotorentals@gmail.com.

Helios Travel. Der günstigste Kleinwagen kostet in der HS pro Tag 45 €, ein Fiat Doblo (7 Sitze) gibt es für 120 €. Ab drei Tagen und in der NS wird's billiger. Kostenloser Transport der Wagen zum Flughafen oder zum Hotel. ✆ 22420-59333, heliostravel.gr.

Einkaufen Internationale **Presse** (einen Tag alt) hat der Gemischtwarenladen hinter dem Restaurant Kali Kardia im Sortiment.

Pia & Ira **5** Die Deutsche Pia und die Griechin Ira verkaufen vor allem Souvenirs und Silberschmuck, zudem handgefertigte Keramiken aus Griechenland sowie Ikonen (ab 50 €). Beim Schmuck versuchen sie, für jeden etwas zu finden: klassich oder modern, für den kleinen und den größeren Geldbeutel. Das Geschäft befindet sich einem 150 Jahre alten Haus, eines der ältesten von Mastihari. ✆ 22420-59093.

Feste Am Abend des **28. August** beginnt an der Kirche Ag. Ioannis, zwischen den Hotels Kanari Beach und Kouros Club gelegen, eine Feierlichkeit, die bis zum Morgen des nächsten Tages andauert. Bei Musik, Wein und Gegrilltem begehen die Griechen ihr Patronatsfest.

Sport Die Wassersportstation **Kite Surfing Kos** am Ortsstrand von Mastihari bietet – wie der Name nahelegt – allerlei rund um das Kitesurfen an. Ein Einsteigerkurs dauert 10 Std. und kostet 445 €, den Schnupperkurs gibt es für 135 €. SUP sind für 15 €/Std. zu leihen. Weitere Infos unter kitesurfingkos.com.

Direkt neben der Surfstation befindet sich ein **Beachvolleyball-Feld.**

Lynn Yann Yoga. Lynn Marie McHugh-Pestka bietet Yoga-Kurse (Deep Stretch bzw. Yin Yoga) in ihrem hölzernen Center nahe der Bar Tam Tam an, ca. 2 km östlich des Ortes. ✆ 69-773 336143, lynnyannyoga.com.

Übernachten & Ausgehen

→ Karte S. 77

Übernachten **Mastichari Bay** **6** Eine der großen, älteren Hotelanlagen in Mastihari, 400 m östlich des Ortszentrums. Abwechselnd gelb und türkis sind die Rahmen und Balkongeländer der insgesamt 22 Häuser gestrichen, die durch kleine Straßen miteinander verbunden sind. Dazwischen blüht ein üppiger Garten; kunstvoll angelegt, vereint er eine Vielzahl von Pflanzen: Bougainvilleen, Bananen, Jasmin und Farne. Sauber präsentiert sich der aufgeschüttete Sandstrand der Anlage. Zur Verfügung stehen zudem vier Pools, ein Fitnessstudio, drei Bars und ein Restaurant. 258 Zimmer (mit Klimaanlage, Kühlschrank, meist Meerblick, Balkon und TV) hat die Anlage. ✆ 22420-59300, masticharibayhotel.com. **€€€**

mein Tipp **Sea Breeze** **3** Das Hotel liegt unweit des Wendekreises an der Uferpromenade. Eleni und Costas Diakanastasi verfügen in ihrer Residenz über 28 klimatisierte Hotelzimmer und 4 Apartments. Mitte der 1980er-Jahre haben sie eröffnet und peu à peu ihr Domizil rund um den mit Bougainvilleen, Bananen und Hibiskus bepflanzten Innenhof erweitert. Die Betreiber sind außerordentlich freundlich und haben Freude am Kontakt mit den Reisenden. Das Frühstück wird im großen, gemütlichen Innenhof des Hauses serviert. ✆ 22420-59171, seabreezekos.gr. **€-€€**

Villa Kos. Auf einem Hügel gelegen, rund 2,5 km vom Ortszentrum entfernt, nahe dem

Weißer Sand, türkises Wasser: Karibikflair am Strand von Mastihari

Die Nordküste → Karte S. 62

Hotel Horizon Beach Resort und dem Lido-Wasserpark. Leonidas und Blandine Stephanidis (die Französin spricht ausgezeichnet Deutsch) vermieten fünf Ferienhäuser, die 64 m² groß sind und über zwei Schlafzimmer und einen großen Raum verfügen, der Wohnzimmer und Küchenzeile (mit Geschirrspülmaschine) beherbergt. Die Strecke zum Strand beträgt gut 500 m. Die Anlage der freundlichen Besitzer ist auf dem Weg zu einem echten Kleinod. Preise pro Haus und Woche: 800 bis knapp 1400 €. ✆ 22420-59167 und 69-780 12153, villakos.com.

Athinas 7 Mitten im Ort, an der Parallelstraße zum Strand. Gepflegte Zimmer mit Balkon und Dachterrasse mit Meerblick. Es steht auch ein Studio für vier Personen zur Verfügung. Die Vermieterin ist meist im kleinen Café unten im Gebäude anzutreffen. ✆ 22420-59030 und 69-74180326, athinas-studios.gr. **€**

Neptune. Das Angebot des Hotelkomplexes mit seinen 570 Zimmern, Suiten und Apartments ist beeindruckend: Vom Apollon-Theater über ein „Mini Waterland" für Kinder bis zum Spa-Bereich – die Gäste können einiges erwarten. Besonders gefallen hat uns das Sportangebot, zu dem Beachvolleyball, ein Fitnesscenter, Squash- und Tenniscourts gehören. Ein weiterer Pluspunkt: Auf den geführten Mountainbiketouren können Sie die ganze Insel erkunden. Übrigens: Der Skulpturenpark (→ S. 73) steht auch Nicht-Hotelgästen offen. ✆ 22420-58900, neptune.gr. **€€€€**

Studios & Apartments gibt es reichlich, hauptsächlich an der Eingangsstraße und hinter der Strandpromenade – viele davon mit Blick aufs Meer. Der Übernachtungspreis liegt zwischen 40 und 60 €, abhängig von Ausstattung und Saison.

Essen & Trinken Ein gutes Dutzend gastronomischer Betriebe hat sich in Mastihari angesiedelt, meist entlang der Ufer- und Hafenpromenade. Geboten wird hauptsächlich traditionelle griechische Küche, besonders Fischgerichte. Preislich liegen die Tavernen nah beieinander, vegetarische Haupt- und Fleischgerichte gibt es ab 10 €, Fisch kostet ein paar Euro mehr.

Beliebt: frischer Fisch und Meeresfrüchte

Mein Tipp **Traditional House** **9** Am westlichen Ende der Strandpromenade, gegenüber dem Kinderspielplatz. Wirt Savvas und seine Familie versorgen ihre Gäste mit ausgezeichneten koischen Spezialitäten – und zwar reichhaltig. Savvas kommt aus Kefalos, seine Frau Ioanna aus Antimachia – Gemüse und Fleisch stammen aus eigener Züchtung bzw. eigenem Anbau. So sind Qualität und Frische garantiert. Besonders gut: selbst gebackenes Brot mit Olivenpaste, der pikante Schafskäsesalat, das Melzana briam (im Ofen geschmorte Mischung aus Kartoffeln, Tomaten, Zucchini und Auberginen), die mit Tomaten, Käse und Zwiebel gefüllten Kalamari und der in Rotwein eingelegte Käse. Die Taverne ist ab 18 Uhr geöffnet, kein Mittagstisch.

Periklis **1** Die ganzjährig geöffnete Fischtaverne am Wendeplatz ist bei Touristen wie Einheimischen beliebt. Das liegt nicht nur am freundlichen Betreiber. Das Essen ist ausgezeichnet, der Fisch fangfrisch. Spezialitäten des Hauses sind Mirmezeli (Salat mit Fisch für 7 €), Oktopusbällchen und gegrillte Schrimps (13 €). Am besten, Sie fragen Wirt Periklis nach seiner Empfehlung, er berät sie gerne.

Kali Kardia **2** Das „gute Herz" schlägt hier seit 1925; lange Zeit war die Taverne die einzige weit und breit. Während eine Gruppe alter Fischer an ihrem Stammtisch sitzt und diskutiert, genießen die Gäste beim Essen den Blick aufs Meer. Das Angebot an Weinen ist reichhaltig – allein fünf verschiedene lokale Sorten stehen zur Auswahl. Der gute Ruf des Restaurants gründet sich auf den Fischgerichten, aber auch die griechischen Klassiker wie das Moussaka munden.

Akrogiali **4** An der Strandpromenade. Hier überzeugen alle Gerichte inkl. der Vorspeisen, die Preise sind mit denen des Kali Kar-dia vergleichbar. Von der überdachten Terrasse genießt man den Blick auf die im Meer versinkende Sonne. Spezialität des Kochs sind die mit Käse überbackenen Shrimps Saganaki und die Bekri meze, scharfes Schweinefleisch mit Kartoffeln oder Reis; vegane Gerichte runden das Angebot ab. Die Gäste dürfen es sich kostenfrei auf den Liegestühlen der Taverne gemütlich machen.

Mein Tipp **Tam Tam.** Gut 2 km östlich des Ortskerns, am Strand gegenüber dem Lido Waterpark, liegt das Restaurant Tam-Tam. Die mit viel Liebe zum Detail gestaltete Anlage hat sich in den letzten Jahren ausgedehnt – inzwischen gehören auch ein Shop (Strandbekleidung,

Der Strand ist auch östlich von Mastihari traumhaft schön

Schmuck etc.) und ein Kinderspielplatz dazu. Café und Restaurant liegen windgeschützt oberhalb des weiten Strandes. Die Servicekräfte sprechen Englisch und Deutsch, betrieben wird die Bar seit 1992 von Aris und Karola, einem griechisch-deutschen Paar. Die Speisekarte bietet neben griechischen Klassikern auch Thunfisch-Sandwichs, Pizza, Pasta und hausgemachte Kuchen an – zu moderaten Preisen. Besonders beliebt sind der imposante Eisbecher und der Obstsalat. Das Essen ist einfach lecker – und man genießt den wunderbaren Blick aufs Meer. Die Bar bietet am Abend innere „Abkühlung". Für Kinder steht ein kleiner Spielplatz bereit. Der Strand ist wenig besucht. Der sandige Meeresboden fällt flach ab, sodass ein Erwachsener in 30 m Entfernung vom Strand gerade einmal hüfthoch im Meer steht. ✆ 69-44437027, tamtam.gr.

Dolphin Bay. Gut 1 km westlich des Ortes, urige Taverne oberhalb des Strandes. Solide griechische Gerichte, die Zutaten stammen teils aus dem Eigenanbau der reiferen Brüder Dimitri und Christos. Lockere Atmosphäre, ein paar Stühle und Schirme am Strand, abends gibt es Cocktails – darunter den angeblich besten Mojito von Kos.

Lovly Bar. Die einfache Taverne oberhalb des gleichnamigen Strandes gehört Tassos und Gianna, die Salat und Gemüse auf ihrem angrenzenden Bauernhof selbst anbauen. Frische Zutaten, der herzliche Service, die Lage abseits allen Trubels und günstige Preise sprechen für einen Besuch. Besonders gut haben uns die traditionellen Gerichte aus dem Ofen geschmeckt. Aber auch für einen Absacker am Abend ist dies eine ausgezeichnete Location. Sonntags oft Live-Musik. ✆ 69-40886210.

Nachtleben Wild ist es nicht, aber es existiert. Eine Handvoll Bars bieten Unterhaltung, auch nach Mitternacht.

Number One **8** Eine große, von Wein beschattete Terrasse läuft an zwei Seiten des Gebäudes entlang. Gespielt wird 1960er- bis 1990er-Jahre-Musik. Cocktails und Indoor-Tanzfläche.

Aplo **10** Die Beachbar hat ganztägig geöffnet und liegt oberhalb des Strandes nahe der Surfstation. Entspanntes Flair und Snacks (u. a. Mezedes, Omelettes und Pizzen) zu erschwinglichen Preisen. Abends kann bei chilliger Loungemusik und einem Cocktail der Sonnenuntergang genossen werden. Hin und wieder legen DJs auf.

Hamlet. Ausgezeichnet sind die Cocktails, die Pavlos Zois in der Café-Bar nahe dem Hotel Princess auf den Tresen zaubert. Das Mixen von Tequila Sunrise, Butterfly Flip und Co hat er als Barmanager auf verschiedenen Luxusdampfern perfektioniert.

Das Dikeos-Gebirge

Nur wenige Kilometer von den Touristenhochburgen mit ihren Hotelkomplexen entfernt ducken sich die kleinen Häuser der Bergdörfer an die Hänge des Dikeos. Weite Wälder bedecken die Nordflanke des Gebirgszuges, der faszinierend viele Braun-, Grau- und Grüntöne aufweist.

Waldbrandgefahr

Nahezu die gesamte Nord- und Ostseite der Berge Dikeos und Sympetro sind mit Wäldern und Olivenhainen überzogen. Deshalb der dringliche Appell:

- im Wald nicht rauchen
- generell kein offenes Feuer entfachen
- keine Dosen, kein Glas liegen lassen

Außer Zia und Pyli sind die Ortschaften rund um das Dikeos-Gebirge bislang vom Fremdenverkehr weitgehend unberührt geblieben. Dabei sind die Dörfer der ideale Ausgangspunkt für Wanderungen und Spaziergänge in der Berglandschaft der Insel. Je weiter Sie hinaufsteigen, desto alpiner muten die Berge an und desto traumhafter wird die Aussicht auf die Küstenebene, das türkische Festland und die anderen Inseln im Ägäischen Meer.

Das Leben verläuft meist ruhig und beschaulich, die rund 2000 Koer, die hier leben, sind geprägt von der Kargheit der Berge und üben sich seit jeher in zäher Geduld, um dem Boden landwirtschaftliche Erträge abzuringen. Die Bewässerung der Felder wurde in der Vergangenheit immer teurer, weil der Grundwasserspiegel stetig sank und einige Quellen versiegten. Folge: Die örtlichen Produkte waren deutlich teuer als die vom Festland. Doch aufgrund der Nachfrage vieler Urlauber nach regionalen Produkten hat sich das Blatt wieder gewendet – Landwirtschaft auf Kos lohnt sich wieder.

Das zeigt sich sehr deutlich auch beim Weinbau. Nachdem fast ein halbes Jahrhundert lang kaum noch Wein auf Kos gekeltert wurde, gibt es inzwischen wieder fünf ambitionierte Winzer. Vier Weingüter sind an den Hängen des Dikeos beheimatet.

Bewährt haben sich auch die traditionellen Häuser der Bergdörfer. Um den Baustil zu erhalten, stehen sie unter Denkmalschutz. Die Bauweise ist einfach, aber effektiv: Über die Grundmauern werden Balken gelegt, quer dazu Bretter und Äste. Bedeckt ist das Flachdach schichtweise mit Schilf, Algen und schließlich mit Lehm, der mit einer Steinwalze zusammengedrückt und somit undurchlässig wird. In den Häusern bleibt es im Sommer angenehm kühl, und wenn im Winter geheizt wird, kann die Wärme kaum nach außen abstrahlen.

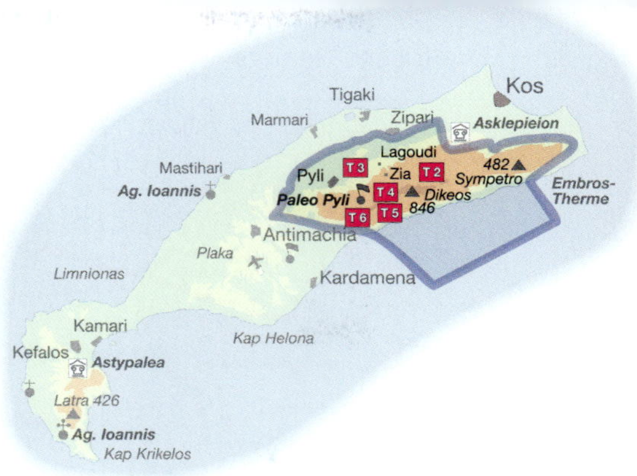

Was anschauen?

Geisterstadt Paleo Pyli: Das alte Pyli in den Bergen oberhalb des heutigen Ortes ist seit fast 200 Jahren verlassen, die Häuser weitgehend zerfallen. Überragt wird die Geisterstadt von den Mauern einer byzantinischen Festung – mit einem herrlichen Blick auf die umliegende Landschaft. → S. 92

Brunnen Pigi: Aus dem Steinquader des Ende des 16. Jh. erbauten Brunnens nahe der Platia von Pyli ragen sechs Rohre, aus denen das Wasser plätschert. Viele Einwohner kommen noch heute regelmäßig mit bauchigen Gefäßen vorbei, um sich das kühle Nass für den Heimkonsum abzufüllen. → S. 91

Weingüter: Seit 2005 produziert die alteingesessene Winzerfamilie Hatziemmanouil ihre sechs, meist trockenen Weine in Asfendiou, die man vor Ort verköstigen kann. Ebenfalls offen für Besucher ist das Weingut der Familie Triantafyllopoulos, die für ihre prämierten Weine wie den Dikaios Oinos auch griechische Rebsorten verarbeitet. → S. 83

Was unternehmen?

Sonnenuntergang in Zia: Das Bergdorf bietet eine spektakuläre Aussicht über die Flanken des Dikeos und die Ägäis mit der Nachbarinsel Kalymnos, hinter der allabendlich die Sonne im Meer untergeht. Idealer Ort abseits allen Trubels: die Taverne Metoxi, das höchstgelegene Restaurant auf Kos. Nicht entgehen lassen! → S. 88

Dikeos besteigen: Um den mit 846 m höchsten Berg von Kos zu erklimmen, benötigen Sie nicht viel: feste Schuhe, viel Wasser, etwas Kondition und drei Stunden Zeit. Im Sommer sollten Sie zudem früh aufstehen, sonst ist es zu heiß. → S. 213

Mountainbiking: Über die Hänge des Sympetro führen viele Strecken, die zum Mountainbiken einladen, leider aber oft schwer zu finden sind. Schattig, mit herrlicher Aussicht und ohne Risiko, sich zu verfahren, empfehlen wir die Tour von Zia über Agios Dimitrios und das Asklepieion nach Kos-Stadt. Einziges Manko: der schweißtreibende Weg hinauf in die Berge. → S. 208

Wo shoppen?

Zia: Im Bergdörfchen wird viel Plunder verkauft. Es gibt aber auch ein paar empfehlenswerte Läden wie den Positive Shop, wo es Schilder mit ausschließlich guten Nachrichten gibt. Oder die Art Gallery, die Bilder des Malers Sergios Saroukos offeriert, der diese in seinem Atelier im oberen Ortsteil malt. → S. 88

Orea Ellas: Die Flämin Christina Kolman residiert in dem kleinen Anwesen mit üppig bewachsenem Innenhof unterhalb der Kirche von Lagoudi. Neben Speisen und Getränken verkauft sie hier auch Kunst, historische Möbel und Schmuck. → S. 87

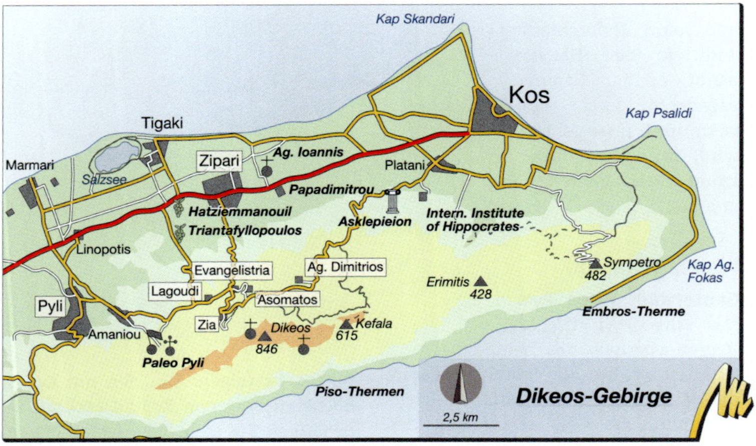

Zipari

Etwa 10 km von Kos-Stadt entfernt verwandelt sich der Insel-Highway in die Hauptstraße von Zipari. Geschäfte und Tavernen reihen sich aneinander, sodass sich den Durchreisenden ein quirliges Dorf präsentiert, das aber wenig Atmosphäre entwickelt.

Kern des Ortes mit seinen 1100 Einwohnern ist seit 1999 der Dorfplatz – auch er liegt jedoch direkt an der Durchfahrtsstraße. Trotz seiner Tristesse wächst Zipari stetig – in Richtung Küste und in Richtung des Dikeos: Viele Griechen, die das Leben in den kleinen Bergdörfern satt haben, schaffen sich hier ein neues Domizil, genauso wie Bewohner der Inselhauptstadt, die hier von ihren Eltern und Großeltern Land geerbt haben, das sie zum Teil noch landwirtschaftlich bestellen oder auf das sie ein Haus für die Familie bauen.

Sehenswertes: Rund 1 km nordöstlich von Zipari befinden sich Reste der Agios-Ioannis-Kapelle (Straßenname: Ag. Ioannis Chostou). Die Kapelle ist Teil eines kleinen Bauernhauses. Der Boden der Kirche besteht teilweise aus Steinblöcken, die aus der Antike stammen, die Kirche selbst wird jedoch ins 16. Jh. datiert. Ansonsten ist das Kirchlein recht schmucklos und unscheinbar. Ausgeschildert ist Agios Ioannis sowohl vom Highway aus als auch von der Parallelstrecke nach Tigaki.

Verbindungen Sämtliche **Busse** von und nach Kos-Stadt halten in Zipari gegenüber der Schule an der Ortsdurchfahrt; die Fahrt nach Kos-Stadt kostet 2 €.

Essen & Trinken Vor, in und hinter Zipari gibt es am Straßenrand mehrere Tavernen; kleine, einfache Gerichte stehen auf den Speisekarten.

Die **Taverne Kopiaste** liegt rund 200 m hinter dem westlichen Ortsausgang, direkt am Highway. Wirklich romantisch sitzen Sie hier nicht, das Essen aber ist ausgezeichnet. Die Betreiberfamilie offeriert griechische Gerichte: Meze, Fisch und Fleisch, am liebsten vom Grill. Das Gros des Umsatzes fährt der Lieferdienst ein; die Kunden stammen nicht nur aus Zipari, auch in Tigaki und Marmari herrscht großes Interesse. Deswegen ist in der Regel auch um 19.30 Uhr alles ausverkauft. Sonntags gibt es das

Wein von Kos

Weinbau hat auf Kos eine lange Tradition. Schon in der Antike wurde Wein gekeltert. Mit dem Beginn der Herrschaft der Moslems endete die Ära. Die nächsten Fremdherrscher, die Italiener, reaktivierten den Weinbau in den 1920er-Jahren, doch nach Ende des Zweiten Weltkriegs war der einheimische Wein kaum noch gefragt. Einen Schub erlebt der Weinbau seit Beginn des neuen Jahrtausends: Inzwischen gibt es fünf Winzer auf der Insel. Hier stellen wir die drei aus der Dikeos-Region vor.

Der Name ist unaussprechlich, der Wein gut. Seit 1929 erzeugt die Winzerfamilie Hatziemmanouil Wein auf Kos. Lange Zeit weitgehend unbeachtet, wurde der Wein in vielen Tavernen als Hauswein ausgeschenkt. Mit dem Umzug der Kellerei in die Gegend nahe Zipari im Jahr 2005, neuen Maschinen und repräsentativem Gebäude ist alles anders geworden. Der Wein wird wahrgenommen. Sechs meist trockene Weine stellt die Winzerfamilie her: Cabernet Sauvignon / Syrah (rot), Malagouzia/Asyrtiko (weiß), Grenache/Syrah (rosé), Syrah (rot), Asyrtiko (weiß) und einen süßen Dessertwein. Dabei müssen die Weine weder einen Vergleich mit den renommierten Erzeugnissen anderer griechischer Regionen noch den internationalen Vergleich scheuen. Die Weine können Sie vor Ort verköstigen: Im markanten Haus mit Terrasse direkt an der Hauptstraße findet der Ausschank statt. Von Mai bis Okt. ist das Weingut tägl. 9–18 Uhr geöffnet, von Nov. bis April nach Anmeldung, ✆ 22420-68888, hatziemmanouil.gr.

Der Name des zweiten größeren Weinguts, Triantafyllopoulos, war ebenfalls sperrig. Um es den Kunden leichter zu machen, wurde ein Markenname kreiert: Ktima Akrani. Auf rund 14 ha baut die Familie seit 1998 Wein an – und das sehr erfolgreich, wie etliche Auszeichnungen belegen. 11 Weine sind derzeit im Programm, rote, weiße und ein Rosé. Die Winzer setzen neben internationalen auch auf griechische Rebsorten wie *Dikaios Oinos*. Auf 90.000 Flaschen beläuft sich die Jahresproduktion, die vorwiegend auf der Insel verkauft wird. Das Weingut steht Besuchern tägl. 9–17 Uhr offen. ✆ 22420-69860, ktimaakrani.gr.

Auf organisch-biologischen Anbau setzt das kleine Weingut Mesariano. Auf rund einem Hektar produziert die Familie Mores etwas 3500 Flaschen Cabernet Sauvignon pro Jahr, der ausschließlich auf Kos vertrieben wird und mehrere Auszeichnungen erhalten hat. Der Wein reift ein Jahr im Fass und dann noch ein Jahr in der Flasche. Auch dieses Weingut direkt oberhalb der Schnellstraße nahe dem Supermarkt Sklavenitis empfängt Besucher. Telefonische Anmeldung unter ✆ 22420-25971 oder 69-727 77047, mesariano.gr.

Last, not least wird Wein auch im Westen von Kos angebaut: in den kleinen Weingütern Volcania und Skevofilay. skevofilax-winery.gr.

Die lokalen Weine erhalten Sie nicht nur bei den Winzern selbst, sondern z. B. auch in der Markthalle von Kos-Stadt und in den Supermärkten. Sie sind erschwinglich: Zwischen 7 und 16 € kostet eine Flasche.

„Kos-Menü", das u. a. im traditionellen Holzofen zubereitetes zartes Ziegenfleisch umfasst. ✆ 22420-68665.

Einkaufen In der **Olivenölmanufaktur Papadimitrou** am Highway, etwa 1 km in Richtung Kos-Stadt, können Sie sich die Produktion zeigen lassen und dort Öl und andere Produkte günstig kaufen. Die Familie produziert an dieser Stelle in der dritten Generation das flüssige Gold der Insel. Bis 1967 wurden die Oliven noch mithilfe von Steinen gepresst, die gut einen Meter Durchmesser hatten und von Eseln bewegt wurden; einige dieser Steine sind auf dem Parkplatz zu sehen. Seit Ende der 1960er-Jahre läuft das Pressen maschinell, und 2012 wurde auch die Abfüllung elektrifiziert. Bis zu 600 Tonnen Öl pro Jahr produziert Papadimitrou. Die Oliven dafür erhält die Betreiber-Familie überwiegend von den Olivenbauern von Kos. Das in schwarze Flaschen abgefüllte Olivenöl stammt von eigenen Oliven und ist etwas intensiver im Geschmack als das weiß etikettierte Öl. ✆ 22420-69244, 69-45543173.

Evangelistria, Asomatos, Agios Dimitrios und Lagoudi

In Zipari zweigt eine schmale, asphaltierte Straße nach Süden ab hinauf in die Gemeinde Asfendiou, zu der insgesamt fünf Bergdörfer gehören.

Vom Tourismus ist hier wenig zu spüren. Einzige Ausnahme ist Zia (→ S. 88), das vom Image eines „typischen Bergdorfs" lebt und entsprechend hoch frequentiert wird. Tatsächlich traumhaft ist hier allabendlich der nahezu filmreife Sonnenuntergang, der die Touristen scharenweise anlockt.

Evangelistria

Die vom Highway abzweigende Straße steigt stetig und stellenweise mit einer Steigung von 5 % an. Nach zwei Kilometern passieren Sie die Taverne Panorama, deren außergewöhnliche Auswahl an köstlichen Vorspeisen übrigens auf jeden Fall einen Stopp lohnt. Über die von Feigen- und Olivenbäumen, Aloe Vera und Mittelmeer-Zypressen gesäumte Straße erreichen Sie nach weiteren drei Kilometern Evangelistria. Blickfang des Dorfplatzes ist die Kirche, daneben eine Taverne.

Durch die linke Tür können Sie in die Kirche Evangelismo (Verkündung) eintreten. Das 1910 erbaute Gotteshaus (der Glockenturm wurde 27 Jahre später hinzugefügt) wird durch vergoldete Kronleuchter erhellt und bietet auch sonst alles, was viele griechisch-orthodoxe Kirchen so prägt: naiv anmutende Darstellungen in schillernden Farben und Goldverzierungen im Übermaß.

Vom Dorfplatz in Evangelistria zweigt eine kleine Asphaltstraße in Richtung Westen ab, über die man via Lagoudi und Amaniou schließlich Pyli erreicht. Auf der Straße, die bergan führt, gelangen Sie nach Zia.

Essen & Trinken **Taverne Asfendiou.** Neben der Kirche. Spezialität des Hauses sind Hähnchengerichte vom Grill.

Reiten **Paradise Ranch Kos.** Ca. 2 km unterhalb von Evangelistria zweigt von der Straße ein Feldweg zum kleinen Reiterhof (9 Pferde, 4 Ponys und Esel) ab. 15 Min. Reiten kosten 13 €. Ein Ausritt durch die Wälder dauert gut eine Stunde und wird sowohl Anfängern als auch erfahrenen Reitern angeboten (45 bzw. 55 €). ✆ 69-44820346.

Asomatos

Der Ort grenzt östlich an Evangelistria, getrennt sind die Dörfer nur durch einen im Sommer ausgetrockneten Gebirgsbach, über den eine kleine Brücke führt. Einst gehörten Asomatos und das inzwischen verlassene Ag. Dimitrios zu

Die Kirche Panagia Theotokou Genesiou von Lagoudi

den größten Orten der Insel. Besonders während des Zweiten Weltkrieges flüchteten viele Koer vor den Bombenangriffen von der Küste in die Berge. Nach Beendigung der Kampfhandlungen verließen die Menschen die Bergregion jedoch wieder.

Nach dem Anschluss des Dodekanes an den griechischen Staat sahen sich viele Bauern gezwungen, die Gegend um Asomatos zu verlassen, weil sie mit den landwirtschaftlichen Erträgen des Festlandes nicht konkurrieren konnten. Mitte der Siebzigerjahre lockte die Arbeit im Tourismus vor allem junge Leute an die Küste – hier konnte man in kurzer Zeit viel Geld verdienen. Heute ist über die Hälfte aller Häuser verwaist; Gestrüpp, Feigen- und Olivenbäume wuchern in den halb verfallenen Ruinen des Dorfes, in dem weit mehr Hühner als Menschen leben.

Doch seit einigen Jahren wird in Evangelistria und Asomatos rege gebaut und restauriert: Mühsam schaufeln Bagger in den viel zu engen Straßen Schutt weg, viele der alten Häuser sind bereits wieder instand gesetzt – und einige davon sind zu mieten. Sehenswert ist die **Kirche des Erzengels Taxiarches** aus dem 18. Jh. Alljährlich am 8. November begehen die Einwohner der beiden Dörfer ihr Patronatsfest.

Rundgang Starten Sie an der Taverne Asfendiou bzw. der Kirche Evangelistria, dann Richtung Asomatos, vorbei an mehreren aufwendig renovierten und einigen verlassenen Häusern. Nach rund 800 m passieren Sie die Taverne Kazino (s. u.), von dort an der Taxiarches-Kirche vorbei und 200 m hinauf zur Straße Zia-Kos. Wenden Sie sich nach rechts Richtung Zia und dann 500 m auf der Straße durch den Wald bis zum Parkplatz. Von dort geht es rechts hinunter über den mit Kopfstein gepflasterten Weg ca. 700 m Richtung Asfendiou, über die Straße Michali Diakomanoli, vorbei an einigen weiß getünchten Ferienhäusern bis zurück zur Taverne Asfendiou (Länge insgesamt: 2,2 km).

Übernachten Absolute Ruhe, ein traumhafter Blick und meist auch ein gewisser Luxus zeichnen die Unterkünfte aus, die über die gängigen Portale zu mieten sind. Die Häuser sind in der Regel äußerst aufwendig restauriert und die Räume von versierten Innenarchitekten gestaltet worden. Die **Anamne Zia-Suites** verfügen neben allerlei Annehmlichkeiten auch über einen Pool mit herrlichem Blick über die Ägäis. Apartments sind im **Stella Maris Hotel** zu buchen (vasilisvis54@gmail.com, ✆ 69-44448667), ein Ferienhaus mit 135 m² Fläche firmiert unter **Dimis Asomatos Homes.**

Essen & Trinken **Kazino.** Urige Taverne neben der Kirche, mit authentischer griechischer Küche, freundlichem Service – und großer Tradition. In dem Gebäude ist die Gastronomie des Ortes schon seit über 100 Jahren zu Hause. Im großen Innenraum steht die Plattensammlung von Dimitris, der in den 1990er-Jahren

Radiosendungen auf Kos moderierte. Das Kazino ist in der Saison Di–So 14–22 Uhr geöffnet, Montag Ruhetag. ✆ 69-45977848.

Agios Dimitrios

In der flirrenden Mittagshitze hat das weitgehend verlassene Dorf die Atmosphäre einer Geisterstadt im Wilden Westen. Doch zwischen den öden und überwucherten Ruinen blendet das Weiß der Dorfkirche; vom Platz unterhalb des Glockenturms genießt man einen herrlichen Blick über Felder und Landschaft.

Einige der Häuser, die noch nicht ganz verfallen sind, scheinen mit ihren verschlossenen Fenstern und Türen geduldig auf die Rückkehr ihrer Bewohner zu warten. Offenbar nicht vergebens. Ganz langsam kehrt das Leben nach Agios Dimitrios zurück. Einige Häuser werden wieder hergerichtet, und inzwischen hat sich hier sogar eine Gastronomie etabliert.

Herakles in Frauenkleidern

Gemäß der griechischen Mythologie soll es Herakles – bei den Römern hieß er Herkules –, den Sohn des Zeus und der Alkmene, auch auf die Insel Kos verschlagen haben. Nachdem Herakles seine zwölf Aufgaben – etwa den Höllenhund Cerberus aus der Unterwelt locken oder die Ställe des Augias säubern – vollbracht hatte, befahl ihm sein Vetter, die Tochter des Königs Laomedon, Hesione, zu befreien. Sie war von einem Meeresungeheuer entführt und an einen Felsen gekettet worden. Herakles tötete das Untier, rettete Hesione und brachte sie zu ihrem Vater. Der wortbrüchige Laomedon verweigerte ihm jedoch die versprochene Belohnung, worauf Herakles sein Land verwüstete und plünderte.

Mit seiner Beute stach er in See, wo er und seine Gefährten in ein furchtbares Unwetter gerieten. Bis auf Herakles' Schiff versank die kleine Flotte in der Ägäis. Als Schiffbrüchige landeten der Held und einige seiner Getreuen auf Kos. Dort trafen sie den Hirten Antagoras, dem sie ein Schaf abkaufen wollten, um ihren Hunger zu stillen. Antagoras schlug den Handel aus und forderte stattdessen einen Zweikampf: Sollte Herakles siegen, bekäme er das Tier. Herakles willigte ein, der Kampf begann. Viele Stunden rangen die Muskelprotze – ohne dass es einem gelang, den anderen zu bezwingen. Der Zweikampf artete in eine Schlacht zwischen den Anhängern Antagoras und den Gefährten des Herakles aus; letztere waren unterlegen und mussten fliehen.

Herakles versteckte sich im Haus einer Bäuerin, die ihm Frauenkleider gab. In dieser Aufmachung flüchtete er nach Pyli, wo ihn gastfreundliche Menschen aufnahmen. Die Bewohner des Bergdorfes versammelten sich und entschieden, dass der König von Kos, Eurypilos, der Herakles in Abwesenheit als Seeräuber verurteilt hatte, in sträflicher Weise das Gastrecht verletzt hatte. Zusammen mit Herakles führten die Einwohner Pylis, die Peleten, Krieg gegen den König, den Herakles im Kampf tötete. Die schöne Königstochter Chalkiope nahm er erst gefangen und später zur Frau.

Mein Tipp **Traditional Café Haihoutes.** Der Name leitet sich von der Familie Haihoutes ab, die wohl eine der ersten Bewohner dieser Gegend war. Das Wort „haihout" bedeutet Armenier. Während der türkischen Besatzung siedelten sie hier in den Bergen. Im Café, untergebracht in einem traditionellen Haus des Dorfes, werden typisch griechische Speisen und Getränke angeboten – vom Frappé bis zu Lammkoteletts. Die Aussicht über die Insel ist herrlich! Freitags und samstags spielen lokale Musiker live, dann ist eine Reservierung empfohlen. ✆ 69-70142170.

Lagoudi

Hier scheint die Zeit stehen geblieben: Die Einwohner arbeiten nach wie vor überwiegend in der Landwirtschaft, die Gassen des Dorfes sind eng, die Häuser weiß, das Leben ist einfach. Nur wenige Urlauber verirren sich nach Lagoudi, wo Fremde freundlich gegrüßt werden und in einem klitzekleinen Kafenion hin und wieder eine Handvoll ältere Männer und Frauen einkehren. Am Ortsanfang bzw. -ende führt Sie ein gepflasterter und nachts beleuchteter Weg durch den Ort. Auf einer Anhöhe am Nordrand des Ortes thront die Marienkirche Langadi; im Innenraum sind naiv anmutende Heiligenportraits zu sehen, überragt von einer Jesus-Darstellung in der Kuppel.

Fest Am Abend des 7. Mai beginnt das Kirchweihfest in Lagoudi mit Musik und Tanz, am 8. Mai findet ein Gottesdienst mit anschließender Prozession statt.

Die Hänge des Dikeos im Frühjahr

Essen & Trinken **Orea Ellas – Beautiful Greece.** Die Flämin Christina Kolman bietet nicht nur Speisen und Getränke, sie verkauft Kunst und Schmuck und vermietet drei originell eingerichtete Apartments. Durch den üppig bewachsenen Garten, vorbei an Gemälden und Installationen, führt der Weg in das höher gelegene Café, von wo aus Besucher den weiten Blick über die Nordküste genießen. Christina serviert selbstgemachte Zitronenlimonade, gute Weine und ein tägl. wechselndes Hauptgericht; gerne verweilt die Gastgeberin zum gemütlichen Plausch. In den mit antiken Möbeln eingerichteten Räumen kann man herrlich entspannen und die Werke der Meisterin bestaunen. Bilder, Schmuck und historische Möbel sind zu erwerben. Die Apartments befinden sich in einem rustikalen Natursteinhaus (mit tollem Blick). ✆ 22420-69004, 69-73492031, zenteli.cc@gmail.com. **€€**

Granny's Home. Das Kafenion liegt am Ortsausgang in Richtung Amaniou, zu erkennen an der Schaukel im Baum und den Sonnenblumen vor dem Haus. Die Besucher lassen sich auf der gemütlichen Terrasse nieder und genießen den Blick auf die Küste und das Meer. Der Familienbetrieb setzt auf lokale Produkte, bietet gute griechische Küche und einen tollen Service.

Tour 2: Zum Geisterdorf Ag. Dimitrios → S. 210
Spaziergang durch (fast) verlassene Bergdörfer

Tour 3: Von Evangelistria nach Pyli → S. 211
Besuchen Sie das Wäldchen Konidario oder die Taverne Old Pyli.

Zia

An den Hängen des Berges Dikeos, 350 m über dem Meeresspiegel, liegt der kleine Ort, der sich – im Gegensatz zu den anderen Bergdörfern – auf das Geschäft mit den Touristen eingelassen hat. Allein schon der Anfahrt wegen lohnt ein Abstecher in das höchstgelegene Inseldorf. Die schmale Straße windet sich in Serpentinen durch Obstgärten, Mandel- und Olivenhaine den Berg hinauf.

Zia hat sich fein herausgeputzt: Die Häuser sind frisch getüncht, die Ortsdurchfahrt und Gassen sauber. Oft herrscht um die Mittagszeit ein reges Treiben. Tagesausflügler flanieren, suchen sich einen Platz in einer der Tavernen, studieren das Angebot der Souvenirgeschäfte. Doch wenn nicht gerade zwei Busse gleichzeitig im Ort mit seinen 100 Bewohnern eingetroffen sind, wirkt Zia immer noch eher gelassen, ruhig und freundlich.

Im oberen Teil des Dorfes steht eine funktionstüchtige Wassermühle aus dem 19. Jh., die allerdings nur noch selten in Betrieb genommen wird. Sie ist die letzte von 20 Mühlen, die einst der Dorfbach angetrieben hat. In der Mühle ist heute ein Souvenirgeschäft beheimatet.

Am östlichen Ortsende befindet sich der **Natural Park Zia,** ein kommerzieller, kleiner Naturpark, dessen Besuch sich besonders für Familien mit kleineren Kindern lohnen dürfte. Denn es gibt hier u. a. einen Spielplatz, Kräuterbeete sowie Kleintiere wie Enten, Pfauen und Schildkröten – und natürlich eine herrliche Aussicht. Entspannen können Sie sich auf Hängematten, die im Schatten zwischen hohen Kiefern befestigt sind.

▪ Geöffnet tägl. von 9 Uhr bis Sonnenuntergang. Eintritt 4 €, Kinder 2 €. kosnaturalpark.gr.

Etwas oberhalb des Ortes lieg die Quelle Kefalovrissi, die die Bergdörfer mit Wasser versorgt. Zu erreichen ist die inzwischen im Untergrund verborgene Quelle über einen 300 m langen Weg (anfangs Treppen), der am Wendeplatz bergauf führt. Die Strecke gleicht einem natürlichen Korridor: Verschiedene Sträucher und Bäume säumen beidseitig den Weg und bilden mit ihren Blättern einen grünen Gang. Im Spätsommer verströmen die vielen Feigen, die zu Boden gefallen sind und dort gären, einen betörenden Geruch. Im Halbdunkel des Blätterdachs vollzieht sich der Aufstieg zur Quelle inmitten des Waldes.

Direkt neben der Quelle steht eine weiß-blau getünchte Kapelle, die jedoch im Inneren wie eine Rumpelkammer für ausrangierte Reliquien wirkte ... Fröhlich geht es hier am 21. November zu, wenn die Einwohner der Bergdörfer sich zum Patronatsfest versammeln.

Verbindungen Von Kos-Stadt aus fahren Mo–Sa tägl. vier **Busse** via Zipari und Evangelistria nach Zia und wieder zurück, sonntags fährt kein Bus. Die 18 km lange Fahrt dauert etwa 40 Min., denn der Bus kann die engen Serpentinen nur langsam bewältigen. Der Fahrpreis beträgt 2,10 €. Wichtig: Der letzte Bus zurück nach Kos-Stadt fährt von Zia schon gegen 16 Uhr ab.

Einkaufen Fast zwei Dutzend kleiner Geschäfte bieten Kräuter und Gewürze feil. Getrocknet und in kleine Tüten verpackt, sind sie ein nützliches Mitbringsel, das gut riecht und farbenfroh ist: Curry, Safran, Paprika, grüner Pfeffer ... In den Souvenirshops werden auch Webarbeiten, meist Teppiche und Decken, Keramikprodukte, Kleider, Alabasterfiguren, Ledersandalen und Thymianhonig angepriesen. Die Gewürze und übrigen Angebote stammen leider in der Regel nicht von der Insel, vielfach noch nicht einmal aus Griechenland. Mit ein paar Ausnahmen:

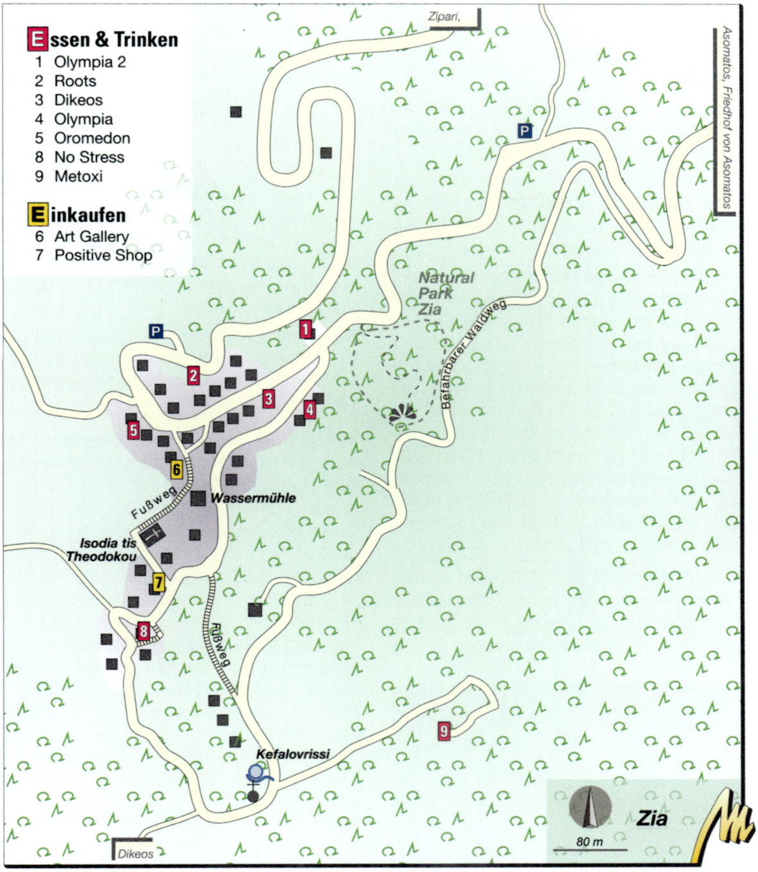

Positive Shop **7** Hier verkauft ein junges griechisches Paar selbstgemalte Schilder und Bilder (ab 12 €), mit verschiedensten Botschaften, die eines gemein haben: Sie sind alle positiv. Ein Geschäft, nicht nur für Optimisten.

Art Gallery **6** Ein großer Teil der Bilder (Acryl und Öl), Ikonen und Holzarbeiten stammen von Sergios Saroukos, der sein Atelier im oberen Ortsteil hat und das für Besucher offen steht. Sein Sohn Spiros und seine Schwiegertochter Nicole, die aus Deutschland kommt, führen das Geschäft am Treppenweg. Dort sind auch handgefertigte Produkte aus griechischen Manufakturen erhältlich, sowie von Nicole verzierte Olivenöl-Flaschen.

Die Läden schließen gegen 22 Uhr.

Feste Am Abend des 5. Aug. klettern die Einwohner Zias hinauf zur Kirche Ag. Christos. Sie feiern dann in den 6. Aug. hinein, den Namenstag des Heiligen.

Mountainbiking Die interessantesten Touren führen über die Hänge des Dikeos und der Berghänge von Sympetro, Erimitis oder Kefala. Wer hier fährt, kann auf bis zu 1000 Höhenmeter kommen. Der Vorteil der Gebirgstouren: Sie bieten einigen Schatten und belohnen mit herrlichen Aussichten. Leider sind die Off-Road-Pisten nicht ausgeschildert – und auch nicht leicht zu finden. Die Touristeninfo von Kos-Stadt bietet eine Broschüre mit Tourvorschlägen, alternativ fahren Sie mit einem Guide, z. B. von KAPU. Mehr Infos → S. 42. Kein

Risiko, sich zu verfahren, haben Sie, wenn Sie von Zia über Agios Dimitrios und das Asklepieion nach Kos-Stadt fahren (→ Tour 1, S. 208).

Übernachten Es gibt einige Privatunterkünfte, z. B. die **Forest View Villas** oberhalb von Zia gelegen. Höher wohnt auf Kos niemand.

Essen & Trinken Die Auswahl an Restaurants ist für einen derart kleinen Ort riesig groß. Alle buhlen sie um die Gunst der Touristen. Empfehlenswert sind die folgenden Restaurants:

Oromedon 5 Wie geschaffen, um sich den Sonnenuntergang anzuschauen, ist der schöne Balkon auf drei Ebenen. Das Oromedon – der alte Name für den Dikeos – am Ortseingang hat sich ganz darauf eingestellt, den Abend in Zia für die Besucher perfekt zu gestalten. Mit Erfolg: Der Service ist zuvorkommend, die Speisen wie Auberginen-Käse-Taschen oder Kichererbsenpaste sind einfallsreich. Das selbst gebackene Krustenbrot dazu ist ein Gedicht, und die Preise stimmen auch. Bleibt zu hoffen, dass diese Qualität trotz des Besucherandrangs lange erhalten bleibt.

Taverne Olympia 4 Hier kommen die besten griechischen Speisen des Ortes auf den Tisch. Besonders gut schmecken die gefüllten Weinblätter (Dolmadakia), Bulgur und die Eintöpfe mit Wurst oder Fleisch. Einfach, aber sehr gut ist der Hauswein. Dass das Restaurant am Wochenende vor allem von Griechen besucht wird und auch im Winter geöffnet hat, ist ebenfalls ein Hinweis auf die gute Qualität. Von der Terrasse am Hang hat man zudem einen schönen Blick.

Die Christos-Dikeos-Kapelle am höchsten Punkt der Insel

Olympia 2 1 Die zweite Taverne der Familie liegt etwas außerhalb von Zia, auf halber Strecke an der Straße zwischen Asfendiou und Zipari. Hier gibt es eine Dachterrasse mit atemberaubendem Ausblick. Das Essen ist genauso gut wie im Stammhaus, vor allem die Mezedes sind prima!

No Stress 8 Am oberen Ortsende bietet die kleine Taverne nach eigenen Angaben das beste Moussaka Europas an. Besonders reizvoll ist die kleine Dachterrasse.

meinTipp **Metoxi** 9 Die höchstgelegene Taverne von Kos lockt nicht nur mit einer spektakulären Aussicht über die Flanken des Dikeos, Kalymnos und die Ägäis. Auch die Speisen schmecken ausgezeichnet. Grillgerichte sind die Spezialität des 2017 eröffneten Restaurants, das die Brüder Michalis und Valantis betreiben. An Sonntagen drehen sich ganze Lämmer oder Schweine am Grill. Anfahrt: Kurz hinter Zia (Richtung Kos) zweigt eine Piste rechts ab; sie führt vorbei an der Kapelle Kefalovrissi. Achtung: Die Strecke hoch ist sehr holprig. Wer seinen Wagen liebt, läuft besser vom Wendeplatz in Zia die Stufen in Richtung der Quelle Kefalovrys; von dort sind es noch rund 400 m.

Roots 2 Am unteren Ortseingang, angenehmes Ambiente. Wir waren nach einer Wanderung kurz vor Ostern sehr angetan von der griechischen Küche – und froh, in Zia auf eine ganzjährig geöffnete Taverne zu treffen.

Dikeos 3 Eine der wenigen Tavernen ohne Sonnenuntergang-Aussicht, trotzdem gut besucht. Wie kann das sein? Das liegt an den Kochkünsten von Christina, relativ niedrigen Preisen und großen Portionen.

Nachtleben Zia wird von den Tourismus-Managern als „typisches Bergdorf" angepriesen. Hier veranstalten sie die von jeder Reiseagentur auf Kos sowie von zahlreichen Hotels angebotenen **griechischen Nächte,** zu denen die Gäste in Bussen gebracht werden. Sicher nicht jedermanns Sache. Konzipiert für derartige Veranstaltungen mit bis zu 500 Teilnehmern ist z. B. die Taverne **Fantasia,** auf halbem Weg zwischen Zia und Evangelistria gelegen. Die

Großtavernen verfügen über eine Tanzfläche und eine Bühne für die aufspielenden Bands. Aus der Bouzouki wird hier ein gefälliges folkloristisches Spektakel. Immer lohnenswert ist der herrliche Panoramablick über die Nordküste von Kos auf das türkische Festland.

Tour 4: Über die Flanken des Dikeos →S. 212
Erleben Sie Kos' waldreiche, ruhige und einsame Seite.

Tour 5: Besteigung des Dikeos →S. 213
Aufstieg zum höchsten Punkt der Insel (846 m)

Pyli

Der 2400 Einwohner zählende Ort liegt 300 m über dem Meer inmitten einer fruchtbaren Hochebene. Die Verbindungsstraße vom Insel-Highway nach Pyli führt durch Tomatenfelder und Olivenhaine, um sich dann kurvenreich durch den Ort zu winden, vorbei an der Platia – dem Mittelpunkt des Dorflebens.

Das Zentrum bevölkern tagsüber viele Touristen, die hier eine Rast einlegen. Die Platia mit ihren Schatten spendenden Platanen und Maulbeerbäumen, mit ihren Tavernen, Kafenions und kleinen Geschäften dient als Treffpunkt der Erwachsenen und am frühen Abend auch als Spielplatz der Kinder von Pyli (oft auch Pili geschrieben).

Einen Abstecher in diesen Ort sollten Sie auf keinen Fall versäumen. Denn mit dem Brunnen Pigi, dem Traditional House sowie dem Charmylos-Grab gibt es einiges zu sehen. Und dann ist da ja auch noch die Geisterstadt Paleo Pyli.

Unterhalb von Pyli, hinter meterhohen und mit Stacheldraht gekrönten Zäunen, liegt das Lager für die Flüchtlinge (→ Geschichte, S. 180). Auch sie schlendern gerne durch den Ort.

Bereits in der Antike war das Gebiet bewohnt. Hier siedelte der Stamm der Peleten, wovon sich der Name Pyli ableitet. Doch die Ansiedlung war nur schwer gegen die Angriffe von Piraten, Vandalen und Westgoten im 5. und 6. Jh. und die der Normannen und Sarazenen im 7. Jh. zu verteidigen. Also zogen die Bewohner in die Berge und siedelten sich dort unterhalb der byzantinischen Festung an. Als dort 1830 die Cholera ausbrach, verließen sie ihren Zufluchtsort und orientierten sich erneut Richtung Küste, wo sie sich an der Stelle des heutigen Pyli niederließen. Der verlassene Ort in den Bergen trägt heute den Namen Paleo Pyli, was einfach „das alte Pyli" heißt.

Sehenswertes

Brunnen Pigi: Von der Platia zweigt eine Straße nach Westen zum 200 m entfernten Brunnen Pigi (= Quelle) ab, der als „Water Spring" ausgeschildert ist. Aus dem Steinquader des Brunnens ragen sechs Rohre, aus denen das Wasser plätschert. Eine Inschrift belegt, dass das Brunnenhaus 1592 erbaut wurde. Viele Einwohner Pylis kommen noch heute regelmäßig mit bauchigen Gefäßen vorbei, um sich das kühle Nass für den Heimkonsum abzufüllen.

Sollten Sie beobachten, dass jemand den Brunnen umrundet und aus jedem der Rohre einen kräftigen Schluck nimmt, so hat das seine besondere

Bewandtnis: Gerüchten zufolge soll nämlich dieses Ritual dazu führen, dass jene Person noch im selben Jahr ihren Auserwählten oder ihre Auserkorene zum Traualtar geleitet und diese Ehe mit reichlich Nachwuchs gesegnet wird. So viel zur Legende. Tatsächlich ist die Fruchtbarkeit in nächster Nähe zu beobachten: Rund um den Pigi-Brunnen blüht die Natur kraftvoll auf. Vom Brunnen aus führt ein breiter Weg leicht bergab. Nach wenigen Metern sehen Sie rechter Hand die Überreste eines frühneuzeitlichen Patrizierhauses, etwa aus dem 17. Jh.

Charmylos-Grab: Knapp 700 m von der Platia entfernt befindet sich ein unterirdisches antikes Familiengrab, dessen zwölf Totenkammern in den Fels eingelassen wurden (→ Karte S. 93). Ein Zaun

Brunnen Pigi – spendet Liebe und Leben

vor dem Eingang verhindert das Betreten. In der Gruft mit je sechs Grabnischen auf den beiden Längsseiten fanden Angehörige des Charmylos-Clans, des ersten koischen Herrschergeschlechts, ihre letzte Ruhestätte. Charmylos war der mythische Stammvater, der mit dem Götterboten Hermes verwandt gewesen sein soll.

Auf dem Hügel über der Totenkammer steht eine kleine byzantinische Kirche. Links neben der Tür sehen Sie antike Fresken, rechts eine Steinplatte mit einer altgriechischen Inschrift. Sowohl die Fresken als auch die Steinplatte entstammen dem Grab, und auch in der Kirche sind mehrere Quaderblöcke aus der Gruft verbaut worden. Die Tür des griechisch-orthodoxen Gotteshauses steht immer offen. Im Innenraum riecht es nach Kräutern und Räucherwachs, die Wände schmücken Heiligenbilder, die zum Teil aus Russland stammen. Es ist kühl, und nur ewige Lichter erhellen den weiß gekalkten Raum.

Traditional House (Paradosiako Spiti): Fast 70 Jahre sind vergangen – das Haus wirkt wie aus einer anderen Welt: ohne Strom, ohne fließendes Wasser, mit Körben an der Decke, in denen einst Vorräte gelagert waren. Einen Einblick in den Wohnalltag der 1950er-Jahre erlaubt das Haus an der Platia in Pyli. Das Gebäude selbst ist älter als seine Ausstattung; es wurde vor gut einem Jahrhundert errichtet.

Paleo Pyli: Auf einem imposanten Fels, etwa 30 Höhenmeter oberhalb der seit fast zwei Jahrhunderten verlassenen Häuser von Paleo Pyli, ragen die Mauern der byzantinischen Festung in den Himmel. Das unterirdische Tunnelsystem der befestigten Anlage ist noch intakt – einige Einbrüche geben den Blick in die Unterwelt frei. Innerhalb der Festungsmauern befanden sich einst drei Kirchen, Überreste des Marienklosters Moni Theodokou, das Ende des 11. Jh. von Abt Hossios Christodou-

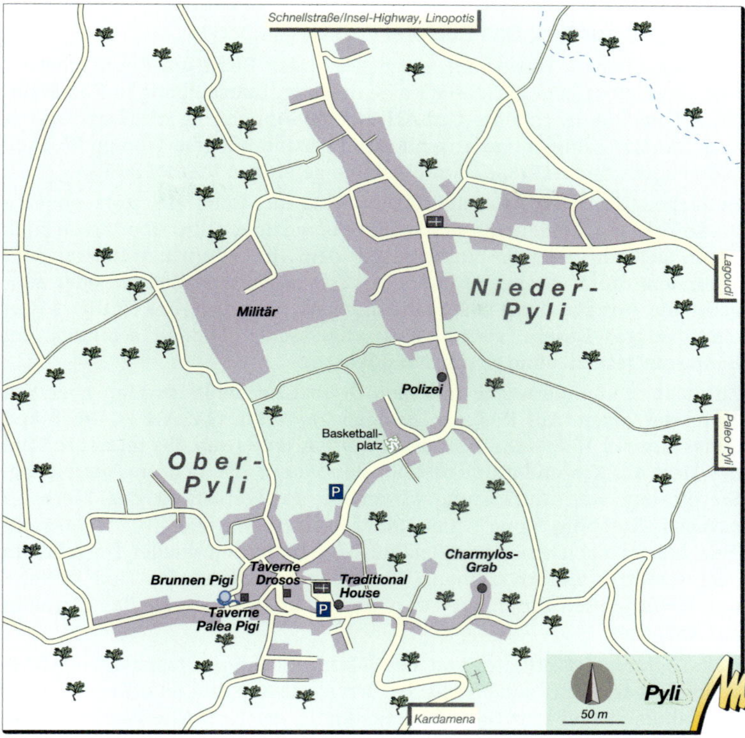

los gegründet wurde. Der Aufstieg zur Burgruine lohnt sich nicht zuletzt wegen des herrlichen Blicks auf die umliegende Landschaft. Zum Kloster gehörte auch die Kapelle Asomati Taxiarches. An ihrem roten Dach und dem Rundbogendurchgang auf dem Vorhof ist sie, auf halbem Weg unterhalb der Festung gelegen, leicht zu erkennen. Die Wände der Kirche zieren Fresken, die aber mittlerweile leider zum großen Teil zerstört sind.

Anfahrt Zunächst nach Amaniou, einer kleinen Ortschaft 500 m östlich von Pyli. Ab jetzt ist Paleo Pyli ausgeschildert. Die ansteigende Asphaltstraße endet an einer Quelle, deren Wasser in ein mehrere Meter langes, ca. 40 cm breites Becken fließt (Vorsicht: unangenehme Bremsen!). Hier können Sie Ihr Fahrzeug abstellen. Vom Parkplatz aus weisen hölzerne Schilder den Wanderweg hinauf zur alten Festung. Auf- und Abstieg dauern insgesamt rund 40 Min.

Verbindungen Mo–Sa fahren 3-mal tägl. (So nur 2-mal) Busse von Kos-Stadt nach Pyli und zurück. Die 30-minütige Fahrt kostet 2,10 €. Der letzte Bus zurück fährt bereits um 13.30 Uhr.

Einkaufen Bis 2019 gab es zwei Galerien in Pyli. Leider sind inzwischen sowohl die Art Gallery von Kurt Hlavacek, der seine Bilder mit dem Signum SOL zeichnete, geschlossen als auch die Galerie von Ria und Remko. Das Paar aus den Niederlanden lebte seit 1978 in Pyli. Remko widmete sich Aquarellen und Radierungen, Ria fertigte Gold- und Silberschmuck. Einige von Remkos Gemälden sind in der Taverne Drosos ausgestellt und dort auch zu erwerben.

Feste Am ersten Wochenende nach Ostern findet in Pyli ein **Pferderennen** statt. Gut 80 Reiter nehmen daran teil, und die Einheimischen wetten kräftig. An der Stirn des siegreichen Pferdes wird ein Hühnerei aufgeschlagen!

Das Dikeos-Gebirge → Karte S. 82

Tierschutz auf Kos: Das Beispiel GASAH

Mit gebrochenem Hinterbein, einer gewaltigen Beule am Kopf, schwach und verängstigt liegt die kleine Katze in einem Hauseingang in Kos-Stadt. Eine Anwohnerin ruft die GASAH-Tierretterinnen, die die Katze zuerst zum Tierarzt bringen und anschließend gesund pflegen. Wenige Wochen später spielt Aeneas fröhlich mit anderen geretteten Vierbeinern.

In Sachen Tierwohl gibt es auf Kos etwas zu tun. Denn vielerorts lebt eine große Zahl von Katzen, die sich mehr oder weniger selbst überlassen sind. Wenn sie sich verletzen oder sich mit dem Herpes-Virus infizieren und erblinden, droht ihnen ein qualvoller Tod. Auch verwilderten oder ausgesetzten Hunden droht solch ein Schicksal. Und manches Hoftier fristet ein trostloses Dasein, viel zu kurz angebunden und oft schutzlos der Sonne ausgesetzt, ohne ausreichend Wasser.

Zum Glück kümmern sich in vielen Orten Griechenlands Menschen um Tiere, die leiden. Auf Kos zum Beispiel im Verein GASAH – „Greek and Swiss Animal Help". Die Gründerin Marion Jarvis sah das immense Leid der Tiere auf Kos und gründete 2005 den Verein, der sich um Tierrettung, Sterilisation und Aufklärung kümmert. 2010 entstand das Tierheim namens „Stepping Stone". Hier finden bedürftige Tiere ein Zuhause auf Zeit, bis sie nach einer Sterilisation oder Operation wieder freigelassen oder vermittelt werden können. „Wir haben immer Platz für Tiere in Not – und einen großen Durchlauf", sagt Irene Weiersmüller, die das Tierheim auf Kos leitet.

Das Tierheim ist offiziell von der Veterinärbehörde lizenziert. GASAH kooperiert seit 2021 zudem mit der Gemeinde Kos und ist offiziell für die Aufnahme pflegebedürftiger Tiere zuständig. Auch die Sterilisationen von Streunern und die Impfungen führen die Tierschützer durch. Leider wird nur ein Teil der Kosten getragen. „Die Kosten für den Unterhalt von

Irene Weiersmüller vor der Katzenkrankenstation

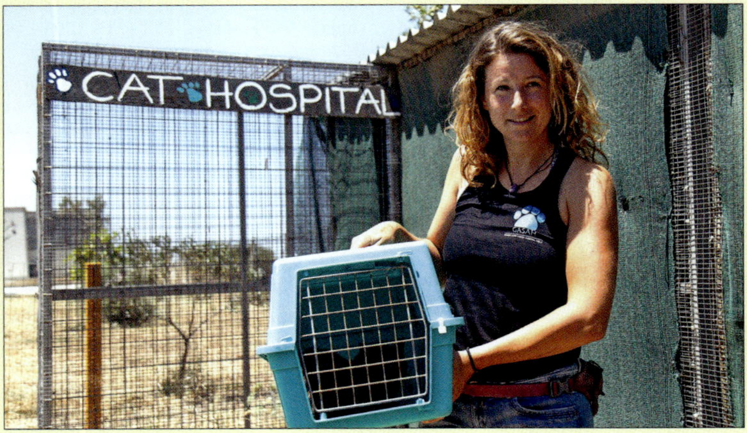

Stepping Stone, unsere Einsatzfahrzeuge oder die Kosten für das Essen unserer Helfer, das alles müssen wir aus Spenden finanzieren", erläutert Weiersmüller.

Für das GASAH-Team gibt es immer etwas zu tun. Oft erhalten Weiersmüller und Co die Meldung, dass ein Tier verletzt wurde, so wie bei Aeneas. „Dann fahren wir sofort mit unserem Kleinbus los und kümmern uns." Verletzte Tiere bringen sie zu den Tierärzten vor Ort, z. B. um einen Bruch versorgen zu lassen. Die Tiere werden danach in der Krankenstation von Stepping Stone versorgt. Das Tierheim liegt versteckt zwischen Pili und Lagoudi. Auf dem Gelände gibt es u. a. ein kleines Tierkrankenhaus, ein Katzen- und ein Hundegehege, ein Feld für Hoftiere und natürlich ein Haus, in dem die Helferinnen und Helfer wohnen. „Sie leisten diese Arbeit freiwillig und ehrenamtlich – zum Wohl der Tiere", betont die tiermedizinische Praxisassistentin.

Eine von ihnen ist Maeve, 18 Jahre jung, aus Deutschland. Maeve legt eine Pause zwischen Abi und Studium ein und will in dieser Zeit Tieren helfen. Sie bleibt dafür drei Monate auf Kos. In dieser Zeit füttert sie morgens die Tiere, putzt die Gehege von Tieren und Hunden und hilft bei der Pflege auf der Krankenstation. Dann geht es raus, das Einfangen von Katzen zur Kastration steht auf dem Programm. Mittags brauchen einige Tiere wieder Futter und die Hunde freuen sich über einen Gehegewechsel. Am Abend steht noch einmal füttern und putzen auf dem Programm.

Ein wichtiger Schritt, das Leid vieler Tiere auf Kos zu reduzieren, ist die Sterilisation – vor allem von Katzen. Denn es sind einfach zu viele. GASAH übernimmt die Sterilisation von 400 Katzen und 50 Hunden pro Jahr. Das Zeichen dafür, dass ein Tier sterilisiert wurde, ist eine fehlende Ohrspitze – die Markierung wird während des Eingriffs von den Tierärztinnen und Tierärzten schmerzlos unter Narkose durchgeführt.

Auf Kos gibt es noch weitere Tierschutz-Gruppen, zum Beispiel **Animal Rescue Kos** (ARK). Rita und Colin vom ARK haben im Jahr 2022 die Sterilisation von 1360 Katzen und 64 Hunden organisiert – allein auf Kos. Michaela und Kelvin von **Kittys of Kefalos** sind vor allem im Westen der Insel aktiv, kümmern sich u. a. um die Katzen, die im Waldgebiet Plaka ausgesetzt werden. Darüber hinaus gibt es noch eine ganze Reihe von einzelnen Menschen, die Tieren helfen. In Kos-Stadt ist **Kosta, der Katzenmann,** aktiv, ein älterer Herr, der die Vierbeiner rund um die Platia Eleftherias regelmäßig füttert.

Der Schlüssel zur nachhaltigen Verbesserung der Situation ist Aufklärung. Deswegen gehen die GASAH-Aktivistinnen auf die Landwirte zu, um für eine bessere Haltung von Hunden, Kühen, Ziegen und anderen Hoftieren zu werben. „Wir haben auch Vorträge in Schulen gehalten", so Irene Weiersmüller. Solche Aktionen seien wichtig, um das Tierwohl nachhaltig zu verbessern.

Auf dem Programm steht auch die Tiervermittlung. Wer einem Tier ein Zuhause geben mag, sollte die Tierschützerinnen kontaktieren. Wer sich selbst ein Bild vor Ort machen möchte, kann einen Termin vereinbaren.

■ Mehr Infos zu GASAH und die Kontaktdaten unter gasah.ch.

Sport Top ist der **Basketballplatz** von Pyli mit Flutlicht und farbigem Feld.

Übernachten Das Angebot an Unterkünften ist bescheiden. Lediglich einige **Ferienhäuser** stehen zur Auswahl. Auskünfte erhält man in den Tavernen rund um die Platia und auf den bekannten Buchungsplattformen im Internet.

Essen & Trinken Mehrere Tavernen rund um den Dorfplatz und entlang der Ortsdurchfahrt haben sich auf Touristen eingestellt: Serviert werden vor allem Snacks und Getränke.

mein Tipp **Taverne Drosos.** Von der schattigen Terrasse aus lässt sich das bunte Treiben auf der Platia prima verfolgen. Die Taverne ist Treffpunkt der Einheimischen und Durchreisenden und das ganze Jahr geöffnet. Die klassische griechische Küche ist sehr preiswert (z. B. Moussaka für 8 €), der Service immer freundlich und flott. Im Innenraum sind Bilder des niederländischen Künstlers Remko ausgestellt, der in Pyli lebt und auch selbst hin und wieder vorbeischaut.

Taverne Palea Pigi (Old Spring). Unmittelbar neben dem Brunnen Pigi. Von der Terrasse, die von einem riesigen Feigenbaum beschattet wird, blickt man auf der einen Seite auf den Brunnen mit den Löwenköpfen hinunter. Auf der anderen kann man Frösche und Fische in einem kleinen Teich beobachten. Währenddessen serviert der freundliche Betreiber appetitliche Vorspeisen und Grillgerichte (wie z. B. Souvlaki-Spieße oder Hackfleischwürstchen Sousoukakia) zu günstigen Preisen. Man kann in der bodenständigen Taverne aber auch nur auf einen eisgekühlten Frappé einkehren.

Oria (in Paleo Pyli). Der ideale Ort zum Rasten! Mit herrlichem Blick auf die Überreste des Kastells genießen Sie hier einen kühlen Frappé, stärken sich mit einem Joghurt mit Honig oder einem einfachen Fleischgericht. Bemerkenswert: Die Toilette der Taverne ist in eine Felsnische gebaut, der Blick in den Himmel bleibt frei. Tägl. 9–21 Uhr.

mein Tipp **Old Pyli.** An der Straße zum Kastell, die Spezialität des Hauses ist Fisch. Den fängt Wirt Georgos Stavropoulos selbst, wozu er jeden Tag mit seinem Boot in Mastihari in See sticht. Georgos setzt auf Qualität: nur frische, selbst zubereitete Speisen kommen auf den Tisch. Und das schmeckt man. Hier sollten Sie unbedingt einkehren – und neben dem Essen den Blick über die Tiefebene und das Meer genießen.

Zurück Richtung Meer: Linopotis

Am Highway nördlich von Pyli, rund 13 Kilometer von Kos-Stadt entfernt, liegt Linopotis: ein Dutzend Häuser, eine Tankstelle, zwei Tavernen und ein Teich. Die ersten Einwohner der Ortschaft waren Italiener, die hier 1925 ihre Häuser bauten, nachdem die einheimischen Grundbesitzer enteignet worden waren. Bekannt ist Linopotis wegen der nahe liegenden Quelle **Limni** (= See). Die Benennung erfolgte aus gutem Grund: Das Quellwasser speist einen Teich direkt an der Schnellstraße – die Heimat von Wasserschildkröten und einer großen Entenfamilie. Wichtig ist die Quelle für die Landwirtschaft; sie dient der Bewässerung der Felder um Pyli und Marmari. Schon Theokrit, ein Dichter der Antike, nach dem der lokale Retsina benannt ist, rühmt in seinen Idyllen die Schönheit der Quellenlandschaft.

Einkaufen **Manufaktur Hatzipetros.** Produziert seit 1910 das lokale Olivenöl – und verkauft direkt ab Werk. Das in verschiedenen Abfüllmengen, in Glas- oder Metalldosen erhältliche Öl ist in der Produktionshalle an der Schnellstraße deutlich günstiger als in den Geschäften, z. B. 250 ml extra virgin kosten etwa 3 €. ✆ 22420-69528 und 69-44153898, oliveoilfromkos.com.

Tour 6: Rund um Paleo Pyli → S. 215
Geisterstadt, byzantinische Festung und die höchste Taverne der Insel

Blick aus den Ruinen der byzantinischen Festung

Die Inselmitte

Landschaftlich ungemein abwechslungsreich: Fruchtbare, in verschiedenen Gelb- und Grüntönen schimmernde Ebenen werden von zerklüfteten Landstrichen unterbrochen. Die Oberfläche erinnert an einen Pizzaboden, der Blasen wirft. Die Mitte der Insel ist bizarr und kontrastreich.

Plaka: Das Wäldchen mit den frei lebenden Pfauen ist der beliebteste Picknickplatz der Insel.

Tourismus: In den großen Ferienanlagen leben bis zu 1000 Gäste – Kardamena selbst hat 1600 Einwohner.

Flughafen: Mehr als eine Million Menschen pro Jahr steigen am Airport nahe Antimachia ein und aus.

In der Inselmitte gibt es nur die beiden Dörfer Antimachia und Kardamena. Mitte des 19. Jh. lebten deren Bewohner noch zusammen in der mächtigen ehemaligen Johanniterfestung, dem Kastell von Antimachia, dann trennte sich die Gemeinde. Heute präsentiert sich ein ungleiches Geschwisterpaar: Während die Einwohner Antimachias noch immer hauptsächlich ihre Felder bestellen, avancierte Kardamena zu einem touristischen Zentrum.

Kardamena liegt in einer weiten Tiefebene, die im Hinterland von Hügeln und im Osten vom Dikeos-Gebirge eingerahmt wird. In der Mitte des rund 9 km langen Strandes befindet sich der Ort mit seinem kleinen Hafen und einer palmenbestandenen Promenade. Souvenirgeschäfte, Tavernen und Clubs sind in Hülle und Fülle vorhanden. Die meisten Besucher wohnen außerhalb in großen Ferienanlagen mit bis zu 1000 Betten – fast schon eigene Dörfer. In den 1990er-Jahren von britischen Reiseveranstaltern als „English Village" angepriesen, war die touristische Infrastruktur auf die Urlaubsgewohnheiten der Gäste aus Großbritannien eingestellt: Sonnenbaden, Trinken und Feiern. Inzwischen ist das Klientel heterogener. Das Sportangebot ist groß und mehrere empfehlenswerte Restaurants haben sich etabliert. Feiern kann man immer noch ausgezeichnet.

Deutlich ruhiger geht es in **Antimachia** zu, in dem es sehr wenige Unterkünfte gibt. Besucher finden dennoch hierher, vor allem um sich die restaurierte Windmühle und das Traditional House anzuschauen. Sehr beliebt ist auch das Wäldchen Plaka, die Heimat wild lebender Pfauen. Die Inselmitte ist vor allem wegen des Flughafens, der auf dem Hochplateau bei Antimachia

liegt, extrem wichtig für die Tourismusindustrie von Kos.

Was anschauen?

Mylos tou papa: Die letzte von einst 50 Windmühlen in Antimachia ist aufwendig restauriert worden und wieder voll funktionstüchtig – bis zu 100 kg Getreide pro Tag kann sie mahlen. Aus dem Mehl werden Plätzchen gebacken, die mit Zimt, Anis oder Zitrone verfeinert und im Laden hinter der Mühle verkauft werden. → S. 109

Traditional House: Eintauchen in die koische Lebenswelt der Vergangenheit können Sie in dem gut 150 Jahre alten ebenerdigen Bauernhaus mit vier Räumen: Wohnzimmer, Schlafzimmer, Stall und Arbeitsraum mit Ofen. Bis in die 1960er-Jahre haben in solchen Häusern bis zu drei Generationen zusammengelebt. → S. 109

Kastell von Antimachia: Es thront auf einer Anhöhe oberhalb der Bucht von Kardamena. Die mächtige Festung errichteten die Venzianer im 13. Jh., später kontrollierten Johanniter und dann die Türken von hier aus die zentrale Hochebene von Kos. Zudem zogen sich die Einwohner Antimachias hinter die mächtigen Mauern zurück, wenn Piraten die Insel heimsuchten. Bis auf zwei kleine Kirchen sind die Gebäude im Inneren zerfallen, doch von den Zinnen genießen Sie einen schönen Blick auf die Felder ringsum, über die Küstenebene bis hinüber zur Vulkaninsel Nissiros. → S. 111

Plaka: Das Wäldchen ist ein beliebtes Ausflugsziel – am Wochenende besonders für die Einheimischen, die hier gerne grillen. Die Plaka ist außerdem die Heimat von gut einem Dutzend Pfauen, die hier selbstbewusst umherstolzieren. → S. 112

Wo baden?

Strand: Rund 9 km lang ist der Strand von Kardamena. Im Vergleich zur Nordküste ist das Meer sehr ruhig. Westlich von Kardamena fällt der Meeresboden nur wenig ab und es gibt mehrere Sandbänke – ein gutes Revier für Familien mit kleineren Kindern. Die Strände aus Sand und Kieseln östlich des Ortes sind dagegen deutlich leerer. Hier sorgen an mehreren Stellen Tamarisken für natürlichen Schatten. → S. 100

Was unternehmen?

Tauchen: In Kardamena finden Interessierte gute Angebote für Einsteiger und Fortgeschrittene. → S. 104

Mountainbiking: Jenseits der Landstraße finden sich interessante Strecken zum Kastell von Antimachia, nach Pyli oder noch höher ins Dikeos-Gebirge. Auch die 35-km-Tour von Küste zu Küste, von Kardamena nach Mastihari und zurück, ist mit etwas Kondition machbar. → S. 217 und S. 219

Party: Wer feiern will, findet in Kardamena, was er braucht. Bars und Clubs sind reichlich vorhanden. Das Nachtleben muss sich hinter dem von Kos-Stadt keinesfalls verstecken. → S. 108

Kardamena

Einst ankerte eine ansehnliche Flotte von Fischerbooten im Hafen, heute ist es noch ein knappes Dutzend, die in See stechen - dafür liegen immer mehr stattliche Jachten am Kai. Früher spielte auch die Landwirtschaft eine große Rolle. Heute leben die 1800 griechischen Einwohner Kardamenas vor allem vom Tourismus.

Der ursprüngliche Dorfkern Kardamenas liegt zwischen Hafen und Kirche, doch ist er zwischen den Hotelbauten, kaum noch auszumachen. An der Uferpromenade reiht sich Café an Café, davor dümpeln die Boote im Wasser; hier präsentiert sich der Ort (zumindest tagsüber) von seiner schönsten Seite. Etwas ruhiger und griechischer als im Zentrum geht es in dem Ortsteil zu, der westlich des – meistens ausgetrockneten – Flussbettes liegt. Eingerahmt wird Kardamena von großen Hotelkomplexen.

Südwestlich der heutigen Ansiedlung befand sich in der Antike die Stadt Halasarna. Von dieser Stadt wurden einige Überreste gefunden, unter anderem die eines hellenistischen Theaters und einer Grabanlage. Aus den ersten nachchristlichen Jahrhunderten stammen die Grundmauern der Basilika Agios Theotis bei Kardamena.

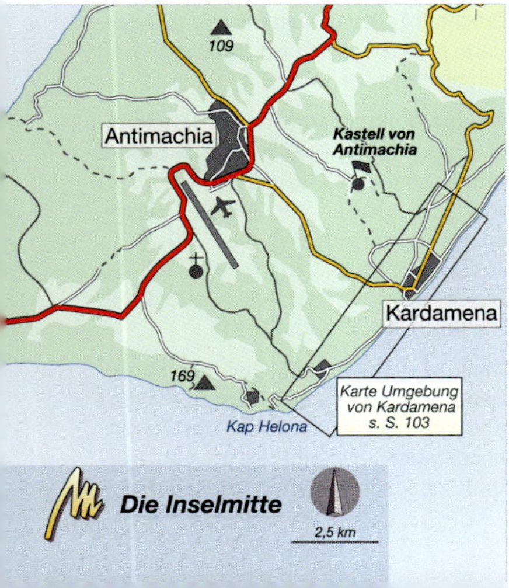

In den 1880er-Jahren zogen die Bewohner schließlich dorthin, wo das heutige Kardamena liegt, und betrieben Fischerei und Landwirtschaft. Dies änderte sich Mitte der 1970er-Jahre: Tourismusmanager entdeckten den langen Sandstrand, sahen, dass sich die Ebene als Baugrund hervorragend eignet, und begannen mit der Errichtung der ersten Hotels. So vollzog sich der Wandel vom ehemaligen Fischerdorf zur Hochburg des Tourismus.

Folklore Naval Museum: In den Ausstellungsräumen wird die Wohnsituation einer Familie Anfang/Mitte des 20. Jh. gezeigt und von den engagierten Betreibern erläutert. Ausgestellt sind zudem historische Fotos, Trachten und Maritimes wie Muscheln, Vasen und Schiffsmodelle.

- 2–3 (wechselnde) Tage in der Woche, 10–13 oder 19–22 Uhr. Eintritt 2 €.

Baden und Strände

Die Badebedingungen um Kardamena sind sehr gut: Der feinkörnige helle Sand zieht sich über etwa 9 km am Meer entlang. Die Strände in der Stadt und vor großen Hotelanlagen sind gut besucht; doch jenseits davon nimmt der Andrang Sonnenhungriger deutlich ab. Am ganzen Strand herrscht – im Gegensatz zur Nordküste – kaum Seegang, was die Strände besonders kinderfreundlich macht.

Relativ wenige Urlauber halten sich am östlichen Strandabschnitt zwischen dem Club Malibu und dem Hotel Norida Beach auf, der mal steinig, dann wieder feinsandig ist. Rund 200 m östlich des Clubs Malibu sorgt ein kleiner Tamariskenhain für Schatten. Je weiter man sich in Richtung Osten bewegt, umso sauberer, breiter und feinsandiger wird der Strand. Am Ostende des Strandes, oberhalb des Hotels Norida Beach, stehen eine Handvoll Häuser und eine kleine Kirche, die zu den Orten Eleon und Tolari gehören – Ansiedlungen, die nur auf wenigen Karten verzeichnet sind. Von Eleon erhascht man einen guten Ausblick über den Küstenverlauf bei Kardamena.

An den beliebteren Abschnitten westlich des Hafens, wo nur vereinzelt Bäume für Schatten sorgen, werden Sonnenschirme und Liegen angeboten (6 € für zwei Liegen und Sonnenschirm pro Tag). Hier ist das Ufer ziemlich flach; dank der zahlreichen Sandbänke kann man noch weit draußen im Meer stehen.

In der Nähe des Hotels Porto Bello befindet sich der **Wasserpark Aquatica,** der mit seinen sieben Rutschen und dem Lazy River nicht nur für Kinder konzipiert ist; für die ganz Kleinen gibt es zudem einen Wasserspielplatz.

■ Tägl. 10.30–17.30 Uhr. Eintritt 15 €, Kinder 11 €. aquatica.gr.

Die Inselmitte → Karte S. 100

Verhexter Sumpf: Der Bann ist gebrochen

Iraklis M. Karanastasis schreibt in seiner „Volkskunde von Kos“: „In der Mitte der Insel und etwa eine Stunde voneinander entfernt liegen die Dörfer Antimachia und Kardamena. Diese beiden Dörfer bildeten früher eine Gemeinde. Zur Zeit, als die Revolution von 1821 ausbrach, lebten die Einwohner – wie uns unsere Großeltern erzählten – im Kastell von Antimachia, einer großen venezianischen Festung, welche die gesamte zentrale Hochebene der Insel beherrscht. Sie hatten sich dorthin zurückgezogen, um den furchtbaren Einfällen algerischer und sarazenischer Korsaren zu entgehen, von denen die Ägäis zur Zeit der Piraten heimgesucht wurde. Um 1850 verließen sie den engen Raum in der Festung, um in freieres Gebiet überzusiedeln. Sie teilten sich in zwei Gruppen: Die eine ließ sich in einer offenen, weiten Hochebene (220 m ü. d. M.) nordwestlich des Kastells nieder (dem heutigen Antimachia), und die andere ging vom Kastell in Südwestrichtung hinunter und siedelte sich in einem Tal an, das dicht mit Weingärten, Öl- und Obstbäumen bewachsen ist, von einem Trockenbach durchflossen wird und zwanzig Minuten Fußweg von der Küste entfernt liegt. Heute trägt die Stelle den Namen Paläa Kardamäna. In diesem schönen Tal konnten sie jedoch nicht länger als 50 Jahre leben, da das Gebiet versumpfte, die Bevölkerung unter Malaria zu leiden hatte und das Dorf sich nicht entwickeln konnte. Die Einwohner glaubten, dass dieser Ort verhext sei, und deshalb ließen sie immer nur 39 Familien hier wohnen. Wurde eine vierzigste Familie gegründet, musste sie aussiedeln.“ Diese Zahl ist seit Langem überschritten – der Bann ist gebrochen.

Tour 7: Castle Walk → S. 217

Ein gepflasterter Weg führt hinauf zum Kastell von Antimachia.

Basis-Infos

Information Eine Touristeninformation gibt es im Ort nicht mehr. Im Gemeindehaus, in dem sie vorher untergebracht war, sitzt inzwischen die Post. Auskünfte erhalten Sie bei den Reisebüros. Gleich fünf davon finden Sie zwischen der Platia Elephterias und dem Halteplatz der Inselbusse. Freundlich und kompetent bedienten uns die Mitarbeiter von **Offshore Travel** (✆ 22420-91603). Das Angebot umfasst Fährtickets, organisierte Ausflüge und Autovermietung.

Verbindungen **Bus:** Zwischen Kos-Stadt und Kardamena gibt es Mo–Sa 8-mal, So 5-mal tägl. eine Busverbindung. Die Fahrt dauert 45 Min. und kostet 3,50 €. Der Bus hält beim Supermarkt Louis oberhalb der Platia Elephterias.

Zudem fahren **Lokalbusse** 11-mal tägl. (zwischen 9 und 1 Uhr) die Strandabschnitte nach Osten und Westen ab; bei den Hotels Porto Bello und Norida Beach kehren sie wieder um.

Fähre: Tägl. legen Fähren in Richtung Nissiros ab (Abfahrt meist morgens 9.30 Uhr, zusätzlich an mehreren Nachmittagen; einfache Strecke für 9 €). Informationen zu den Abfahrtzeiten gibt es in den Reiseagenturen.

Taxi: Eine Fahrt von Kardamena nach Kos-Stadt kostet gut 40 €. Die Wagen warten am Platz vor der Fußgängerzone in der Ortsmitte. Dort halten auch die Inselbusse.

Ausflüge Der Ausflug nach **Nissiros** kostet inklusive Transfer zum Vulkankrater 30 €, ein Ausflug nach **Kos** („Shopping Tour") 10 €. Besonders beliebt ist die Bootstour **Three Beaches** (Bubble, Paradise und Camel Beach); inklusive Mittagessen bezahlt man 25 €. Der Ausflug nach **Bodrum** kostet 40 €. Es gibt auch eine **Drei-Insel-Tour** nach Kalymnos, Plati und Pserimos. Die Boote starten zum Teil in Kos-Stadt. Tickets für die Tagestouren verkaufen die Reisebüros. Infos zu den Zielen → Ausflüge, ab S. 132.

Ärzte/Apotheke Die Praxis des Allgemeinmediziners Dr. Stavrou liegt gegenüber der Apotheke nahe dem Taxi-Halteplatz. Geöffnet Mo–Sa 10–13 Uhr und 18–20.30 Uhr, ✆ 69-44257434 Den Zahnarzt erreichen Sie unter

Ausfahrt: Fischerboot vor Kardamena

✆ 22420-91841 oder 69-32100203. Im Ort gibt es mehrere Apotheken.

Auto-/Zweiradverleih Das Angebot ist groß. Empfehlenswert sind:

Peter's Rent a Bike. Peter hat zwei Filialen, eine große Auswahl und günstige Angebote. Fahrräder gibt es ab 10 € pro Tag, Scooter ab 25 €, Buggys ab 70 € und Quads ab 80 €. Rabatte gibt es ab zwei Tagen. ✆ 22420-92160 oder 69-73684671, petersmotokos.de.

International. Einen Kia Picanto erhalten Sie für 40 € pro Tag, ein Mini-Cabrio ab 85 € inkl. Vollkaskoversicherung. ✆ 22420-92265 und 69-44771738, internationalrentals.gr.

Smart Rental. Zwei Filialen im Ort. Fahrräder gibt es ab 10 € pro Tag, 45 € pro Woche. Mopeds und Autos sind ab 20 € bzw. 40 € pro Tag zu haben. Sie werden bei Bedarf zum Hotel oder Flughafen gebracht und wieder abgeholt. Quads und Buggys sind auch im Angebot. ✆ 22420-92508 und 69-96472104 (Buchung auch via WhatsApp), smartrental.gr.

Einkaufen Lokale Spirituosen, Honige und Kosmetika verkauft das Kafenion O Daskalos.

Feste **Patronatsfest:** Am Abend des 7. Sept. ist die Kirche Kardamenas übervoll. Die Messe wird per Lautsprecher auf den Platz vor dem Gotteshaus übertragen, wo halb Kardamena dicht gedrängt und gut gelaunt zusammensteht. Nach dem Gottesdienst zieht der Tross durch die Gassen, an der Spitze der Priester mit der Marienikone. Am 8. Sept. versammeln sich die Einwohner erneut auf dem großen Hof der Kirche, um den Geburtstag der Muttergottes zu feiern. Bei diesem Fest grillt, trinkt, singt und tanzt die Gemeinde bis in den frühen Morgen.

Großveranstaltungen sind die **griechischen Abende,** die von den großen Hotels in den eigens dafür konzipierten Tavernen am nördlichen Ende von Kardamena oder in den Hotels selbst veranstaltet werden. Für 20 € gibt es Essen, Wein und griechische Livemusik.

Geld Banken und Geldautomaten sind mehrfach vorhanden, zum Beispiel direkt an der Platia. Die Filiale der National Bank of Greece mit EC-Automat befindet sich an der Hauptstraße nahe der Kirche. Mo–Do 8.45–13.30 Uhr, Fr 8.45–13 Uhr.

Sport

Das Angebot ist groß, wobei der Wassersport im Fokus steht. Aber auch zum Reiten, Bouldern oder Mountainbiking bietet Kardamena ein exzellentes Terrain.

Bouldern Mit den **Hippocrates Boulders** verfügt Kos über ein ausgezeichnetes Bouldergebiet, das östlich des Ortes liegt. Fans dieses Klettersports freuen sich über die Granitfelsen und gute Absprungmöglichkeiten. Rund 200 Routen stehen zur Wahl.

Kartbahn Die **Gokartbahn Kardamena** an der Straße zum Hotel Norida Beach hat von 11 bis 23 Uhr geöffnet. 15 Min. kosten 25 €. ✆ 22420-92065, gokart-kardamena.gr.

Mountainbiking Kardamena ist ein guter Ausgangspunkt für Touren mit dem Mountainbike: Es gibt zwei asphaltierte Straßen von Kardamena zur Schnellstraße (Richtung Pili und Antimachia), für Biker stehen weitere Strecken zur Auswahl, z. B. über die Kirche Agia Marina (Tour 8, → S. 219), den Castle Walk (Tour 7, → S. 217) oder zwei Pisten östlich davon.

Reiten Etwa 2 km östlich des Ortszentrums liegt **Kardamena Horseriding,** nahe dem Hotel Sovereign. Ausritte entlang des Strandes oder in die Hügel nördlich von Kardamena für rund 35 € pro Person. ✆ 69-09595706, kardamenahorseriding.com.

Tauchen Anfänger- und Fortgeschrittenenkurse bietet das **Arian Diving Centre.** Der Tageskurs mit Bootsausflug kostet inkl. Ausrüstung 105 €, Ausflüge für Fortgeschrittene gibt es für 130 €. ✆ 22420-92264 und 69-88641512, arian-diving-centre.com.

Wassersport An den Stränden in und um Kardamena gibt es neun Wassersportstationen, alle firmieren unter dem Namen **Kardamena Water Sports.** Sie befinden sich am Strand nahe den großen Hotels. Am Ortsbadestrand werden vor allem Parasailing (60 € pro Person), Jet- und Wasserski (60 € für 15 Min.) sowie Schleppfahrten (ab 30 €) angeboten. Zu buchen sind zudem Bootsausflüge für kleine Gruppen. ✆ 22420-91444 und 69-44636565, koswatersports.gr.

SUP Kos. An der Uferpromenade östlich des Anlegers. Verschiedene SUP-Trips buchbar, z. B. die Sunset-Tour (2 Std., 50 € pro Person). Angeboten werden auch E- und Wing-Foil. ✆ 69-98707286, sup-kos.com.

Yoga Prana. Christina bietet in ihrem Studio mitten im Ort eine ganze Reihe von Yoga-Arten an, u. a. Hatha, Vinyasa, Yin. Auch den Sonnenaufgang am Strand zu zelebrieren ist möglich. ✆ 69-85761365, pranayoga-kos.gr.

Übernachten

Von Mitte Juli bis Mitte Aug. läuft hier ohne vorherige Buchung nichts. Selbst in den kleineren Pensionen entlang der Strandpromenade müssen Sie mit 25–40 € für ein DZ rechnen. Nachteil dieser Unterkünfte: Die Promenade ist auch Zentrum des Nachtlebens ...

Mein Tipp **Olympia Mare** **19** Ein idealer Platz zum Entspannen. Rund 2 km westlich von Kardamena direkt am Strand gelegen – man braucht keine Straße zu überqueren, um in Liegestuhl oder Hängematte zu entspannen! Keine Hotels, Tavernen oder Diskotheken stören in der Nähe. Das Haus steht allein abseits des touristischen Trubels. Die Gäste sind allesamt Individualreisende, denn Betreiber Nikos Katsillis arbeitet nicht mit Agenturen zusammen. Zur Auswahl stehen 16 Apartments: jeweils zwei Räume (einer davon mit kleiner Küche) und Bad, zwischen 44 und 64 m2 groß. Alle Unterkünfte sind klimatisiert, gepflegt und mit Geschmack möbliert. ✆ 22420-91711, 69-776301 10, olympiamare.com. **€€-€€€**

Die Inselmitte → Karte S. 100

Nissia und Kamares 14 Wohl eine der sympathischsten Unterkünfte, was Architektur und Ambiente angeht. Rund um einen üppig bepflanzten großen Innenhof liegen die 38 Apartments der Anlage. Zahlreiche Bogengänge verbinden die verschachtelten, weißen Häuser mit den blauen Fensterläden; die Zimmer sind geräumig und mit Holzmöbeln eingerichtet. Es herrscht eine entspannte Atmosphäre. Der Swimmingpool steht auch Nicht-Hotelgästen zur Verfügung. Es gibt auch Apartments für vier Personen. Alle Unterkünfte sind mit Bad und Küche. Wenn Sie ein Zimmer in der HS möchten, müssen Sie schnell sein und am besten schon im Vorjahr buchen, da die Apartments teilweise über Agenturen vermietet werden. ✆ 22420-91091, nissiakamares.gr. **€€**

Nissea Boutique Hotel 3 Direkt am Strand, ca. 800 m östlich des Anlegers. Schlichte Eleganz hat der Innenarchitekt im gesamten Gebäude umgesetzt. Die 6 Suiten, benannt nach Nymphen, stehen ausschließlich Erwachsenen zur Verfügung. Aus allen Zimmern reicht der Blick übers Meer. Der schönste Platz ist unserer Meinung nach die Terrasse in der ersten Etage. ✆ 22420-92959, nisseahotel.com. **€€€€**

Pillbox Seafront Studios und Apartments 2 Am östlichen Ortsende, ebenfalls direkt am Strand. Alle Zimmer mit Küchenzeile, Meerblick und Balkon; auf dem kleinen Strand stehen Liegen und Sonnenschirme für die Gäste bereit. ✆ 69-49732577. **€€**

Lagas Aegean Village 18 Eine Ferienanlage der Superlative, hauptsächlich Gäste aus der Schweiz und Deutschland. Errichtet wurde die Anlage auf der dem Meer zugewandten Seite eines Hügels, etwa 1 km westlich des Hafens. Das Aegean Village ist ein kleines Dorf und mit den vielen Einkaufsmöglichkeiten, Sportangeboten, Restaurants, einer Diskothek und einer Arztpraxis fast schon autark. Angenehm überrascht die abwechslungsreiche Gestaltung der zweistöckigen Bungalows. Die Anlage kann bis zu 650 Urlauber beherbergen und verfügt über zahlreiche Sportangebote: vier Tennisplätze (mit Flutlicht), zwei große Schwimmbecken (Frei- und Hallenbad), eine Sauna und ein Fitnesscenter sowie verschiedene Wassersportangebote am Strand unmittelbar vor dem Feriendorf. Barrierefreie Zimmer für Rollstuhlfahrer. Ausschließlich mit Halbpension zu buchen. ✆ 22420-91401, aegeanvillage.com. **€€-€€€**

Robinson Club Daidalos. Thront auf einer 50 m hohen Klippe oberhalb des Kap Helona rund 4 km westlich von Kardamena. Das 220.000 m² große Feriendorf mit 268 Zimmern verfügt über zwei Pools, Sauna, Fitnesscenter, Theater, Disco, zwei Tavernen und diverse Geschäfte. Reichhaltig ist auch die Palette des Sportangebots: Vom Tenniskurs auf einem der zwölf Plätze über Volleyball, Tischtennis, Bogenschießen und Gymnastik bis hin zum Wassersport ist hier alles möglich. Katamarane und Surfbretter stehen zur Verfügung, Kurse müssen extra bezahlt werden. Organisiert werden Jeep- und Bootsausflüge; eine ganztägige Kinderbetreuung sowie ein Jugendprogramm entlasten Eltern. Der nächste erreichbare Ort ist das 9 km entfernte Antimachia. Eine Woche Aufenthalt mit Vollpension kostet pro Erwachsenem im DZ je nach Zimmer- bzw. Suitegröße und Saison zwischen rund 1.350–3.000 € inkl. Flug. robinson.com.

Essen & Ausgehen

→ Karte S. 104/105

Essen & Trinken **Hellas** 16 Etwas abseits des Trubels, kurz hinter der Brücke über das im Sommer ausgetrocknete Flussbett, sitzen die Gäste des Hellas auf einer netten Terrasse und lassen sich die köstliche Pizza aus dem Holzofen schmecken. Neben einfachen italienischen Speisen in großer Auswahl gibt es natürlich auch griechische Hausmannskost, die frisch ist und richtig satt macht.

meinTipp **Avli** 12 Besticht durch eine große Auswahl an Appetithappen (Mezedes) und Weinen: Die Karte listet Tropfen von 40 griechischen Winzern. Nahe der Platia sitzen die Gäste in einem großen Patio – abgeschirmt vom Rummel ringsumher. Das Restaurant befindet sich in einem 1902 erbauten Haus. Es ist eines der wenigen Gebäude, die das Erdbeben im Jahr 1933 überstanden haben. Reservierung unter ✆ 22420-92100, avlirestaurant.gr.

meinTipp **Café Lovemade** 10 Trotz der Lage bei der Bushaltestelle an der Durchgangstraße ein sehr gemütlicher Ort. Zitronen- und Trompetenbäume, Bougainvilla und Hibiskus spenden zusätzlich zur Überdachung Schatten auf der Terrasse. Betreiberin Polina wollte ein Angebot für die Einheimischen schaffen – jetzt profitieren auch die Urlauber von diesem Treffpunkt. Mit viel Liebe richtete sie das Café ein, serviert hier köstliche selbst gemachte Limonade, mediterrane Sandwiches und Salate – viele

Frohe Botschaften auf vielen Fähnchen

davon vegan. Das Café ist ein Wohlfühlort von morgens bis abends, vom Frühstück bis zum Feierabend-Cocktail.

Pelagos 5 An der Promenade rund 300 m östlich des Anlegers. Auf den ersten Blick sieht die Taverne aus wie die anderen am Ufer, unterscheidet sich aber deutlich: Dimitris und Mike setzen auf „saisonale griechische Küche", verwenden, wenn möglich, Produkte von der Insel und schenken koischen Wein aus. Dimitris ist Koch aus Leidenschaft, er setzt auf sein selbst produziertes Olivenöl, schwört auf die frischen Fischprodukte und empfiehlt als Vorspeise seine frittierten Kichererbsen oder den überbackenen Feta mit Kräutern. Gut auch, dass diese Qualität nicht teurer ist als bei der Konkurrenz an der Uferpromenade.

Teo's Taverna 13 An der Uferpromenade in der Nähe der Hafenmole. Hier gibt es relativ preisgünstige griechische Kost. Das Teo's ist eine der wenigen urigen Tavernen und Bars, die sich entlang des Hafenbeckens aneinanderreihen.

Mein Tipp **Anemos** 1 Die familiengeführte Fischtaverne liegt am östlichen Ortsrand mit Blick von der Terrasse auf den Strand und das Dikeos-Gebirge. Jeden morgen kauft Yannis den Fisch am Hafen von Kardamena, frischer geht's nicht. Die Preise sind moderat: Ein Kilo vom Frischfang kostet 50 €, Schwertfischfilets mit Salat und Kartoffeln für 14 € und Oktopus (Vorspeise) für 10 €.

The Garden 6 Ein wirklich angenehmes Café. Auf der erhöhten Terrasse entlang der Straße sitzt man unter Schatten spendenden Bäumen. Serviert werden Cocktails, lokale und internationale Biere und natürlich Frappé. Die Küche ist von morgens bis abends in Betrieb, es gibt Frühstück, Sandwiches, Salate und Burger.

Special 11 Die Eis- und Kuchen-Institution auf Kos betreibt ihre Filiale in Kardamena am Taxi-Halteplatz. Probieren Sie z. B. das Bitterschokoladeneis – ein Traum! Auch das Gebäck wie Galaktoboureko (Grießpudding in Filoteig) ist ausgezeichnet.

Mein Tipp **O Daskalos** 8 Einen passenderen Namen („Lehrer") für das Kafenion hätte man kaum finden können. Denn Costas, selbst Lehrer, entstammt einer Lehrerdynastie – sein Großvater leitete einst die Schule in Kardamena. Auf der Terrasse sitzen die Gäste unter Weinreben, innen zeigen historische Fotos das einstige Ortsleben. Die Karte ist reich an ausgesuchten Spezialitäten: Raki mit Zitronenaroma aus Kreta oder mit Thymianhonig und Zimt, der heiß serviert wird (je 5 €), lokale Weine oder Ouzo. Zu den Getränken erhalten die Gäste für 3 € leckere Kleinigkeiten (Meze). Das Kafenion hat vor- und nachmittags geöffnet – bis der

Die Terrasse des Kafenions O Daskalos

letzte Gast gegangen ist. Costa und seine Partnerin Gil verkaufen auch Spezialitäten von Kos, wie einen Eukalyptus-Honig, der gegen Halsschmerzen helfen soll, oder eine Creme auf der Basis von Bienenwachs, Shea-Butter und Kokosöl, die Moskitos abschreckt. Geöffnet 10–15 Uhr und von 19 Uhr bis der letzte Gast geht.

Nachtleben Eine lange Theke, eine kleine Tanzfläche und ohrenbetäubend laute Musik – so präsentieren sich die Nachtlokale in Kardamena. Zentrum des Nachtlebens sind die Uferpromenade und die Parallelstraße, doch auch im übrigen Stadtgebiet finden Sie viele Bars. Einheitliche Öffnungszeiten gibt es nicht; meist sind die Lokale bis tief in die Nacht geöffnet. Ab Mitternacht müssen die Bars, die nicht über einen entsprechend schallisolierten Innenraum verfügen, die Musik leiser drehen, in den anderen kann bei unveränderter Lautstärke weiter getrunken und getanzt werden. Ein Cocktail kostet 5–8 €, die Flasche Bier (0,5 l) ca. 4 €, der Eintritt ist frei.

Kool Pool **4** Aus den Boxen klingt vor allem Pop und Soul, während sich die Gäste, Bier und Cocktails schlürfend, rund um den Pool entspannen.

Skala **15** In dem 1916 errichteten Gebäude am Anleger sind über 40 verschiedene Gins für 5–12 € im Angebot. Natürlich gibt es auch andere Getränke auf der Karte – inklusive der Klassiker der griechischen Küche.

Downtown Club **7** Das Musikangebot ist breit gefächert: Elektro, Dub, Latin und Chart-Hits. Ab Mitternacht tobt die Party …

Infinitiy **9** Hier wird griechische Pop- und Rockmusik gespielt, deswegen gehen auch viele Koer hierhin.

Antimachia

Antimachia selbst liegt auf einem Hochplateau, etwa 200 m über dem Meer. Wer die ganze Ortschaft durchquert, stellt fest, dass sie sehr weitläufig und immer wieder von unbebautem Gebiet unterbrochen ist.

Die 2000 Einwohner des Ortes leben größtenteils von der Landwirtschaft: Getreide, Gemüse und Sesam wachsen auf den Feldern rund um Antimachia. Große Bedeutung kommt dem Anbau von Wein und Oliven zu, der sich auf das Gebiet nördlich des Ortes konzentriert. Die meisten Touristen sehen den Ort während ihres Urlaubes nur zweimal – nach der Landung und vor dem Abflug, denn wer zum Flughafen will, muss zwangsläufig an Antimachia vorbei. Zwar ist der Ort selbst kein Idyll, wegen der restaurierten Windmühle und dem alten Bauernhaus lohnt sich aber ein kurzer Abstecher. Sehenswert sind in der Umgebung das Kastell und die Plaka.

In der Antike lebten zwei Bevölkerungsgruppen in der Nähe des heutigen Ortes: Zum einen die kleine Gemeinde der Hippioten, knapp 3 km nordöstlich, und zum anderen die der Antimachiden, die in der Gegend um das Plateau siedelte, auf dem der Johanniterorden Jahrhunderte später seine Festung errichten sollte. Nach den Antimachiden wurde der Ort später benannt. Die antiken Siedlungen zerfielen und wurden verlassen. Wie die Siedler aus Kardamena flüchteten auch hier die Menschen vor Piraten und Türken und zogen in das Kastell. Um 1850 ließ sich ein Teil der Bewohner in einem Tal südwestlich der Festung nieder, ein anderer im Nordwesten. Das Erdbeben von 1933 brachte zahlreiche Häuser zum Einsturz und beschädigte die übrigen so schwer, dass viele abgerissen werden mussten; die Menschen aber blieben und bauten ihre Stadt wieder auf. Ein kleiner Teil der Einwohner zog an die Nordküste und gründete die Siedlung Mastihari.

Sehenswertes

Windmühle: Sie ist die letzte von einst 50 Windmühlen, die in der Gegend rund um Antimachia standen. Sie wird wegen ihres früheren Besitzers *o mylos tou papa*, „die Mühle des Pfarrers", genannt. Auch das Innere des 250 Jahre alten Gebäudes ist zu besichtigen. Die Mühle ist so konstruiert, dass das Dach sich drehen lässt – so kann es an der

Die letzte von ehemals 50 Windmühlen von Antimachia

Richtung des Windes ausgerichtet werden. Auch auf die Stärke des Windes reagiert der Müller: bei starkem Wind werden die Holzmasten der Flügel nur mit kleinen, bei schwachem Wind mit großen Segeltüchern bespannt. Unter besten Bedingungen kann die Mühle 100 kg Mehl pro Stunde produzieren. Aus dem hier gemahlenen Mehl werden Plätzchen gebacken, die mit Zimt, Anis oder Zitrone verfeinert und im Laden an der Mühle verkauft werden.

▪ Tägl. 9–17.30 Uhr. Eintritt: 2,50 €, Kinder bis 12 Jahre frei.

Traditional House (Paradosiako spiti): Schräg gegenüber der Windmühle befindet sich der Nachbau eines traditionellen Bauernhauses aus der Region, ausgeschildert als „Traditional House of Antimachia". Vier Räume umfasst das Anwesen: Wohnzimmer, Schlafzimmer, Stall und Arbeitsraum mit Ofen. Bis in die 1960er-Jahre haben in solchen Häusern bis zu drei Generationen zusammengelebt.

Auf der linken Seite des Vorhofes befindet sich die Lagerstätte der Wasserkrüge, die mit Schwämmen verschlossen sind. Hinter dem Haupthaus ist der Schweinepferch zu erkennen; in dem

Die Johanniter – Ritter ohne Furcht und Tadel?

Die Entstehung des Ordens reicht zurück ins Mittelalter, in die Zeit der Kreuzzüge. Dem Aufruf der Päpste zur Rückeroberung der heiligen Stätten im Vorderen Orient folgte der europäische Adel zwischen 1096 und 1270 siebenmal. Besonders umkämpft war Jerusalem, das die christlichen Ritter mehrmals eroberten, doch letztendlich siegten die überlegenen islamischen Streitkräfte und brachten die Stadt wieder in ihre Gewalt. Wegen der zahlreichen verwundeten Kreuzritter und der erkrankten Pilger wurde in Jerusalem ein christliches Hospital eingerichtet, das Johannes dem Täufer geweiht war; die Mitglieder der Krankenpflege-Bruderschaft nannten sich in Anlehnung daran Johanniter. 1120 formt der erste Meister, Raimund du Puy, die Bruderschaft zum Orden um: Mitglied konnte werden, wer adeliger Abstammung, unverheiratet sowie schuldenfrei war und schwor, sowohl keusch und besitzlos zu bleiben als auch den Armen und Kranken zu dienen. Im Kampf gegen „die Feinde der Christenheit" zeichneten sich die Ritter mit dem weißen Kreuz auf dem schwarzem Mantel und dem roten Waffenrock jedoch durch besondere Grausamkeit aus.

Zusammen mit dem genuesischen Abenteurer und Piraten Vignolo dei Vignoli wollten die Johanniter den gesamten Dodekanes erobern. 1306 landeten die ersten Kriegsgaleeren auf Rhodos, drei Jahre später war die Insel in ihrer Gewalt. Auch auf Kos und Leros errichtete der Orden Festungen. Das Ende kam über 200 Jahre später, am 26. Dezember 1522: Der militärischen Übermacht der Türken konnten sich die Johanniter nicht mehr erwehren. Während der größte Teil das Angebot Sultan Süleimans des Prächtigen annahm und die Insel mitsamt der mobilen Besitztümer verließ, kämpfte der Rest vergeblich gegen die Übermacht; die meisten verloren dabei ihr Leben.

1530 schließlich überließ Kaiser Karl V. den Johannitern die Insel Malta als Lehen – daher auch der bekanntere Ordensname Malteser. Nachdem Napoleon Bonaparte 1798 die Insel erobert hatte, folgten einige heimatlose Jahrzehnte. Schließlich erhielt der Orden im Vatikan eine faktisch autonome Enklave, wo der Großmeister auch heute noch residiert, offiziell anerkannt von 38 souveränen Staaten.

kleinen Rundbau wurden die Tiere bis Weihnachten gemästet – dann waren ihre Tage gezählt. Im Anbau auf der rechten Hofseite steht ein Webstuhl aus dem Jahr 1919, dessen Funktionstüchtigkeit die Hausherrin gerne vorführt. Auch ein Backofen befindet sich in diesem Raum; auf der Bank neben dem Eingang wurde der Teig geknetet und das Brot nach dem Backen gekühlt. Neben dem Ofen fällt ein Tongefäß auf: Darin wurde das traditionelle Osterlamm gebacken, gefüllt mit Leber und Reis.

Der Hauptraum, das mit traditionellen Teppichen versehene Wohnzimmer, diente der Repräsentation und als Kinderzimmer. Hier werden Holztruhen mit handgeschnitzten Verzierungen, Stickereiarbeiten und Fotos gezeigt. Gäste erholten sich einst auf dem Tavlados, einem mit Kissen und Decken ausstaffierten Ruhelager, das über vier Holzstufen betreten wurde. Nachts diente es dem älteren männlichen Nachwuchs als Bett. Im Hohlraum unter dem Tavlados wurden in Tongefäße gefüllte Lebensmittel gelagert: Wein, Öl oder Käse.

Gegenüber der Eingangstür liegt der nachträglich eingebaute Durchgang zum Stall. Dort sehen Sie Nischen, in die das Futter für Kühe, Ziegen und Schafe geschüttet wurde. Außerdem werden im Stall eine Tabakpresse, Eselgeschirr mit Transportkörben und ein Spinnrad gezeigt. Der Eselskopf mit Glocke diente den Kindern zu Karneval als Teil des Kostüms.

Über dem Bett im Schlafzimmer, das außerdem noch als Küche und Esszimmer diente, hängen eine Wiege und ein Brotkorb. Gegenüber dem Bett sehen Sie eine breite, erhöhte Bank, die während der Mahlzeiten als Sitzgelegenheit, in der Nacht als Bett der Mädchen diente. Die erhöhte Anlage der Schlafstätten schaffte Lagerraum (unter dem Bett der Eltern wurde vor allem Weizen aufbewahrt) und schützte vor Schlangenbissen oder Skorpionstichen. Die Kinderwiege verhinderte, dass die Eltern sich aus Versehen auf den Säugling legten, sodass diesem der Erstickungstod drohte – auch in unseren Gefilden früher eine verbreitete Todesursache.

▪ Mo–Sa 9–17 Uhr, So 10–14 Uhr. Eintritt 1 €.

Kastell von Antimachia: Auf einer Anhöhe oberhalb der Bucht von Kardamena thront das mächtige Kastell, das im 13. Jh. errichtet wurde. Eine gut lesbare Inschrift über dem zweiten Tor dokumentiert, dass die Festung 1404 zum letzten Mal erweitert wurde. Begründet hatten das Kastell die Venezianer, die im 14. Jh. von den Johannitern als Burgherren abgelöst wurden; schließlich bezogen die Türken in der Festung Quartier. Die meterdicken Grundmauern sind an der Nordflanke verhältnismäßig gut erhalten, selbst ein Teil der Zinnen hat die sechs Jahrhunderte überdauert. Das Innere der Burg hat sich die Natur zurückgeholt. Nur einige Zisternen und zwei Kirchen sind noch weitgehend erhalten. In der Kirche Agios Nikolaos sind die Reste eines Freskos des heiligen Christophorus auszumachen, der das Christkind trägt. In der Kirche Agia Paraskevi hängen 16 Ikonen der heiligen Paraskevi, der Märtyrerin, der im 2. oder 3. Jh. von ihren Verfolgern die Augen ausgestochen und schließlich der Kopf abgeschlagen wurde. Ihre Augen trägt sie auf den Darstellungen in einer Schale – heute wird Paraskevi als Schutzheilige der Augenkranken verehrt. Die Kirchweih ist am 26. Juli mit einer Prozession und einem Gottesdienst.

Über dem Eingang der Kapelle im östlichen Teil der Festungsanlage sind drei Wappen angebracht, eines davon zeigt die Jahreszahl 1520 und gehörte dem damaligen Großmeister des Johanniterordens, Del'Carretto. Im Inneren des ziegelgedeckten Gemäuers ist der Rest eines Freskos zu erkennen, das

Die Inselmitte → Karte S. 100

den heiligen Christophorus darstellt. Die tiefe Zisterne auf dem Vorhof speichert schon lange kein Wasser mehr. Von den übrigen Gebäuden auf dem Areal, ehemalige Ställe und Häuser, ist nicht sehr viel erhalten. Von der Südflanke des Kastells bietet sich bei klarem Wetter ein herrliches Panorama, der Blick reicht über die Bucht von Kardamena und die Ägäis bis zur Vulkaninsel Nissiros.

▪ Von Kos-Stadt aus fahren Sie über die Schnellstraße in westlicher Richtung. Rund 800 m vor dem Kreisverkehr bei Antimachia, unmittelbar vor einer Kaserne, müssen Sie nach links abbiegen. Ein Schild macht auf das Kastell („Castle") aufmerksam.

Plaka: Ein beliebtes Ausflugsziel, nicht nur für Touristen, sondern auch für die Inselbewohner selbst. Die Plaka ist ein Wäldchen in einer Senke, inmitten einer ansonsten kargen Landschaft. Zwar führt der Bach, der sich durch den Wald schlängelt, im Sommer kein Wasser, doch der Anblick einer Quelle verrät, warum hier Stein- und Aleppokiefern wachsen können. Auf einer Lichtung mit zwei großen Grillstellen versammeln sich am Wochenende die Einheimischen, um geduldig ganze Lämmer und Ferkel am Spieß zu rösten, die einen appetitlichen Duft verströmen. Mitten in diesem Szenario stolzieren mehrere Pfauen umher, die nervös nach heruntergefallenen Brotkrumen oder anderen Leckerbissen Ausschau halten. Kaum 1 km² groß, eignet sich die Plaka weniger für einen Waldspaziergang, doch für eine Rast bietet dieser schattige, kühle Ort ideale Bedingungen.

▪ Von Antimachia über die Schnellstraße nach Westen. Etwa 2,5 km hinter dem Ort zweigt kurz vor einer kleinen Kapelle (weiß-blaues Dach) eine asphaltierte Straße nach rechts (Nordwesten) ab, die nach etwa 2 km in den Wald führt. Über die Schotterpiste kommt man von der Lichtung in südwestlicher Richtung zurück zur Hauptstraße.

Verbindungen Der internationale Flughafen von Kos liegt ca. 1,5 km südwestlich von Antimachia. Von Kos-Stadt aus fahren tägl. drei Busse ins Ortszentrum, die Fahrt kostet 3,20 €. Am Kreisverkehr kurz vor Antimachia halten zudem tägl. mehr als 20 Busse, da die Linien Kos–Kefalos und Kos–Kardamena (und retour) hier vorbeifahren. Vom Kreisverkehr zum Dorf sind es nur wenige Minuten zu Fuß.

Arzt Einen Arzt erreichen Sie unter ✆ 22420-51230.

Feste Am 29. und 30. Juni findet das **Kirchweihfest Ag. Apostoli** statt.

Am zweiten Wochenende im Juli folgt das **Honigfest.** Imker zeigen ihr Handwerk, Besucher können verschiedene Honigprodukte probieren. Die aktuellen Termine erfahren Sie in der Touristeninformation in Kos-Stadt.

Polizei Die örtliche Polizeistation erreichen Sie unter ✆ 22420-51222.

Übernachten Lediglich eine kleine Anzahl an Unterkünften steht zur Verfügung. Zum Beispiel die günstigen **Vicky's Apartments** oder die komfortableren **Mama Marina Apartments** und das gemütlich-rustikale **Stone House Kleio Kos,** das Platz für bis zu 6 Personen bietet.

Essen & Trinken Auf großen Touristenrummel ist hier niemand eingestellt, es gibt aber eine Handvoll Tavernen und Kafenions. Eine ordentliche Mahlzeit bekommt man in der **Taverne Panorama** am westlichen Ortsausgang, die mit einem außergewöhnlichen Ausblick aufwartet: Von hier aus sieht man die startenden und landenden Flu gzeuge. Kühle Getränke, Eiscreme und andere Kleinigkeiten bietet die Taverne neben und der Kiosk gegenüber der Windmühle an, der auch über einige Sitzgelegenheiten verfügt.

Tour 8: Agia Marina – Kirche im Olivenhain → S. 219
Ein Spaziergang durch eine furchenreiche Landschaft.

Pfauen fühlen sich im Wäldchen Plaka wohl

Der Westen

Einsame Buchten und kilometerlange, breite Sandstrände, weite Ebenen und schroffe Felsen – vielfältig und widersprüchlich präsentiert sich Kos rund um den Isthmus. Erfreulicherweise hält sich der Touristentrubel auf der Halbinsel von Kefalos noch in Grenzen.

Wussten Sie, dass die Koer die westliche Halbinsel von Kefalos in Anlehnung an ihre Form auch Schafskopf nennen?

Oder dass Kos an der schmalsten Stelle des Isthmus nur knapp 2 km breit ist?

Die Bucht von Kefalos zählt zu den schönsten Griechenlands, und auch die Sandstrände rund um den Paradise Beach brauchen keinen Vergleich zu scheuen. Landwirtschaft gibt es in der kargen Region kaum, der Boden ist weit weniger fruchtbar als in der Tiefebene der Nordküste.

In der Antike war der Inselteil weit bedeutsamer als heute. Hippokrates wurde in der antiken Inselhauptstadt Astypalea geboren, die über der Bucht thronte, etwa einen Kilometer südlich des Ortes Kefalos. Archäologische Sehenswürdigkeiten wie die Stefanos-Basilika in der Bucht von Kamari zeugen von der historischen Bedeutung der Gegend.

Südwestlich von Kefalos, der verwinkelten und etwas verschlafenen Ortschaft, liegen kleine, ruhige Badebuchten an der zerklüfteten Küste. Die Region ist hügelig und felsig, die Vegetation besteht vor allem aus Phrygana, also kleinen, stacheligen Sträuchern. Die höchste Erhebung ist der Berg Latra mit 426 m.

An der Nordwestküste sind die Strände touristisch nicht erschlossen und schwer zugänglich – die vom Aussterben bedrohten Meeresschildkröten der Gattung *Caretta caretta* sollen hier noch regelmäßig ihre Eier ablegen.

Viele Menschen tummeln sich dagegen am Paradise Beach. Der Strandabschnitt ist insgesamt zehn Kilometer lang – je weiter östlich man sich bewegt, umso ruhiger wird es.

Was anschauen?

Agios Stefanos: Die Überreste der Basilika Agios Stefanos aus dem 6. Jh. n. Chr. liegen direkt am Strand von Kamari und sind frei zugänglich.

Direkt gegenüber befindet sich das Inselchen Kastri, zu dem man hinüberschwimmen oder -waten kann. → S. 117

Kloster Agios Ioannis: Das verlassene Kloster thront über einsamen Buchten im äußersten Südwesten von Kos. Eine uralte Platane spendet Schatten, während man die Aussicht über die malerische Küste genießt. → S. 128

Wo baden?

Cavo Paradiso: Ein imposantes Panorama, feiner Sand, viel Platz, eine lässige Beach-Bar ... die Liste der Vorzüge des Strandes ist lang. Einziger Haken: Der Weg ans südwestliche Ende von Kos ist lang und holprig. Doch vielleicht sollte das genau so sein, damit es auch künftig immer schön leer bleibt – ein weiterer Vorzug des Cavo Paradiso. → S. 130

Paradise Beach: Der kilometerlange, feinsandige Strand und das kristallklare Wasser locken viele Besucher an. Wer eine umfassende Strandinfrastruktur sucht, ist hier richtig: Busanbindung, Wassersportstationen, mehrere Tavernen, Sonnenliegen und -schirme ... Das Paradies ist voll erschlossen. Doch auch wer es beschaulicher mag, kommt auf seine Kosten – steuern Sie einfach den Lagkada- oder Polemi-Beach etwas weiter östlich an. → S. 119

Agios Theologos: Sowohl der 200 m lange Sand-Kies-Strand als auch die kleinen, von Felsen eingefassten Badebuchten ringsum sind wenig besucht. Mit etwas Glück hat man hier ein kleines Badeparadies ganz für sich allein. Wer Wellen mag, ist an der Westküste gut aufgehoben, die Brandung ist hier stärker als an der Südküste. → S. 129

Was unternehmen?

Wind- und Kitesurfen: Die Bucht von Kefalos bietet Windsurfern ideale Bedingungen. Der Wind weht ablandig, die Wellen sind niedrig – das hilft Anfängern, die Balance zu halten. Nachmittags ist die Zeit der Könner: Der Meltemi bläst mit bis zu sechs Beaufort und ermöglicht rasante Manöver. Kitesurfer zieht es zum Kochylari-Strand an die Nordseite des Isthmus. → S. 122

Wandern: Die im Westen gelegene Halbinsel Kefalos ist neben dem Dikeos-Gebirge die zweite Wanderregion von Kos. Sie ist, abgesehen von der früheren Inselhauptstadt, nahezu unbewohnt und hat mit dem Kloster Agios Ioannis reizvolle Ziele zu bieten. Aber auch der Isthmus, die schmalste Stelle der Insel, eignet sich gut zum Wandern. Eine empfehlenswerte Tour führt dort zum Beispiel zum Weingut Volcania, das besichtigt werden kann (Wanderung 9). → S. 221 und S. 225

Honig kaufen: Der typische Thymianhonig wird vor allem im Westen der Insel produziert. Die größte Auswahl an Produkten rund um die „Speise der Götter“ finden Sie in der Imkerei „Melissa“ (dt. Biene) am Highway auf Höhe des Polemi-Strandes. → S. 121

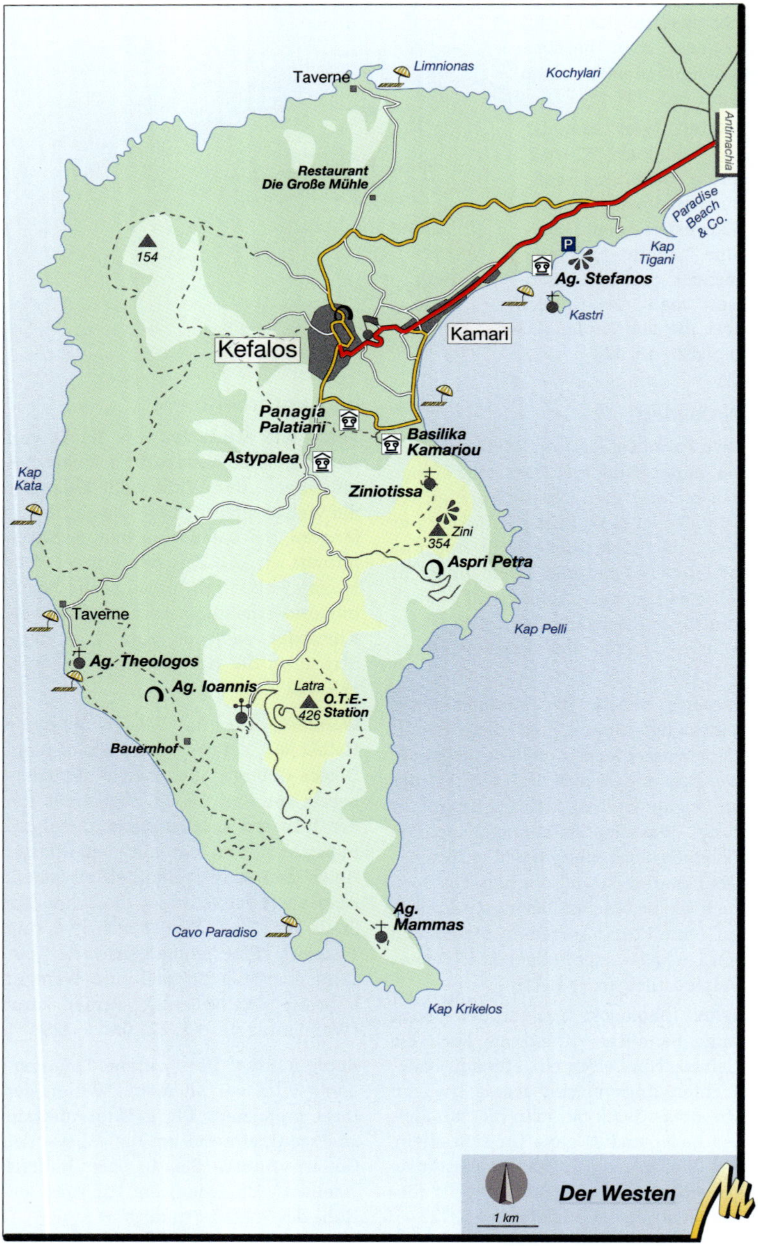
Taverne
Limnionas
Kochylari
Antimachia
Restaurant
Die Große Mühle
Paradise
Beach
& Co.
154
P
Kap
Tigani
Ag. Stefanos
Kastri
Kefalos
Kamari
Panagia
Palatiani
Basilika
Kamariou
Astypalea
Kap
Kata
Ziniotissa
Zini
354
Aspri Petra
Taverne
Kap Pelli
Ag. Theologos
Ag. Ioannis
Latra
O.T.E.-
Station
426
Bauernhof
Ag.
Mammas
Cavo Paradiso
Kap Krikelos
Der Westen
1 km

Kamari

Die malerische Bucht mit der vorgelagerten kleinen Insel Kastri ist eines der reizvollsten Motive auf Kos. Überragt vom Hochplateau, auf dem sich der ursprüngliche Ort Kefalos befindet, liegt Kamari zudem in unmittelbarer Nähe der schönsten erschlossenen Strände der Insel.

Eigentlich steht der Name für zwei Orte: für den alten Hafen von Kefalos, der immer schon Kamari hieß, und für den Badeort Agios Stefanos, benannt nach der Basilika im Ostteil der Bucht. Im Laufe der Zeit wuchsen die Ansiedlungen zusammen. Für den auf diese Weise entstandenen Ort hat sich die Bezeichnung Kamari durchgesetzt.

Viele Touristen, darunter jede Menge Deutsche und Engländer, kommen hierher, um ihrem sportlichen Hobby zu frönen: Kamari ist ein Eldorado der Surfer und Segler, die den stetigen, ablandigen Wind zu schätzen wissen. Griechen leben hier nur während der Saison; sie kommen täglich aus Kefalos hierher oder kehren nach der Saison in andere Teile Griechenlands zurück.

Sehenswertes

Insel Kastri: Kaum ein Reiseführer oder Prospekt verzichtet auf den Abdruck eines Fotos der Bucht von Kefalos. Ein Aussichtspunkt neben dem Highway, etwa einen halben Kilometer vor dem Ortseingang, bietet eine sehr gute Fotoperspektive, die sich auch die meisten Katalogmacher zunutze machen. Blickfang ist die Insel Kastri, gut 100 m vom Ufer entfernt. Zu ihr kann man schwimmen oder mit dem Tretboot übersetzen. Auf dem Inselchen befindet sich die Kapelle des heiligen Nikolaus, dem Schutzpatron der Seefahrer, die allerdings meist verschlossen ist.

Agios Stefanos: Am Strand vor dem Gelände des Hotels Ikos, gegenüber der Insel Kastri, sind die Überreste der frühchristlichen Basilika Agios Stefanos zu besichtigen. Errichtet wurde das Heiligtum zwischen 496 und 554 n. Chr., zu einer Zeit, als die Insel Kastri mit dem Festland noch durch eine Brücke verbunden war. Diese stürzte später bei einem Erdbeben ein. Der italienische Archäologe Luciano Lorenzi legte die Basilika 1932 frei und richtete vier Säulen wieder auf. Auch das Taufbecken ist noch recht gut erhalten. Die Mosaike der Basilika sind größtenteils mit Kies bedeckt, um sie zu schützen. Bis zur Basilika, bzw. hinunter zum Strand, führt eine asphaltierte Straße durch das Gelände des Ikos-Hotels. Falls das

Überreste der Basilika Agios Stefanos

Der Westen → Karte S. 116

Sicherheitspersonal fragt, sagen Sie, dass sie zur Basilika wollen. Unten vor der Basilika ist ein Parkplatz.

Basilika Kamariou: Die Überreste der Basilika sind am westlichen Ende der Bucht oberhalb der Taverne Faros zu sehen. Folgen Sie der Straße an der Taverne landeinwärts, dann zweimal links abbiegen und über eine holprige Piste den kleinen Hügel hinauf (ausgeschildert „Basilica"). Die Säulenstümpfe und die Mosaike, die geometrische Muster zeigen, sind deutlich schlechter erhalten und weniger anschaulich als die von Agios Stefanos.

Agora: Die Annahme, dass Kamari bereits in der Antike eine bedeutende Ansiedlung war, wird durch neuere Funde gestützt. 300 m westlich des Hotels Kordistos, zwischen Ortsdurchfahrt und Strand, legten Archäologen Überreste frei, die von einer antiken Agora stammen sollen.

Der Camel Beach

Baden in der Bucht von Kamari

Hier passt die Bezeichnung Traumbucht. Der im östlichen Teil der Bucht bis zu 25 m breite Strand besteht aus feinem hellem Sand, ebenso weite Teile des Meeresbodens, der flach abfällt. Die Sonnenschirme stehen selbst in der Hauptsaison nicht dicht an dicht, und die regelmäßige Reinigung des Strandes garantiert ungetrübte Badefreuden.

Es gibt nur zwei kleine Minuspunkte: Im Wasser sind an einigen Stellen kleine Steine, sodass Empfindliche Badeschuhe benötigen könnten. Und wer weit hinausschwimmt, der sollte die abgesteckten Surfreviere meiden oder zumindest vorsichtig passieren – zumal hier auch vereinzelt Jetski auftauchen können.

Beschaulicher geht es im westlichen Teil der Bucht am Fuß des Berges Zini zu – Liegestühle und Schirme finden Sie hier nur nahe dem kleinen Sporthafen.

Baden östlich von Kamari

An der Küste östlich der Ortschaft erstrecken sich die schönsten und weitläufigsten Strände der Insel. Breit und einladend zieht sich das feinsandige Ufer durchgängig bis zum Kap Helona – insgesamt fast zehn Kilometer Strand. Da der Sand zum Teil auch die Hänge bedeckt, wirken diese wie Dünen. Von der Schnellstraße, die parallel zur Küste verläuft, führen sechs Wege hinunter zum Meer (alle ausgeschildert).

Camel Beach: Etwa 1,5 km östlich des Ortseingangs von Kamari zweigt eine Schotterpiste vom Highway zum Meer ab. Auf dem Plateau über der Bucht sorgen zwei Tavernen für das leibliche Wohl; eine steile Piste führt hinunter zum Strand. Der Camel Beach besteht aus drei unterschiedlich großen Buch-

Das Inselchen Kastri in der Bucht von Kefalos

ten, die im Osten durch das Kap Tigani begrenzt sind. In der größten Bucht stehen Sonnenschirme in Zweierreihen.

Über einen flachen Steinvorsprung kann man in die östlichen Buchten klettern, die durch bizarr geformte Felsen voneinander getrennt werden. An diesen Klippen fühlen sich große Fischschwärme wohl. Es lohnt sich, die Taucherbrille mitzunehmen.

Paradise Beach: Er schließt sich im Osten an den Camel Beach an. Der Inselbus hält an einer extra Haltestelle oberhalb des Strandes. Die große Taverne am Hang über dem Strand ist bereits für Frühstücksgäste geöffnet. Das „Paradies" ist voll erschlossen, fast die gesamte Bucht – mehr als 600 m – ist mit Schirmen und Liegen bestückt (10 € pro Paar). Mehrere Stationen verleihen Jetski, außerdem werden Wasserski, Schleppfahrten (Banana etc.) sowie Parasailing angeboten. Wer Einsamkeit sucht, ist hier falsch.

Bubble Beach (= Blasenstrand): An einigen Stellen im Wasser steigen kleine Bläschen auf: Gase, die aus einem erloschenen Vulkan tänzelnd dem Meeresgrund entweichen und funkelnd an die Wasseroberfläche steigen.

Lagkada Beach: Auch hier ziehen einige Jetski-Fahrer ihre Runden, jedoch deutlich weniger als am benachbarten Paradise Beach. Eine Snackbar steht ebenso bereit wie einige Sonnenschirme und Liegestühle.

Psilos Grekmos Beach: Ruhiger Strandabschnitt, die Zahl der Sonnenschirme ist überschaubar. Entspannte Atmosphäre herrscht in der Strandtaverne Cavo Greco mit ihrer hellen, maritimen Einrichtung und der dezenten Lounge-Musik. Serviert werden Salate, Pasta und Risotto (15–25 €). Wem der Weg vom Strand zur Bar zu weit ist: Die Kellner kommen bis zum Liegestuhl.

Am **Polemi Beach** stehen zwei Dutzend Palmstrohschirme am breiten Sandstrand. Eine Strandbar rundet das Angebot ab. Am **Magic Beach,** ist nur ein kleiner Abschnitt mit Liegestühlen bestückt. Die Taverne oberhalb des Strandes ist auf Fisch spezialisiert – und beherbergt einen zugelaufenen Pfau.

Weiter in östlicher Richtung wird es immer einsamer; lediglich am **Xirokambos Beach** trifft man vor dem Hotel Blue Lagoon Village auf Touristen. Der bis zu 50 m breite Sandstrand und das Wasser sind recht sauber. Der sandige Meeresboden fällt vergleichsweise steil ab, und in Ufernähe liegen vereinzelt große Steinplatten im Meer, auf denen man leicht ausrutschen kann! Naturschatten gibt es keinen – in den Dünen, hinter denen die Küste steil und felsig ansteigt, wachsen lediglich ein paar Sträucher.

Nahe dem **Kap Helona** liegt der **Blue Beach,** der vom Insel-Highway über die Straße zum Robinson Club Daidalos zu erreichen ist. Nach etwa 1,5 km führt eine steile Piste zum Strand hinab. Hier können Sie in der Hauptsaison Schirme und Liegen ausleihen, eine Taverne gibt es nicht.

Baden an der Nordküste

Auf der nördlichen Seite des Isthmus ist deutlich weniger los als im Süden. Zum kilometerlangen Sandstrand **Kochylari** führt eine asphaltierte Strecke. Natürlicher Schatten fehlt, aber es stehen Sonnenschirme bereit – inklusive eines Getränkeservices. Die Besucher schauen von den Liegen aus den Kitesurfern zu, die im Meer ihre Sprünge perfektionieren.

▪ Von Kos kommend, in Richtung Limnionas vom Highway abbiegen, nach 100 m wieder rechts abzweigen und der Asphaltstraße folgen (Achtung Zweiradfahrer: tückische Spurrillen).

Tour 9: Rund um den Isthmus → S. 221
Leichter Schwefelgeruch weist auf den vulkanischen Ursprung von Kos hin.

Tour 10: Die einsamen Gehöfte → S. 224
Weitläufige Ebenen, windschiefe Bauernhöfe und reizvolle Badebuchten.

Basis-Infos

Verbindungen Bushaltestellen befinden sich am Ortseingang und an der Kreuzung der Straße, die die Uferpromenade mit der Ortsdurchfahrt verbindet. Der **Bus** fährt 6-mal tägl. nach Kos-Stadt. In umgekehrter Richtung fährt der Bus 5-mal tägl., sonntags 3-mal. Die Fahrt dauert knapp 1 Std. und kostet 4,80 €. Fast doppelt so schnell sind die **Taxifahrer,** die für die Strecke aber 60 € verlangen.

Arzt Im Notfall kommt ein Arzt aus Kefalos. Die Praxis ist wochentags (außer Mi) von 9–13.30 und 17–20 Uhr geöffnet, samstags 9–11 Uhr. ✆ 22420-51230 und 69-30872184.

Ausflüge Die Reisbüros verkaufen auch Tickets für Ausflüge. Sie können z. B. zur Vulkaninsel **Nissiros** reisen (30 € inkl. Busfahrt zum Vulkan). Für 35 € kann man am **Fishing Barbecue** teilnehmen. 40 € kostet die **Three-Islands-Tour** (inkl. Barbecue) an Bord. Ebenso viel zahlt, wer für einen Tag nach **Bodrum** übersetzen will. Weiter im Programm: die **Greek Night** in Zia. Zudem startet jeden Morgen ein Taxiboot zum **Paradise Beach** (10 €, Kinder 5 €).

Infos zu den Zielen der Bootsausflüge → Ausflüge, ab S. 132.

Auto-/Zweiradverleih Mehrere Anbieter vor Ort. **Stamatis & Maria** verleihen Roller ab 20 €, Quads ab 35 €, Kleinwagen ab 35 €. ✆ 22420-71349, 69-45135370, rentmotostamatis@gmail.com.

Manolis. Zwei Filialen an der Durchgangsstraße, die Preise ähnlich wie die der Konkurrenz. Einen Fiat Panda gibt es für 20–40 € pro Tag, Scooter ab 25 €, Quads ab 30 €. Praktisch: Wer möchte, dem werden die Autos bei der Anreise

Der Westen → Karte S. 116

zum Flughafen gebracht. ✆ 22420-71662 und 69-41472527, manoliscars.gr.

Bank Lediglich in Kefalos gibt es eine Filiale. Sie finden sie, wenn Sie nach Kefalos hochfahren und sich direkt an der Ortseinfahrt scharf rechts halten (neben dem Restaurant Labada). In Kamari befindet sich ein Geldautomat gegenüber den Apartments Anthounis.

Einkaufen Im **Melissa** („Biene"), einer Imkerei mit angeschlossenem Laden an der Schnellstraße in Höhe des Magic-Strandes, gibt es eine große Auswahl, z. B. Thymianhonig, gesüßten Raki oder Honiggebäck. Durch eine Glasscheibe können Sie einen Blick auf die Produktion von Honigbonbons werfen – außerdem erhalten Sie im Laden Infos übers Imkern. Ein Café befindet sich im Gebäude nebenan. Wer es süß mag, probiert die Loukoumades, Teigbällchen, die mit Honigsirup übergossen und fein geriebenen Nüssen bestreut werden: die griechische Variante des Donuts. Die Betreiberfamilie stammt aus Kefalos und macht schon seit mehr als 100 Jahren Honig. ✆ 22420-72260.

Feste Am 25./26. Juli findet das Kirchweihfest zu Ehren der heiligen Paraskevi in Kamari statt.

Polizei In Kefalos, ✆ 22420-71222.

Reisebüros Professionellen Service bietet **Kastri Holidays** an der Durchgangsstraße.

Buchen können Sie hier Ausflüge aller Art, Mietwagen und Tickets für die Tragflächenboote ab Kos-Stadt. ✆ 22420-71755, kefalosholidays.com.

Flug- und Fährtickets sowie Zimmervermittlung bietet **Asklipios Tours.** Das Büro liegt am Ende der Uferpromenade in Richtung Kefalos. ✆ 69-48109267.

Telefon/Post Weder die O.T.E. noch die Post hat eine Filiale in Kamari. Briefmarken verkaufen jedoch Souvenirläden und Supermärkte.

Wassersport In Kamari wird Wassersport aller Art betrieben. Die Bucht von Kefalos bietet Windsurfern ideale Bedingungen. Der Wind weht ablandig, die Wellen sind niedrig, was Anfängern hilft, die Balance zu halten. Nachmittags nimmt der Wind zu; im Sommer erreicht er oft sechs Beaufort.

Greece Windsurfing. Das sympathische Geschwisterpaar Stamatis und Anthoula (spricht deutsch) stammt aus Kefalos. Die beiden bieten nicht nur Windsurf- und Wingfoiling-Kurse und -Equiment an, sondern mit ihrer geräumigen Station auch einen Anlaufpunkt, wo zusammen gegrillt und gefeiert wird. ✆ 69-464 30072, greecewindsurfing.com.

Kefalos Windsurfing. Der Schweizer Jens Bartsch bietet Anfängerkurse für 175 € an, Material inbegriffen. Equipment kann man sich für 25 € pro Std. leihen. Weiter im Angebot: Strandpaddeln (17 €) und Kanus (15 €). Verliehen werden auch Segeljollen (30 € pro Std.) und kleine Katamarane (35 €). Für Vorausbuchungen gibt es Preisnachlässe. ✆ 69-77620316, kefaloswindsurfing.com.

Crazyshark Watersports. Vis-a-vis der Insel Kastri, im Angebot: Jetski (60 € für 20 Min.), Katamarane, Parasailing und Tube-Fahrten. Mit Tretbooten (20 €/Std.) können Sie das Inselchen ansteuern oder umrunden. Für größere Touren sind Motorboote (ohne Führerschein) für 200 € je 4 Stunden (inkl. Benzin) zu leihen.

Lynn Yann Yoga. Lynn Marie McHugh-Pestka bietet Yoga auf SUP-Boards an. Das kostet in der Gruppe 26 € pro Person und Stunde. Yoga am Strand kostet die Hälfte. ✆ 69-773336143, lynnyannyoga.com.

Bei **Paradise Watersports** am gleichnamigen Strand können Sie Jetski fahren (50 € für 20 Min.) Paragliden (60 €) oder Wasserski fahren (50 €). Und wer sich z. B. auf einem Banana Boat oder auf Ringen übers Meer ziehen lassen will, zahlt 15 €. Tretboote kosten 20 € pro Std. ✆ 69-44426012.

Am Kochylari-Strand, an der nördlichen Seite des Isthmus, befindet sich eine Station von **Kohilari Kite Center**. Eine Stunde Privatunterricht im Kitesurfen kostet rund 80 €, wer nur das Material leihen möchte, zahlt 60 €. Auch Wakeboarder fühlen sich hier wohl. ✆ 69-32474093, kefaloskite.com.

Kitesurfer am Strand Kochylari

Übernachten & Ausgehen

→ Karte S. 121

Übernachten **Kordistos** **4** Direkt am Strand, im Herzen des Ortes, aber auch nahe der Straße. Interessant nicht nur für Wassersportfans, die kurze Wege zur Windsurfstation zu schätzen wissen. Wer nicht ins Meer springen mag, nutzt den Pool. Meerblick gibt es von den meisten Balkonen der 38 Zimmer. Zuletzt wurde das Hotel um zwei kleine Nebengebäude erweitert. ✆ 22420-71151, kordistoshotel.com. €€

MeinTipp **Panorama Studios** **1** Der Name ist Programm: Die Aussicht auf eine der schönsten Buchten der griechischen Inselwelt ist sagenhaft. Die Unterkünfte lassen auch ansonsten nichts zu wünschen übrig. Die 17 Apartments und Suiten auf drei Ebenen sind sauber, verfügen über eine Kochnische sowie einen Kühlschrank und sind mit Geschirr ausgestattet – und natürlich mit Balkon oder Terrasse, um den Blick über die Bucht zu genießen. Der ist auch vom neu angelegten Yoga-Bereich aus fantastisch. Familie Diamantis, die die Studios betreibt, versteht sich außerordentlich gut auf freundlichen Service und serviert ein ausgezeichnetes Frühstück; Katerina Diamantis spricht Deutsch. Die Zufahrt zu den Studios geht vom Insel-Highway ab, zwischen der Straße zum Camel Beach und der zum Ag. Stefanos Beach. Zu Fuß zum Strand läuft man von den Apartments rund 15 Min. Praktisch: Es gibt einen eigenen günstigen Autoverleih. ✆ 22420-71924, panorama-kefalos. gr. €€

MeinTipp **Eleni** **6** Das Hotel liegt an der Parallelstraße zur Durchgangsstraße. Die Abzweigung ist etwas schwer zu finden; sie befindet sich genau gegenüber den Zafira-Studios. Die 35 Zimmer mit Bad und großem Balkon sind sauber, ruhig und angenehm kühl. Die Hotelterrasse am Pool nutzen die Urlauber als Kommunikationszentrum. Hier wird auch das Frühstück serviert. Das Preis-Leistungs-Verhältnis ist top. ✆ 22420-71318, hotel.eleni.kefalos@gmail.com. €

Albatross **14** Eine sympathische, kleine Anlage direkt an der Uferpromenade. Obwohl es zum Wasser nur ein Katzensprung ist, steht den Gästen ein Pool zur Verfügung. Alle zehn Studios, davon eines für fünf Personen, verfügen über Balkon mit Meerblick und Klimaanlage und sind geräumig und sauber. ✆ 22420-71981, thealbatrossteam@gmail.com. €€

Hermes **9** Am Hang oberhalb von Kamari, auf halbem Weg nach Kefalos. Das Hotel mit 70 Zimmern und großem Pool ist zehn Fußminuten vom Strand und ruhig gelegen. Die Zimmer sind klimatisiert und verfügen über einen Balkon. Ein Wäscheservice wird angeboten. Praktisch: Ein eigener Autoverleih ist direkt angeschlossen. ✆ 22420-71102, hermeshotelkos.com. €

Eleni Studios **13** An der Uferstraße neben dem Restaurant Sebastian. Das kleine Schild an der Einfahrt ist leicht zu übersehen, die Sonnenblumen im großen Garten dagegen kaum. Die Vermieter der 6 einfachen Studios mit Klimaanlage und kleiner Terrasse leben selbst auf dem Grundstück. ✆ 22420-71267 und 69-94425863. €

Ikos **3** Auf rund 200.000 m² wurde die luxuriöse Hotelanlage 2023 eröffnet. Die Gäste dürfen sich über etliche Services freuen, darunter ein breites Wellness- und Sportangebot (inkl. SUP, Kanus und Kajaks), mehrere ausgezeichnete À-la-carte-Restaurants oder Kinderbetreuung. Die Betreiber offerieren all-inclusive, bieten mit dem Dine-out-Programm aber auch die Möglichkeit, Tavernen außerhalb der Anlage kostenfrei zu besuchen, sowie mit dem Kulturpass Zugang zum archäologischen Museum in Kos-Stadt. ✆ 2242-441000, ikosresorts.com. €€€€

Essen & Trinken Rund zwei Dutzend Tavernen, Restaurants und Cafés wetteifern um die Kundschaft; die meisten befinden sich entlang der Uferpromenade, von der man einen ausgesprochen schönen Blick über die Bucht genießt.

Sebastian **12** Größere, alteingesessene Taverne an der Uferstraße im westlichen Teil der Bucht. Geboten wird solide griechische Kost wie Stifado, Ziegen- oder Kaninchenbraten (15 €) sowie Fischgerichte. Der Familienbetrieb hat eine große Auswahl lokaler Weine vorrätig, darunter auch aus dem nahe gelegenen Weingut Skevofilay.

Faros **15** An der Anlegestelle, am westlichen Ende der Bucht. Früher eine Fisch-Taverne, nun eine „All-Day-Bar" mit Lounge-Atmosphäre und Liegestühlen am Strand. Geöffnet von 9 Uhr bis Mitternacht.

MeinTipp **Stamatia** **10** Direkt am Strand, nahe dem Wendeplatz. Die windgeschützte Terrasse ist etwas erhöht, sodass man einen erstklassigen Blick auf Bucht und Badende hat.

Der Westen → Karte S. 116

Blick aus der Tarverne am Strand Psilos Grekmos

Stamatia ist vielleicht die griechischste der Strandtavernen in Kamari: Die Speisekarte bietet vor allem griechische Kost – vom Stifado bis zur Dorade vom Grill. Wenn Ihnen das Essen hier besonders gut schmeckt, kann das auch am Olivenöl liegen: Wirt Antonis kümmert sich außerhalb der Saison um seine Olivenbäume und verwendet nur Öl aus eigener Herstellung.

Allotina 5 Wer Meze liebt, sollte hier einkehren, denn die Taverne hat sich auf die griechischen Vorspeisen spezialisiert. Probieren Sie sich einfach durch, es schmeckt ausgezeichnet – und satt werden Sie auch auf jeden Fall. Sehr freundlicher Service.

Katerina 2 Am östlichen Ende der Bucht. Vor allem von hungrigen Sonnenanbetern gut besucht, entsprechend sieht die Tageskarte aus: Omelette (die Eier stammen von den eigenen Hühnern), Fisch aus lokalen Gewässern und preiswerte griechische Standardgerichte. Das Brot backt die freundliche Betreiberfamilie selbst.

Nachtleben Die Zeiten, in denen in Kamari nachts die Bürgersteige hochgeklappt wurden, sind vorbei. Eine Diskothek und ein knappes Dutzend Bars ringen um die Gunst der späten Kunden.

Im **B 52** 11 genießen die Gäste Cocktails auf der Terrasse (kleine Tanzfläche im Innenraum). Später am Abend ist der Tanzclub **Carmela** 8 angesagt; wer noch ein Getränk zum Aufwärmen braucht, kann das in der **Meldoy-Bar** 7 gegenüber zu sich nehmen.

Kefalos

Kefalos thront weithin sichtbar auf einem Plateau rund 100 m über der gleichnamigen Bucht und präsentiert sich als liebenswertes griechisches Dorf. Der Geburtsort von Hippokrates bzw. die frühere Hauptstadt der Insel ist nicht nur geografisch der Gegenpol zu Kos-Stadt.

Kefalos gehört zu den wenigen Siedlungen der Insel, die vom Tourismus nicht überrannt worden sind. Lediglich an der Durchfahrtsstraße reihen sich einige Tavernen aneinander, der Ortskern ist eine Oase der Ruhe. Während der Siesta wirkt der Ort beinahe ausgestorben – die Luft steht, kaum ein Laut ist zu hören. Die Menschen leben hier nach ihrem eigenen Rhythmus.

Auf den Straßen begegnet man überwiegend Alten, Kindern und Frauen. Die sitzen handarbeitend vor den Haustüren, die älteren Männer spielen Tavli im Kafenion. Viele junge Leute arbeiten während der Saison in Kamari oder anderen touristischen Hochburgen der Insel.

Die anderen betreiben vorwiegend Landwirtschaft, obwohl die Region nicht sonderlich fruchtbar ist. Auf kleinen Parzellen, die wie Terrassen an den Flanken der Hügel südwestlich von Kefalos liegen, werden Hülsenfrüchte, Tabak, Gemüse, Getreide und Tomaten angebaut. Von hier, aus dem Westen von Kos, kommt auch der bekannte und beliebte Thymianhonig.

Die vielen verwinkelten Gassen und eine verwirrende Straßenführung erschweren die Orientierung in Kefalos, zumal es offensichtlich keinen Punkt gibt, von dem aus der Ort zu überblicken ist. Wer in den Ortskern spaziert, wird feststellen, dass der Ort größer ist als er auf den ersten Blick wirkt: Kefalos mit seinen rund 2000 Einwohnern ist die zweitgrößte Ansiedlung der Insel.

Historiker gehen davon aus, dass sich die antike Hauptstadt der Insel, Astypalea, an dieser Stelle befand. Der Großteil der Stadt wurde durch einen Erdrutsch während des schweren Bebens 413 oder 412 v. Chr. in die Tiefe gerissen und verschüttet.

Die antike Siedlung erwies sich für Archäologen als wahre Fundgrube: Zahlreiche Überreste gaben Aufschluss über das frühere Inselleben. Neben den Basiliken von Agios Stefanos, einem kleinen Asklepieion und Teilen der ursprünglichen Mole (im heutigen Kamari) wurden bei Kefalos die Reste eines Demeter-Tempels sowie drei Statuen freigelegt. Im 14. Jh. zogen die Ritter des Johanniterordens in Kefalos ein und bauten eine Festung, die sie 200 Jahre später an Sultan Süleiman verloren.

Sehenswertes

Kastell: Am östlichen Ortseingang befand sich die Festung, von der allerdings nur Rudimente der Grundmauern erhalten sind. Ein kurzer Abstecher lohnt sich allenfalls wegen des herrlichen Blicks über die Bucht von Kefalos. Sie finden das Kastell, wenn Sie sich direkt am Ortseingang scharf rechts halten.

Mylotopi: Im Zentrum der Anlage am nördlichen Ortsausgang wurde die alte Mühle aufwendig restauriert, ein historisches Haus inklusive Backstube nachgebaut und der Tunnel wiederhergestellt, in dem sich italienische Soldaten am Ende des Zweiten Weltkriegs vor deutschen Angreifern versteckten.

- Eintritt inkl. Führung 5 €. ✆ 22420-73000, mylotopi.com.

Verbindungen Die Busverbindungen und der Fahrpreis entsprechen denen von Kamari. Der Bus hält an der Kreuzung am Ortseingang.

Arzt/Zahnarzt Im Ort gibt es eine Krankenstation (pikanterweise vis-à-vis vom Friedhof), ✆ 22420-71230, und den Zahnarzt Mikes Kokkinos, ✆ 22420-71191.

Bank Die Filiale der **National Bank of Greece** ist Mo–Do 8–14.30 Uhr und Fr 8–14 Uhr geöffnet. Sie verfügt auch über einen EC-Automaten. Sie finden die Bank an der Platia neben dem Restaurant Labada.

Weißer Sand, blaues Wasser, grüne Hänge: die Kefalos-Bucht

Der Westen → Karte S. 116

Einkaufen Die Spezialität der Region ist der **Thymianhonig,** der überall auf der Insel verkauft wird. Die größte Auswahl haben Sie im Laden Melissa am Highway auf Höhe des Polemi-Strandes. Eine weitere Verkaufsstelle finden Sie an der Strecke zum Strand Ag. Theologos. Auch im Ort hat sich ein Geschäft auf Honigprodukte spezialisiert.

Gegenüber dem Eingang der Kirche im Ortszentrum verkauft die Künstlerin **Vasso** Bilder und Keramiken aus eigener Herstellung; außerdem bietet sie Töpfer-Workshops an. ✆ 69-82446067.

Feste Am 14./15. Aug. findet ein großes **Kirchweihfest** mit Musik und Tanz in Kefalos statt. Am 28./29. Aug. **Patronatsfest** im Kloster Agios Ioannis.

Post Im Ortszentrum, geöffnet Mo–Fr 9–14 Uhr.

Parken Kostenfreier Platz neben dem Friedhof.

Essen & Trinken Die meisten Tavernen und Cafés findet man um den Platz am Ortseingang und in der Durchfahrtsstraße. Denn hier kommen Tagesausflügler und Urlauber aus Kamari vorbei, die eine Strandpause einlegen und Frappé schlürfen. Es gibt aber drei Gründe, für einen kulinarischen Abstecher etwas von der Durchfahrtstraße abzuweichen:

Maistrali. Nahe dem Kastell bietet die Taverne griechische Küche mit großer Auswahl, einen schönen Blick über die Bucht und Parkplätze. Aufmerksamer Service.

Niotis. Hier lässt sich in einem alten kleinen Haus und ausgesprochen griechischem Ambiente Kaffee (auch griechischer) trinken und einheimisches Gebäck verspeisen. Hausgemacht sind die Kuchen und griechische Süßigkeiten, die ihren Namen verdienen. Das kleine Café liegt im Ortszentrum und ist mit handgemalten Schildern „Traditional House" ausgewiesen. Ein Raum ist eingerichtet wie eine Wohnung Anfang des 20. Jh. Abends gibt es ein 3-Gänge-Menü inkl. Wein für ca. 25 €, Vorbestellung empfohlen. ✆ 69-38244904

Mylotopi. Neben den Sehenswürdigkeiten wie Mühle, historischem Haus und Tunnel (→ Sehenswertes) finden Besucher auch eine gute Gastronomie – vom Snack bis zum Abendmenü. Tipp: „Traditional Mill Dish", Lammfleisch mit Zucchini, Möhren, Kartoffeln und Fetakäse auf selbst gebackenem Brot (20 €). Das Mylotopi kombiniert geschickt klassische Architektur und modernen Komfort. Der Service ist ausgezeichnet.

Übernachten **Die große Mühle,** auf halbem Weg zwischen Kefalos und Limnionas. Vor ein paar Jahren noch servierten Petra und Dietmar Dickow hier Kaffee und Kuchen. Das Paar aus Bergisch-Gladbach hat die alte Mühle liebevoll restauriert und bietet sie nun als Ferienhaus an; airbnb.de/rooms/50203356.

Die frühere Mühle dient heute als Ferienwohnung

Limnionas – abseits allen Trubels

Der Norden der Halbinsel von Kefalos

Vorbei an der Windmühle Papavasili führt eine 5 km lange asphaltierte Straße hinunter zur **Bucht von Limnionas.** Oberhalb dieses kleinen Naturhafens an der Nordküste hat sich eine Taverne etabliert. Wirt Yannis Bezas bietet hier seit 1990 eine große Auswahl an Speisen, Spezialität des Hauses sind Fischgerichte, insbesondere die Hummergerichte. Von der großen Terrasse aus genießen die Gäste den Blick auf den Hafen mit seiner Handvoll Fischerboote, die auch die Taverne beliefern. Und sollte es einmal stürmen, schweift der Blick aus dem Innenraum der Taverne durch die großen Scheiben auf das weite Meer.

Wer Ruhe sucht, ist hier goldrichtig. Auf den großen Felsblöcken, an denen sich die Wellen brechen, sitzen Angler. Der kleine, etwa 100 m lange Sandstrand (mit Liegestuhlverleih) verlockt dazu, das Handtuch auszubreiten und ins spiegelglatte Meer zu springen.

Der Süden der Halbinsel von Kefalos

Panagia Palatiani

Der Straße in Richtung Ag. Theologos folgend, zweigt nach gut 1 km ein Weg nach links ab. Auf dem Schild steht „Panagia Kastriani“, tatsächlich handelt es sich um die Panagia Palatiani, die Kapelle der Muttergottes der Paläste. In den Blick fällt zunächst eine 1988 erbaute Kirche. Interessanter ist die

Ruine einer etwa 15 m entfernten Kapelle dahinter. Historiker nehmen an, dass sie auf den Fundamenten eines antiken Dionysos-Tempels errichtet wurde. Ganz in der Nähe fanden Archäologen übrigens Fundamente eines dorischen Demeter-Tempels. Die Statue der Göttin Demeter steht heute im Museum von Kos-Stadt – leider kopflos. Dass die alten Griechen ein Gespür für herrlich gelegene, stimmungsvolle Plätze hatten, bestätigt dieser Ort: Man genießt einen prächtigen Panoramablick über die Bucht von Kefalos.

Astypalea – die antike Inselhauptstadt

Rund 2 km hinter Kefalos, kurz vor der Weggabelung Ag. Theologos / Ag. Mammas, liegen auf der linken Seite die Überreste eines antiken Theaters (Hinweisschild: *Palatia*). Parkmöglichkeiten bieten sich vis-à-vis dem Eingang an einem Brunnen mit Quellwasser.

Das Theater liegt in einem kleinen Kiefernwäldchen, das Sie durch ein Tor im Drahtzaun betreten. Leider sind nur noch die untersten beiden Stufen erhalten – und der herrliche Blick auf die Bucht von Kefalos. Das Theater gehörte zu Astypalea, der antiken Inselhauptstadt. Achtung: Unmittelbar hinter dem Zaun, der das Gelände Richtung Osten schließt, klafft eine tiefe Schlucht.

Berg Zini/Aspri Petra

Aspri Petra (= der weiße Fels) ist Teil des Berges Zini, knapp unterhalb dessen Gipfel gelegen und bekannt durch eine Höhle, die ebenfalls den Namen Aspri Petra trägt. Sie diente den Menschen der Jungsteinzeit (3500–1700 v. Chr.) als Wohnstätte, wie Historiker anhand von Funden – versteinerte Knochen, Scherben von Gefäßen, Mühlsteine und einige Speerspitzen – nachweisen konnten: Dies sind die ältesten Zeugnisse menschlichen Lebens auf Kos. Später wurde hier den Schutzgöttern der Landwirtschaft gehuldigt; bis in die Zeit der Römer diente die Höhle als Kultstätte.

Anfahrt Um Aspri Petra zu erreichen, müssen Sie zunächst von Kefalos in Richtung Ag. Ioannis fahren. Rund 5 km hinter Kefalos, etwa 2 km nach dem Abzweig zum Ag.-Theologos-Strand, folgt linker Hand ein Hinweis auf Aspri Petra. Nach etwa 500 m gabelt sich die Piste an einem grünen Obelisken, versehen mit einer weißen Marmortafel. Folgen Sie dem Weg, der rechts bergab führt. Wenn Sie nicht mit einem Jeep unterwegs sind, sollten Sie das Gefährt hier parken, denn die Piste ist schlecht.

Nach gut 1 km zweigt von dieser Piste eine schmalere ab, die sich in Serpentinen zum kleinen Industriehafen Kap Pelli hinunterschlängelt. Kurz vor der genannten Abzweigung können Sie links oben am Berg das Felsenfenster sehen, neben dem sich der Eingang der Höhle befindet. Sie müssen jetzt rund 500 m bergauf über einen Trampelpfad gehen, der mit grünen Kreuzen gekennzeichnet ist. Achtung: Der Höhleneingang ist leicht zu übersehen, er ist flach und liegt recht tief.

Panagia Ziniotissa

Warum die Kapelle Ziniotissa, an der Nordflanke des Berges Zini (354 m) gelegen, als Sehenswürdigkeit ausgeschildert ist, lässt sich nicht nachvollziehen. Sie zeichnet sich einzig durch ihre exponierte Hanglage mit Panoramablick über die Bucht von Kefalos aus – den man auch von vielen anderen Stellen aus genießen kann. Den Weg über die 2,3 km lange Sandpiste zur Kapelle kann man sich daher unseres Erachtens sparen.

Kloster Agios Ioannis

Rund 7 km südlich von Kefalos liegt das Kloster Ag. Ioannis. Sie finden es leicht, wenn Sie sich in Kefalos links halten und so den Ort durchqueren. Die asphaltierte Straße endet am Kloster, 43 Stufen führen vom Parkplatz zur Terrasse hinunter, doch Geistliche beschreiten sie nur noch selten: In dem Kloster leben keine Mönche mehr. Lediglich zum Patronatsfest am 28./29. August, wenn der Enthauptung Johannes' des Täufers gedacht wird, nehmen an langen Tischen Hunderte Pilger Platz.

Der Ort bietet sich für eine Rast an: Eine uralte, mächtige Platane – der Stamm hat einen Umfang von 3 m – spendet Schatten, während man die Aussicht über die malerische Südwestküste genießt. Ein kleines Klostercafé bietet Getränke an und verkauft Honig aus eigener Imkerei. Der Beiname des Klosters, Thymianos, verweist auf das häufige Vorkommen von Thymian in der Region, der seinen starken, aromatischen Duft überall verbreitet.

Kurz vor dem Kloster schlängelt sich die Straße in engen Serpentinen zur Spitze des Berges Latra (426 m) hinauf, wo sich eine Radaranlage des Militärs befindet. Würde es sich nicht um militärisches Sperrgebiet handeln, könnte man von hier einen ausgezeichneten Rundumblick genießen.

Glockenturm des Klosters Agios Ioannis

Agios Mammas

Am südwestlichen Zipfel von Kos, am Ende einer holprigen Schotterpiste, liegt diese Kapelle in völliger Einsamkeit. Der Wind heult über das Plateau, Nissiros scheint zum Greifen nah. Wenige Meter hinter dem Gotteshaus geht es fast senkrecht hinab bis zum Meer. Seien Sie vorsichtig, wenn Sie hinunterschauen.

Baden auf der Halbinsel von Kefalos

An der Westküste gibt es sie noch, die feinsandigen Strände in einsamen Buchten. Auch wenn es inzwischen Tagesausflüge per Boot zu diesem Küstenabschnitt gibt, sind die Buchten wenig besucht und ruhig – und auch von Land aus gut zu erreichen.

Agios Theologos

Von der Straße in Richtung des Klosters Ag. Ioannis, die streckenweise durch bis zu 5 m hohe Sandsteinformationen führt, zweigt nach 2 km eine Straße rechts ab, die zu den Stränden um die Kapelle Agios Theologos und am Kap Kata führt.

Es geht zwischen Feldern hindurch, die sich wie Stufen den Hang hinunterziehen, bis sich der Weg etwa 4 km nach der Abzweigung erneut gabelt: Rechts führt eine Schotterpiste 700 m weiter zum Strand Kata. Wenn Sie diese Abzweigung ignorieren und der Asphaltstraße folgen, erreichen Sie nach ungefähr 1 km den nach der Kapelle Ag. Theologos benannten Küstenabschnitt.

Der 200 m lange Sand-Kies-Strand an der Westküste ist wenig besucht, was wohl an der oft recht kräftigen Brandung liegt. Weht der Wind Meltemi, erreichen die Wellen zur Freude fortgeschrittener Surfer eine Höhe von bis zu 3 m. Für ungeübte Schwimmer ist das Terrain dann jedoch zu gefährlich.

Die touristische Infrastruktur am Strand beschränkt sich auf ein paar Sonnenschirme und Liegen. Wenn Sie der Piste entlang der Küste Richtung Süden folgen, finden Sie weitere kleine, von schroffen Felsen geschützte Buchten mit schmalen Stränden wie den Tripiti Beach, etwa 1 km Sandpiste von Ag. Theologos entfernt. Das Wasser ist hier viel ruhiger, es gibt Sonnenschirme und Liegen – und nur wenige Besucher.

Essen & Trinken Oberhalb des Strandes Ag. Theologos finden Sie eine ausgezeichnete Taverne, geöffnet schon ab 9 Uhr. Eine Einkehr können wir wärmstens empfehlen: Das Essen ist gut und preiswert, die große Wirtsfamilie ausgesprochen freundlich. Besonders gut haben uns der in Essig und Retsina eingelegte Ziegenkäse und die frischen Fische geschmeckt. Mindestens so gut wie das Essen ist die Aussicht über die Westküste von Kos und die intensiven Farben der Agäis.

Kata

Der Strand, der als Kap Kata ausgeschildert ist, besteht aus zwei Buchten. Die kleinere ist wegen der mehr als faustgroßen Steine zum Sonnenbaden ungeeignet, im Gegensatz zu der weitläufigen Sandbucht nördlich davon. Windgeschützte, mitunter auch schattige Plätze gibt es in den Dünen, auf denen vereinzelt Sträucher wachsen.

Cavo Paradiso Beach

Einer der schönsten Strände auf Kos, ganz am Ende der Insel. Sie benötigen ein motorisiertes, möglichst geländegän-

Stillleben:
gestrandetes Boot in griechischen Farben

Strand Cavo Paradiso

Der Westen → Karte S. 116

giges Fahrzeug oder auf einem Mountainbike ordentlich Kondition, um hierher zu gelangen. Fahren Sie in Richtung der Kirche Ag. Mammas und dann hinunter über die holprige Piste. Für das ordentliche Durchschütteln werden Sie aber belohnt. Links ragt eine Felswand des Kaps Krikelos imposant in die Höhe, das Wasser glitzert türkis, und am Strand haben Sie mehr als genug Platz. Meist finden nur wenige Urlauber den Weg hierher, doch das kleine Badeparadies wird immer bekannter. In der großen Sandbucht am Ende der Piste versorgt eine Beach-Bar die Besucher mit chilliger Musik, Snacks und Getränken. Ein paar Liegestühle stehen davor (12 € pro Paar mit Schirm), ansonsten ist alles naturbelassen. Wenn es windig ist, brausen die Wellen ordentlich heran; kleine Kinder sollten Sie dann nicht ins Wasser lassen.

Tour 11: Vom Kloster Ag. Ioannis zur Kapelle Ag. Theologos → S. 225
Eine Wanderung durch die Einsamkeit

Tour 12: Rund um das Kap Krikelos → S. 226
Der Weg durch den wilden Westen von Kos

Ausflüge

Reif für eine andere Insel? Kos ist der ideale Ausgangspunkt für einen Ausflug auf eine der nördlichen Dodekanes-Inseln oder nach Bodrum. Die Verbindungen per Fähre, Schnellboot oder Ausflugsschiff sind ausgezeichnet – egal ob für ein paar Stunden oder ein paar Tage.

Entfernungen von Kos nach ...

Pserimos: 3,5 km

Kalymnos: 12 km

Patmos: 82 km

Nissiros: 13,5 km

Bodrum: 12 km

Wohin also? Nach **Patmos,** der heiligen Insel mit den feinsandigen Stränden, Sitz des Johannesklosters und geprägt von einer Mischung aus orthodoxer Glaubenslehre und multinationaler Urlaubsphilosophie? Oder **Kalymnos,** Insel der Schwammtaucher mit fjordartigen Buchten, traumhaften Sonnenuntergängen, Mandarinen- und Orangenplantagen? **Nissiros** dagegen prägen die schwarzen Kieselstrände rund um einen gigantischen Vulkankegel. Ruhe und Abgeschiedenheit erwarten Sie schließlich auf der Mini-Insel **Pserimos.** Und wer Lust auf einen Abstecher an die nahe türkische Küste hat, macht einen Ausflug ins schicke **Bodrum.**

Pserimos

Kos und Pserimos trennen nur 3,5 km. Und doch liegen Welten zwischen den beiden ungleichen Nachbarn. Auf der weniger als 15 km^2 kleinen Insel hört man kaum ein Auto und es gibt auch keine asphaltierte Straße. Knapp 30 Griechen leben ganzjährig in Avlakio, dem einzigen Örtchen auf Pserimos, wo der Strand gleichzeitig der Dorfplatz ist. Ab Mittag herrscht Betrieb, dann dominieren die Tagesausflügler aus Kos und Kalymnos. Das beschauliche Pserimos zieht sich zurück – und ist spätestens am Abend immer wieder da. → **S. 134**

Kalymnos

Die Insel der Schwammtaucher wirkt auf den ersten Blick karg und kahl, denn auf den hoch aufragenden Bergen wächst kein Baum. Die Kletterer stört das nicht. Für sie ist die felsige Insel ein Paradies mit über 2500 teils spektakulären Routen. Auch Wanderer fühlen sich hier wohl, sie zieht es zum Beispiel auf den 100 km langen Kalymnos-Trail.

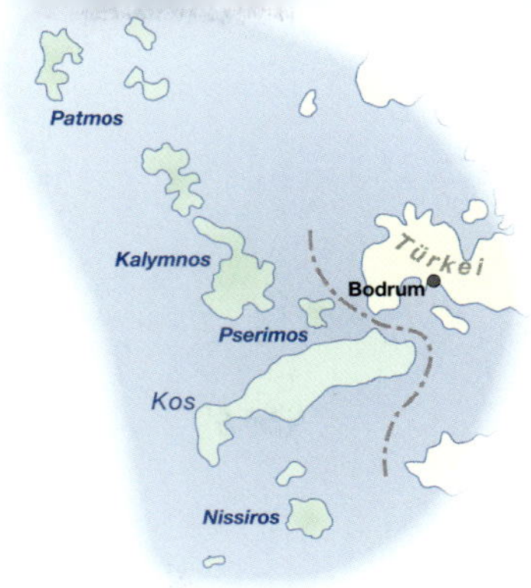

An den Stränden an der Westküste und den Badebuchten auf dem Inselfels Telendos fühlen sich die Badeurlauber wohl. Fast schon irreal sticht das Grün der Zitrusplantagen von Vathi, einem Tal an der Ostküste, aus dem hellen Grau der steinigen Hügel ringsum hervor. Ein einmaliger Anblick – aber nicht der einzige auf Kalymnos. → **S. 136**

Patmos

Auf der Hitliste der beliebtesten Dodekanes-Inseln belegt Patmos einen Spitzenplatz. Das kleine Eiland bietet alles, was das Urlauberherz begehrt: reizvolle Strände, gute Tavernen, fotogene Altstadtgassen und nicht zuletzt reichlich Kultur.

In der „Höhle der Apokalypse" soll der Apostel Johannes die Vision zur Niederschrift der Offenbarung empfangen haben, des letzten Buches des Neuen Testaments. Auf dem Gipfel des Berges darüber thront das mächtige Johanneskloster, durch dessen Pforten seit rund 950 Jahren die Priester der orthodoxen Kirche schreiten. Um die heiligen Mauern herum liegt die Altstadt – ein Irrgarten aus an- und absteigenden uralten Gässchen.

Restaurants, Bars und die neueste Mode findet man in Skala, dem charmanten Hafen von Patmos. Von hier aus sind es nur ein paar Kilometer zu gut einem Dutzend einladender Badebuchten, die sich über die ganze Insel verteilen. → **S. 146**

Nissiros

Ein mächtiger Vulkan – das ist die ganze Insel. Steil steigt der Kegel aus dem Meer bis in eine Höhe von 700 m, auf der Rückseite scheinen die Wände in die riesige Caldera zu stürzen. Nicht nur die Geografie ist beeindruckend. Mit Mandraki und Nikia hat Nissiros zwei außergewöhnlich reizvolle Orte zu bieten: der eine unten am Meer, der andere oben auf dem Kraterrand.

Außergewöhnlich ist auch das Innere der Insel. Am tiefsten Punkt, dem Stefanos-Krater, erwartet die Besucher ein Hauch von Hölle: in schlammigen Pfützen köchelt das Wasser, aus gelb gefärbten Löchern zischt es und über den Boden wabern Schwefeldämpfe. Ganz im Gegensatz zum lebensfeindlichen Grund des Vulkans sind die Hänge sehr fruchtbar. → **S. 158**

Bodrum

Im einstigen Halikarnassos stehen die Überreste des Mausoleums, das zu den sieben Weltwundern der Antike gehörte. Aber das ist nicht der einzige Grund, einen Abstecher an die türkische Küste zu machen. Es gibt viel mehr zu sehen: große Basare, das mächtige Kastell St. Peter, Museen, Restaurants, Bars und schöne Badebuchten.

Die Stadt Bodrum zählt rund 40.000 Einwohner und ist mit den Nachbarorten eine der beliebtesten und eher edleren Ferienregionen in der Türkei. Den Preiskampf gegen Antalya, Belek und Side hatte der Ort nämlich verloren – und hat aus der Not eine Tugend gemacht. Bodrum gilt inzwischen als das Saint-Tropez der Türkei. Es bietet Buchten, Jachten und viel Nachtleben.
→ **S. 165**

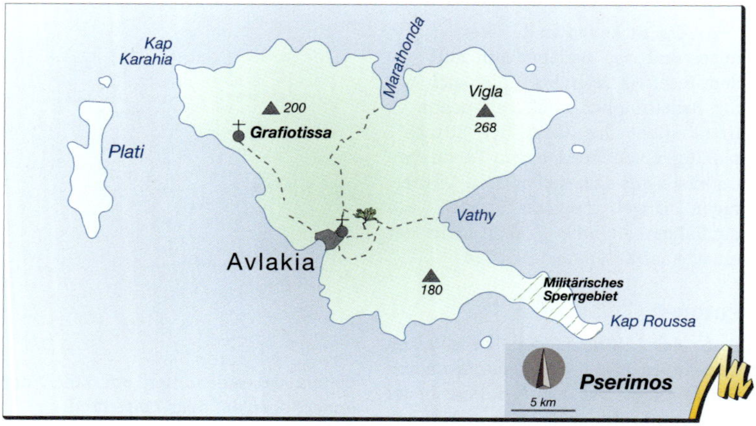

Insel Pserimos

Kos und Pserimos trennen nur knapp vier Kilometer. Und doch liegen Welten zwischen den beiden ungleichen Nachbarn. Die Einwohner preisen die Ruhe auf ihrem kargen Eiland.

Auf der 14,6 km2 Insel, hört man selten ein Auto, eine asphaltierte Straße gibt es nicht. Warum auch, man braucht zu Fuß nicht mehr als eine Stunde, um den entferntesten Punkt zu erreichen.

Seit Ende der 1990er-Jahre hat der Tourismus als Einnahmequelle an Bedeutung gewonnen. Die knapp 30 permanenten Bewohner der Insel leben aber auch von Schaf- und Ziegenzucht, Imkerei und Fischerei.

Obst und Gemüse können sie nicht anbauen, da es an Wasser fehlt. Die Gemeinde hat mehrere Tausend Olivenbäume pflanzen lassen, um noch eine landwirtschaftliche Säule zu schaffen. Dennoch sind weite Teile der Insel allein von Phrygana bedeckt, kugeligen Büschen und Sträuchern bis höchstens Kniehöhe.

Avlakia ist die einzige Ansiedlung, die alles auf engstem Raum bietet: einen kleinen Hafen mit Anlegestelle, einen Sandstrand, einige Tavernen, hübsche Häuser an den Hügeln. Der Strand ist gleichzeitig der Dorfplatz, einige Tavernen haben Tische und Stühle in den Sand gestellt.

Avlakias Charme liegt in seiner Unscheinbarkeit und Ruhe. Doch ein paar Stunden am Tag geht es hier turbulent zu: Wenn die Boote mit den Tagesausflüglern gegen 11 Uhr anlegen, ist der Andrang auf den Terrassen der Tavernen groß und der feinsandige Strand binnen weniger Minuten voll belegt.

Während Kinder im Meer planschen, Durstige auf ihre kühlen Getränke warten und Kellner die Hektik verfluchen, lassen sich die Katzen in ihrem Tun nicht beirren: Sie setzen ihren Mittagsschlaf irgendwo im Schatten der Häuser fort. Kaum fünf Stunden später verfällt Pserimos wieder in die gewohnte Ruhe. Dann hat auch das letzte Boot die windgeschützte Bucht verlassen.

Am 14. August strömen Griechen von den Nachbarinseln, ja selbst aus Athen, nach Pserimos, um in der am nördlichen Ortsausgang inmitten eines üppigen Gartens gelegenen Kirche Kimisis tis Panagias (Entschlafung der Jungfrau) zu feiern. Der Abend wird mit einem Grillfest eingeläutet, bei Musik und Tanz herrscht in den Tavernen Hochbetrieb. Die meisten Besucher nächtigen am Strand, denn die wenigen Unterkünfte sind voll belegt – wenn überhaupt geschlafen wird. Am 15. August beendet ein Gottesdienst das Fest. Er wird im weiten Hof vor der Kirche abgehalten, in der die Ikone Panagia Psemiotissa verehrt wird. Unter dem frei stehenden Glockenturm der Kirche hat man einige in der Nähe gefundene antike und frühchristliche Überreste, Säulenstümpfe und Kapitelle aufgestellt.

Zu empfehlen sind **Ausflüge** vor allem wegen der himmlischen Ruhe, die nur von den Ziegen und Schafen gestört wird, die in recht großen Herden über die Insel ziehen. Rund 2 km nordwestlich von Avlakia liegt die Grafiotissa-Kirche. Der Weg dorthin verläuft vom Ortsstrand aus etwas oberhalb und parallel der Westküste. Hinter dem Gotteshaus befinden sich Überreste einer weiteren Kirche, von der bei einem Erdrutsch 1950 ein Großteil ins Meer stürzte. In der Nähe der Kirche finden Sie einige kleine Sandbuchten und Höhlen. Der Ausflug durch die Sandsteinlandschaft lohnt sich, nicht zuletzt wegen des Ausblickes auf den unbewohnten Inselwinzling **Plati** und die steilen, kahlen Felsen von Kalymnos.

Baden und Strände: Fast alle Besucher zieht es zum 170 m langen und rund 15 m breiten, feinsandigen Ortsstrand, der bis zu den ersten Häusern von Avlakia reicht. Tavernenbesitzer haben Liegestühle und Sonnenschirme aufgereiht – mitunter sogar Tische und Stühle. Der Strand ist Teil des Dorfes, quasi die Platia von Pserimos.

Bis zum Kiesstrand der Marathonda-Bucht an der Nordküste wandert man etwa 45 Min.; den Sandstrand der Vathy-Bucht an der Ostküste erreichen Sie nach einem Marsch von ca. 30 Min.

Verbindungen Pserimos liegt etwa eine Bootsstunde von Kos-Stadt bzw. Kalymnos entfernt. In der HS starten tägl. mehrere Ausflugsboote nach Pserimos. Darüber hinaus gibt es Schnellbootverbindungen mit Kos-Stadt (1-mal wöchentl.) und Mastihari (3-mal wöchentl.). Von Pothia (Kalymnos-Stadt) fährt in der HS tägl. eine Fähre mit Ausflüglern nach Pserimos (Fahrpreis ca. 8 €).

Einkaufen Das Sortiment des einzigen Ladens auf Pserimos ist bescheiden, die meisten Waren werden tägl. frisch mit dem Boot von Kalymnos hierher geliefert.

Übernachten Es gibt nur einige Unterkünfte in Avlakia. Selbst in der HS übernachten kaum mehr als 100 Touristen auf der Insel. Für ein einfaches DZ ist je nach Ausstattung und Saison mit 30–50 € zu rechnen.

Pserimos Villas. Die gepflegten (Grün-)Anlagen und der großzügige Pool laden zum Verweilen ein. Die 18 Steinhäuser mit Holzdielen sind von der lokalen Architektur inspiriert und mit allem nötigen, modernen Interieur bestückt. Sie bieten Raum für bis zu 7 Personen. ✆ 22430-53017, halikoshotels.com. **€€€**

Nammos Sunset. Gehört wie die Pserimos Villas zu den H-Hotels, besteht aber nur aus einem zweistöckigen Gebäude mit 12 geräumigen Apartments – direkt am Strand gelegen. Zusätzlich ist ein kleines Haus für 5 Personen im Angebot. ✆ 22430-53017, halikoshotels.com. **€€**

Tripolitis. Die kleine Pension bietet bereits seit 1979 Zimmer an. 6 DZ stehen in dem zweistöckigen Haus nahe der südlichen Anlegestelle zur Verfügung. ✆ 22430-23196. **€**

Privatzimmer bieten mehrere Tavernen und Cafés in Avlakia an, z. B. die **Taverne Manola** (✆ 22430-51540) und **Café Anna** (✆ 22430-23106). **€**

Essen & Trinken Wer länger bleibt, wird Gelegenheit finden, das halbe Dutzend Tavernen der Insel zu testen. Die meisten liegen unmittelbar hinter dem Strand und geben den Blick auf die im Naturhafen schaukelnden Fischerboote frei.

Aphrodite. Das Restaurant-Café liegt direkt am Strand, ein paar Tische und Stühle des Familienbetriebs stehen sogar im Sand. Wer den ganz kurzen Weg zum Meer sucht, ist hier richtig.

Taverne Manola. Angenehme Taverne, die von Kaffee und Frühstück bis zur traditionellen griechischen Küche alles serviert – und das in guter Qualität. Viele Zutaten stammen von der eigenen kleinen Farm – auch das Ziegenfleisch.

Insel Kalymnos

Die Insel der Schwammtaucher wirkt auf den ersten Blick karg und kahl, denn auf den hoch aufragenden Bergen wächst kein Baum. Und so haben die Kletterer die Insel als Reiseziel entdeckt – und gesellen sich zu den Strandurlaubern.

Kalymnos' schöne Seiten zeigen sich oft erst auf den zweiten Blick. Wie in den unerwartet grünen Tälern an der Ostküste mit ihren Zitrusplantagen, die nach einer kurvenreichen Fahrt entlang der Küste wie aus dem Nichts auftauchen. An den steinigen Hängen wachsen vor allem Wildkräuter, die dem hiesigen Honig seinen außergewöhnlichen Geschmack verleihen: Thymian, Oregano, Salbei. Touristisch erschlossen sind vor allem die Westflanke von Kalymnos inklusive der vorgelagerten Insel Telentos, die Hauptstadt Pothia und die Ortschaft Vathi an der Ostküste. Wer dem dort während der Hochsaison herrschenden Rummel entgehen möchte, der findet im Inselinnern und in den Buchten an der Nordostküste viel Ruhe und Erholung.

Wanderer finden hier ein gutes Revier. Bekannt ist der Kalymnos-Trail, der sich über 100 km erstreckt. Kalymnos ist auch eine Insel der Höhlen und Grotten. Zu den schönsten zählt die Kefala-Höhle im Südwesten der Insel. Sie besteht aus sechs Kammern mit großen Stalagmiten und Stalaktiten und erstreckt sich gut 100 m tief in den Fels hinein. Leicht zu erreichen ist die Höhle von Skalia, nur knapp 10 Gehminuten entfernt von der Landstraße nahe dem gleichnamigen Ort.

Der Klettersport erfreut sich bei Kalymnos-Reisenden großer Beliebtheit. Nach Angaben der Municipal Athletics Organization of Kalymnos gibt es inzwischen über 2500 erschlossene Routen, die alle Schwierigkeitsgrade abdecken. Die Insel unterhält ein eigenes Rescue Team, das in der Lage ist, bei Unfällen in den Kletterregionen schnell zu reagieren. Mit dem jährlichen Kalymnos Climbing Festival Anfang Oktober huldigt die Insel dem Trendsport. Erkundigen Sie sich bei der Touristeninformation unter kalymnos-isl.gr oder ✆ 22430-29612.

Auch Taucher fühlen sich in den Gewässern rund um Kalymnos wohl. Dort sind Wracks, Höhlen oder das Labyrinth von Telendos mit seinen zerklüfteten Felsriffs zu erkunden.

Praktische Infos

Information Die **Touristeninformation** befindet sich im Hafengebäude. Wenn Sie von der Fähre kommen und in die Stadt laufen, kommen Sie daran vorbei. 7–15 Uhr. ✆ 22430-29299, kalymnos-isl.gr.

Verbindungen von/nach Kalymnos Die **Fährverbindungen** sind ausgezeichnet – mehrfach tägl. bestehen Anschlüsse nach Kos (Kos-Stadt und v. a. Mastihari) Die Fahrt nach Kos kostet rund 8 €. Tickets gibt es in den Schiffsagenturen und Reisebüros und kurz vor Abfahrt auch in der Taverne am Kai.

Auch die **Katamarane** von Dodekanisos Seaways verbinden die Insel tägl. mit den Nachbarinseln. Sie sind allerdings auch teurer, die Überfahrt nach Kos kostet z. B. 22 €.

Verbindungen auf Kalymnos Die **Busverbindungen** sind nur an die Westküste der Insel gut. Die Busse fahren von der Markthalle (im Osten des Hafens) ab. Von 7 bis 20 Uhr pendeln sie 8-mal zwischen Pothia und Massouri (im Westen). 3-mal tägl. gibt es eine Verbindung nach Vathi (der erste schon frühmorgens, der letzte Bus zurück fährt gegen 17 Uhr), 2-mal tägl. nach Emborios. Angefahren werden außerdem Vlichadia, Argos und Plati Gialos. Fahrpreise zwischen 1,50 € und 3 € je nach Strecke.

Taxis fahren an der Taxizentrale im Zentrum ab. Sie können ein Taxi in jedem Ort der Insel telefonisch bestellen unter ✆ 22430-50300

oder 50301. Eine Fahrt nach Massouri kostet rund 13 €.

Ausflüge Im Hafen von Pothia liegen zahlreiche **Ausflugsboote.** Beliebt ist die Tour über Vathi zu den Inseln Plati und Pserimos und zurück (35 € inkl. BBQ). Die Agentur **Tezaris** bietet zudem verschiedene Bustouren über die Insel. ✆ 22430-22800, tezaristours.gr.

Auto-/Zweiradverleih Bei **Auto Market** in Pothia (direkt am Fährhafen) und Massouri gibt es Kleinwagen in gutem Zustand je nach Saison ab 20 €, Motorroller ab 10 € pro Tag, zudem Rabatte ab drei Tagen Leihdauer. ✆ 224 30-24202 oder 69-72834628, kalymnoscars.gr.

Noufris/Suzuki Rentals (ebenfalls am Hafen), die Preise sind auf gleichem Niveau wie bei Auto Market. ✆ 22430-24300 oder 69-37980591, kalymnosrentals.gr.

Sport/Freizeit In Massouri halten mehrere Geschäfte das Zubehör bereit, das Kletterer benötigen. **The Kalymnos Experience** bietet Klettertouren an, aber auch Hiking-Touren oder Schnorcheln mit Delfinen (40 €). Im vegetarischen Restaurant tauschen sich die Besucher aus und stärken sich für ihre Aktivitäten. ✆ 69-46302515, kalymnosexperience.gr.

Kalymnos Kajak Center in Vathi. Auch mit Muskelkraft lassen sich schöne Badebuchten erreichen. 10 € zahlen Sie für die erste Stunde, 50 € für einen ganzen Tag. ✆ 22430-31132, kalymnoskayak.gr.

Kalymnos ist ein exzellentes Tauchrevier mit etlichen Grotten, Riffs und Wracks. Der **Kalymnos Diving Club** bei Pothia bietet Tauchtouren und Kurse (3 Tage mit PADI-Zertifikat). ✆ 69-38755896, kalymnosdiving.com.

Kalymnos Diving Center. Das Tauchcenter in Myrties offeriert Tauchkurse für Anfänger und Fortgeschrittene. Auch bereits ausgebildete Taucher können sich weiterbilden (auch E-Learning) und Zertifikate erwerben. Tauchgang ab 70 € (inkl. Ausrüstung). ✆ 6973015550, kalymnosdiving.gr.

Übernachten in Pothia **Panorama.** Das Hotel mit den sympathischen Betreibern, die sehr gut Englisch sprechen, liegt hoch oben am Hügel. Von den Balkonen bzw. der Terrasse der 13 Zimmer hat man einen wunderbaren Blick über den Hafen. Man findet das Hotel am besten, wenn man an der Kirche nahe der Anlegestelle die Treppe hochgeht und sich dann rechts hält. Die Zimmer sind schön eingerichtet und klimatisiert, haben einen eigenen Kühlschrank sowie einen Fernseher. Kostenloser An- und Abtransport zum Hafen. ✆ 22430-23138 und 69-73420269, panorama-kalymnos.gr. **€**

MeinTipp **Villa Melina.** Das Belle-Époque-Hotel liegt am Stadtrand von Pothia im Stadtteil Evangelistria nahe dem archäologischen Museum (ausgeschildert ist es als „Villa Themelina"). Der Blick von der Dachterrasse ist so berauschend wie die riesige Terrasse selbst; wunderschön auch der Garten mit Pool im Patio, wo das Frühstück serviert wird. Die Hotelzimmer haben, stilecht, hohe Decken und Holzböden. Rund um den Garten gibt es zudem elf Apartments und Studios für zwei bis vier Personen. Am Frühstückstisch erzählt man sich von der gestrigen Wanderung und den Plänen für den Tag. Der freundliche Besitzer Antonis Antonoglou hat lange in Aachen gelebt, dort eine Taverne geführt – und ist auf seine Heimatinsel zurückgekehrt. Eine der schönsten Unterkünfte auf den Inseln des Dodekanes, ganzjährig geöffnet. ✆ 22430-22682, villa-melina.com. **€**

Hotel Archontiko. Wer an der Uferpromenade entlangschlendert, dem wird das historische Gebäude auffallen, in hellem Gelb gestrichen, mit hölzernen Fensterläden. Die zehn Zimmer wurden renoviert, sind hell und angenehm, verfügen über Klimaanlagen, Kühlschrank und die Möglichkeit, Kaffee zu kochen. Einige haben einen Balkon. Ganzjährig geöffnet. ✆ 22430-51344 und 69-42838524, apxontiko-hotel.com. **€€**

... in Kantouni/Linaria **Kalydna Island.** Am Ortseingang von Kantouni, zwischen Durchfahrtsstraße und dem 300 m entfernten Strand. Das Zentrum der üppig begrünten Anlage mit 42 Zimmern bzw. Apartments im mediterranen Stil bildet der Pool ✆ 22430-47880 und 69-776 71667, kalydnaislandhotel.gr. **€€**

Andromeda. Am Ortsende unterhalb des Klosters, 100 m vom Strand entfernt. Die 10 Studios in dem weißen Gebäude mit hellblauen Fensterläden verfügen über Balkon oder Terrasse (Erdgeschoss). Die Zimmer sind sehr gepflegt, mit Kitchenette, TV und Klimaanlage ausgestattet. ✆ 22430-28328 und 69-39050054, andromedakalymnos.gr. **€€**

... in Massouri/Myrties **Fatolitis Studios.** In Massouri, am Ortsausgang Richtung Armeos linker Hand. Ruhige Anlage mit vielen Blumen. Von der Terrasse der Studios hat man einen unverbauten Blick auf die Bucht und die Insel Telentos. Die Zimmer sind groß und sauber. Pool mit Ausblick auf Telentos. ✆ 22430-47091 fatolitis.gr. **€€**

Hotel Pegasus. Mitten im Ort und dennoch recht ruhig, da die beiden Häuser rund 50 m oberhalb der Ortsdurchfahrt liegen. Die Einfahrt ist leicht zu übersehen. 30 Zimmer, mit Klimaanlage, Kitchenette und großen Balkonen. Die meisten Zimmer mit wunderbarem Blick aufs Meer und die Insel Telentos; eine Renovierung würde dem Hotel guttun. ✆ 22430-48801 und 69-71709028, pegasuskalymnos.com. **€**

Hotel Hyperion. 2023 eröffnetes Hotel an der Durchgangsstraße in Myrties. 14 Zimmer, Dachterrasse mit Bar, Pool und toller Aussicht. ✆ 22430-48864, hyperionhotel.com. **€€**

MeinTipp **Acroyali.** In Myrties an der Durchgangsstraße. Die Studios von Michalis Kalavros sind leider schnell ausgebucht – eine Reservierung ist notwendig. Die Einrichtung der geräumigen Apartments ist mediterran schlicht und geschmackvoll, einige sind auf zwei Ebenen angelegt. Die Balkone sind großzügig bemessen und bieten einen sensationellen Blick aufs Meer und die Insel Telentos. Die Unterkünfte im Parterre haben üppige, gepflegte Pflanzen vor der Haustür und den Strand ganz nah. Die Apartments sind für zwei bis vier Personen ausgelegt. ✆ 22430-47521 und 69-38913210, acroyali-kalymnos.gr. **€**

... auf der Insel Telentos Sympathische, kleine Unterkünfte bestimmen das Bild. Man findet DZ zwischen 30 € und 70 €.

On the Rocks. Die vier Zimmer (mit Balkon) dieses kleinen B & B sind schön. In der gleichen Preisklasse – und über dieselbe Website – werden die Zimmer in den **Hohlakas Sunset Studios** in einer ruhigen Bucht südlich der Anlegestelle vermietet. ✆ 69-32978142, telendos.org. **€**

MeinTipp **Porto Potha.** Hotel nördlich des On the Rocks, insgesamt 20 geräumige Zimmer und Studios. Pool, Klimaanlage und Privatstrand. ✆ 22430-47321 und 69-49028564, telendoshotel.gr. **€**

... in Vathi Galini. Direkt am Platz an der Schiffsanlegestelle. Einziges Hotel am Platz (mit Restaurant). Zimmer mit Balkon und Blick auf den kleinen Hafen. Der freundliche Besitzer nimmt Urlauber auf dem Boot kostenfrei zu den Badebuchten ringsum mit. ✆ 22430-31241 und 69-72692100, galini-hotel-kalymnos.gr. €

meinTipp **Manolis.** Liegt inmitten eines blühenden Gartens. Der Betreiber der Pension, Manolis Kolettis, ist Fremdenführer, Kapitän, Farmer – und vor allem Gastgeber, der z. B. zu Bootstouren einlädt. In exponierter Lage thront die Pension mit sechs Zimmern an einem Hügel über der Bucht. Zentralheizung (falls es in der Nebensaison einmal kühl sein sollte) und Gemeinschaftsküche. ✆ 22430-31300 und 69-46827839, pension-manolis.de. €

... in Emborios Harry's Paradise. Überaus freundlich empfängt der Besitzer (Harry), der lange in England und Australien lebte, seine Gäste. Das Essen ist gut; die Apartments liegen inmitten eines prächtigen Gartens nahe dem Strand. ✆ 22430-40062 und 69-73766279, harrys-paradise.gr. €

Essen & Trinken in Pothia Die meisten gastronomischen Betriebe haben sich entlang der Hafenpromenade angesiedelt. Im südlichen Teil finden Sie mehr Bars, nördlich der Platia Eleftherias (mit dem Gebäudekomplex aus Stadtverwaltung, Kirche und Volkskundemuseum) reihen sich ein gutes Dutzend Restaurants aneinander.

Niki's Gefseis. Die Spezialität des Hauses sind Spaghetti mit Hummer- oder Langustenfleisch. Samstags bietet die Taverne Lamm vom Grill. Es sind auch einige vegetarische Gerichte auf der Karte zu finden. Beachten Sie die (günstigen) Tagesangebote, z. B. Thunfisch mit griechischem Salat inkl. Ouzo für 12 €. Dazu gibt es in der Regel auch noch ein einfaches Dessert. Die Qualität des Essens stimmt und der Service ist flink und aufmerksam. An der Uferpromenade nördlich der Platia.

Manias. Ein sehr guter Platz für Fischliebhaber, in der Mitte der Uferpromenade, nahe dem großen gelben Gebäude, das die Stadtverwaltung beherbergt. Beliebt bei Einheimischen und Touristen. Das Boot von Besitzer Michael Manias liegt vis-à-vis vor Anker und ist auch für Angeltouren zu buchen. Ein Blick auf die Karte ist möglich unter maniastavern.gr.

T'aposperi. Über eine schmale Gasse nahe der Taverne Manias zu erreichen. Eine Oase der Ruhe, abgeschirmt vom Trubel der Uferpromenade. Freundlicher Service im Familienbetrieb mit griechischer Küche zu günstgen Preisen.

Baden im Pool mit Blick auf die Kirche am Stadtrand von Pothia

Barba Yannis. Moussaka und Lamm-Kleftiko sind Spezialitäten des Kochs. Serviert wird an der Promenade wie auch an Tischen und Stühlen direkt auf der Mole.

Taverna Stukas. Hier sitzen Sie ebenfalls direkt am Wasser und können das rege Treiben beobachten. Die Speisekarte bietet von Moussaka und Dolmades bis zu gegrilltem frischen Fisch alles, was das Herz begehrt. Empfehlenswert.

Soulaounias. Traditionelle Bäckerei an der Uferpromenade, etwas zurückgesetzt neben dem Lesesaal. Das Personal erklärt, was dort alles zu bekommen ist. Neben Brot und Gebäck sind auch Teilchen im Angebot: Die mit Vanille-Füllung sind sehr beliebt.

... in Massouri Aegean Tavern. In Massouri, herrlicher Blick von der Terrasse am Meer auf die Insel Telentos. Ordentliche griechische Kost mit internationalen Einsprengseln, z. B. Caesar Salad.

Tsopanakos. Wer griechische Spezialitäten essen möchte, fährt weiter nach Armeos. Die

Taverne bietet z. B. Lamm- und Ziegenfleisch und kalymnische Gerichte an.

... auf der Insel Telentos **Rita.** Die direkt am Anleger liegende Taverne hat uns mit ihrer griechischen Hausmannskost und dem freundlichen Service ebenfalls absolut überzeugt. Besonders gut ist das Lamm-Stifado.

meinTipp **Kapsouli.** Die Traditionstaverne 200 m nördlich des Anlegers bietet die besten Fischgerichte – aber auch der Rest ist ausgezeichnet. Der alteingesessene Familienbetrieb läuft reibungslos, drei Generationen arbeiten hier zusammen. Der Fisch wird mit dem eigenen Boot täglich frisch gefangen, die Preise sind mehr als moderat: 16–18 € für ein Standard-Fischgericht, das Kilo aus dem Fang liegt je nach Sorte zwischen 35–50 €.

... in Vathi Einen Favoriten auszumachen, fällt schwer, sechs Tavernen buhlen im kleinen Hafen um die Gunst der Gäste. Uns haben die **Tavernen Poppy's** und **Limanaki** mit schattiger Terrasse, freundlichem Service und schönem Blick auf den Hafen gut gefallen. Wer in der Taverne des Hotel **Irini** für mehr als 30 € isst, kann sich mit dem Kaiki in eine nahegelegene Kieselbucht schippern lassen und wird zur vereinbarten Uhrzeit wieder abgeholt.

... in Emborios **To Kyma.** Nicht nur der Service in der Fischtaverne am Strand ist ausgezeichnet, auch die Gerichte wie Schwertfisch-Souvlaki, Rote Meerbarbe (Red Mullet) oder das Thunfisch-Carpaccio lassen keinen Wunsch offen. Mit Meerestieren kennt sich der Koch bestens aus: Im Winter sticht er als Fischer in See. tokyma-kalymnos.gr.

Pothia

Eine wuchtige Stadtkulisse, wenn man mit dem Schiff im Hafen ankommt: Die weißen und pastellfarbenen Häuser ziehen sich den kargen Fels hinauf, die Hauptstadt der Insel dehnt sich weitläufig in das Tal in Richtung Norden aus.

Pothia wirkt ungemein lebendig. Gut 10.000 der insgesamt 12.000 Kalymnier leben hier. Damit ist Pothia die drittgrößte Stadt des Dodekanes. Nur in Kos- und Rhodos-Stadt leben mehr Menschen. Pothia ist außerdem eine der wenigen Inselstädte Griechenlands, in denen im Winter mehr los ist als im Sommer. Denn dann sind die vielen Seeleute und Schwammfischer, die auf Kalymnos leben, zu Hause.

Von den Cafés und Restaurants entlang der Uferpromenade hat man den besten Blick auf das offene Meer –muss aber auch den Verkehrslärm in Kauf nehmen. Mehr Ruhe bietet ein Spaziergang durch das Gassengewirr des ab 1850 entstandenen Ortskerns. Hier stoßen Sie immer wieder auf neoklassizistische Häuser, meist Domizile ehemaliger Kapitänsfamilien.

Nordöstlich von Pothia liegt die Ortschaft **Chorio,** über der die Ruinen einer ausgedehnten Burg zu erkennen sind, die die Johanniter erbauen ließen. In Chorio lebten die Kalymnier vom 13. bis zum 18. Jh.; Mitte des 19. Jh. zog es immer mehr Bewohner nach Pothia. Vom Friedhof aus zweigt eine Straße ins Hochtal um das Dorf Argos ab. Hier steht das älteste Kloster der Insel, Ag. Apostoli, gegründet im 11. Jh. Heute ist es unbewohnt. Die Straße endet am 2006 eröffneten Flughafen.

Am südlichen Zipfel von Pothia führt eine Straße am Hang hinauf in Richtung der Ortschaft Vothini; hier gabelt sich die Straße. Der Weg zur **Vlichadia-Bucht** (ca. 6 km von Pothia entfernt) ist ausgeschildert. Die beiden rund 200 m langen Strandabschnitte sind durch einen kleinen Kai voneinander getrennt. Nördlich des Kais besteht der Strand aus Stein, südlich davon ist er sandig. Am Wochenende kommen viele Einheimische hierher, in den drei Tavernen herrscht dann Hochbetrieb.

Das private **Sea World Museum Valsamidis** (Eintritt 3 €) in der Bucht beherbergt eine bunte Sammlung: von geborgenen Amphoren über präparierte Haie und Muscheln aus den Gewässern des Dodekanes bis hin zu Taucheranzügen – ein sehenswertes Sammelsurium. An das Museum angeschlossen ist ein Café-Restaurant.

Archäologisches Museum: Wären nicht die zahlreichen Hinweistafeln, man hätte keine Chance, das gut versteckte

Die Kirche im Nonnenkloster Agios Savvas

archäologische Museum zu finden. Der Weg lohnt sich! In dem 2010 eröffneten Museum finden Sie Funde aus der prähistorischen Periode, entdeckt hauptsächlich in den Grotten von Kalymnos. Ausgestellt sind imposante Bronzeplastiken und Steinstatuen, außerdem Münzen, Metallwerkzeuge und Gefäße, die vor allem aus den Gewässern rund um Kalymnos stammen.

Auf dem Gelände befindet sich zudem das ehemalige Wohnhaus von Nikos Vouvalis, einem reichen Geschäftsmann (1853–1919), das für Besucher geöffnet ist. Zu sehen gibt es in einem spartanisch eingerichteten Zimmer alte Vasen, Teller und Gläser. Wesentlich prunkvoller dagegen sind der Speisesaal, das prächtige Wohnzimmer und das Arbeitszimmer des Kaufmanns. Ursprünglich verfügte das Anwesen über 32 Zimmer!

- In der HS tägl. 8.30–15.30 Uhr, Di. geschlossen. Barrierefrei. Eintritt 4 €.

Seefahrts- und Volkskundemuseum: Es befindet sich nahe der 1861 erbauten Christuskirche am Eleftheria-Platz. Zu sehen sind Fotos und Exponate zur Geschichte der Schifffahrt und Schwammtaucherei, außerdem zur kalymnischen Musik und zum traditionellen Bäckerhandwerk. Folkloristische Kleidung ergänzt die gut aufbereitete Ausstellung.

- Mo–Fr 9–14 Uhr. Eintritt 3 €.

Kalymnion House: Exponate aus der jüngeren Geschichte erwarten den Besucher – und eine spannende Führung. Die Tochter eines Schwammtauchers führt Sie ein in die Bräuche und Kleidung des alten Kalymnos, berichtet (auch auf Deutsch) über Geburten und Hochzeiten sowie über die Geschichte des Schwammtauchens. Das Haus liegt an der Straße Richtung Ag. Savvas.

- Tägl. 9–14 und 16–20 Uhr. Eintritt 2 €.

Festung Chrissocherias: Die im 13. Jh. vom Johanniterorden erbaute Anlage liegt am südlichen Ortsausgang von Pothia, oberhalb drei verfallener Windmühlen. Eine Treppe, aber auch eine steile Straße führen zur Festung hinauf, in der sich heute eine kleine Kapelle befindet. Sehr schön ist der Blick auf Pothia.

Baden und Strände: Am südlichen Ende des Hafens liegt ein rund 150 m langer Kies-Sand-Strand mit Bar. Hier kann

Rund 700 Meter Meer trennen Telentos und die Westküste

man zum Beispiel die Zeit bis zum Eintreffen der Fähre verbringen. Rund 500 m weiter über die Straße schimmert das Wasser türkis. Hier wartet in einer geschützten Bucht ein kleiner Kieselstrand mit Beach-Bar, die Snacks und Getränke vorhält. Die Straße endet an den Thermen, wo seit vielen Jahren aber nicht mehr gekurt wird. Hier serviert die Taverne Acrogiali richtige Mahlzeiten und ordentlichen Wein.

Die Westküste

Den Westen könnte man auch als „Küste des spektakulären Sonnenuntergangs" bezeichnen. Wegen der vergleichsweise guten Bademöglichkeiten und einer exzellenten touristischen Infrastruktur verbringen die meisten ihren Kalymnos-Urlaub hier und selbst bei einem Tagesausflug kann sich die Fahrt hierher lohnen. Breit gefächert ist auch das Sportangebot: Die Westküste steht bei Kletterern hoch im Kurs. Von hier aus starten sie zu den über 2500 Touren auf der Insel, versorgen sich mit Zubehör und finden Partner für gemeinsame Touren.

Die beiden Badeorte **Kantouni** und **Linaria** sind zusammengewachsen. Am sauberen Kies- und Sandstrand legen Meeresschildkröten ihre Eier ab, die Gebiete sind dann mit Seilen abgetrennt. Sehenswert ist das **Kloster des Kreuzes,** das förmlich am steilen Felshang klebt. Es ist über einen ausgetretenen Pfad zu erreichen.

Von Kantouni steigt die Straße zunächst etwas an und führt dann über enge Serpentinen hinunter zur Bucht von Massouri. Hier liegen die beiden quirligen Ortschaften **Myrties** und **Massouri** direkt hintereinander. Ein Grund, warum viele hier Urlaub machen, ist der weitläufige Sand- und Kies-Strand, der in der Hochsaison gut besucht ist, wo aber auch dann immer noch ein Plätzchen zu finden ist. Außerdem sind die Orte bei Aktivurlaubern beliebt: Klettern, Tauchen und Wandern stehen oben auf der Hitliste. Wer abends noch Energie hat, kann eine der Bars ansteuern.

Insel Telentos

Wer mehr Einsamkeit wünscht, setzt mit der kleinen Bootsfähre zur vorgelagerten Insel Telentos über. Sie ist der Blickfang eines unvergesslichen Panoramas, das sich allabendlich von Massouri und Myrties aus beobachten lässt, wenn die Sonne hinter dem mächtigen, kahlen Felsen versinkt, der 458 m steil aufragt. Die bunten Lämpchen des Hafens vor der grandiosen Farbkulisse im Hintergrund ergeben abends ein sehr fotogenes Zwielicht. Kletterer fühlen sich auf der Insel ebenso wohl wie Liebhaber von kleinsten Badebuchten und Freunde von romantischen Hafentavernen. Die rund 50 Einwohner von Telentos leben hauptsächlich vom Tourismus und von der Fischerei.

Verbindungen Von der Hafenmole in Myrties aus verkehren zwischen 8 und 24 Uhr halbstündlich Kaikia. Die Überfahrt kostet 2,50 €, Tickets gibt es beim Kapitän.

Baden Bereits an der Hafenmole weisen Schilder den Weg zu den verschiedenen Stränden der Insel. In nördlicher Richtung befinden sich mehrere kleine, schmale Kiesbuchten, an denen Sonnenschirme und Liegen zum Faulenzen einladen.

Wandern In gut 20 Min. erreichen Sie die Überreste der „Early Christian Necropolis" südwestlich des Anlegers. Der Pfad führt durch das kleine Wäldchen und dann den Hügel hinab. Unterhalb der wenigen Ruinen finden Sie eine kleine Kieselbadebucht mit etwas Schatten, in die sich kaum jemand verirrt. Folgen Sie dem Pfad rund 300 m weiter nach Westen, dort treffen Sie auf einen stählernen Glockenturm. Steinerne Treppen führen hinunter zur Kirche Ag. Georgios, die unmittelbar an Fels und Meer gebaut wurde. Tolles Fotomotiv!

Klettern George Trikilis fährt mit seinem Boot zu den besten Plätzen. ✆ 69-32978142, telendos.org.

Vathi im Osten

Die Straße von Pothia schlängelt sich kurvenreich an Felswänden entlang gen Osten, rechts hat man immer die Ägäis im Blick. Ziegen suchen vergeblich Schatten am Straßenrand. Nach rund sechs Kilometern durch steinerne Ödnis traut man seinen Augen nicht. Unter einem liegt – inmitten einer kargen Felslandschaft – das grüne fruchtbare Tal von Vathi: eine Oase, die für ihre zahlreichen Zitrusbäume (über 40.000 sollen es sein) bekannt ist.

Ein Ort zum Verlieben. Am Ende einer schmalen, tief eingeschnittenen Bucht liegt die kleine Ansiedlung. Inmitten

Die fruchtbare Vathi-Ebene

der kargen, grau-weißen Bergwelt glitzert das Blau des Meeres und reicht fast bis an das Grün der Mandarinen-, Zitronen- und Orangenplantagen heran.

Im Hafen namens Rina ankert eine bunte Vielzahl von Fischerbooten und Segeljachten. Entlang der Mole wetteifern sechs ausgezeichnete Tavernen um die Gunst der Gäste. Am Hang thronen zwei Basiliken aus frühchristlicher Zeit, am Ende des Fjords warten die Höhle Daskalio und eine Grotte auf Entdecker.

Vathi eignet sich auch hervorragend als Ausgangspunkt für Wanderungen in den nahezu unbewohnten Ost- und Nordteil der Insel, beispielsweise zum verlassenen Kloster Panagia Kira Psili Arginontas (ca. 3 Std.). Der beliebte Wanderweg Italian Road führt nach Pothia (ca. 6 km).

Taucher sorgten für Wohlstand

Baden und Strände: Vor Ort bietet sich nur ein Sprung von der Mole in das saubere Wasser des Hafenbeckens an. Etwa 3 km Richtung Pothia liegt der Kieselstrand Akti. Von Vathi aus starten Kaikia zu den unberührten Buchten der Nordostküste, zum Teil mit Schatten spendenden Tamarisken – und immer kristallklarem Wasser.

Der Norden

Einsam und ruhig, eine Handvoll wenig besuchter Badebuchten, zwei kleine Ansiedlungen und ein einsamer Weiler: Wer ungestört ausspannen oder in der kargen Berglandschaft wandern will, ist im Norden gut aufgehoben.

Arginontas ist ein ruhiger Ort, umgeben von steilen Felswänden. Einladend präsentiert sich der breite, stellenweise schattige Kiesstrand, auf dem ein paar Liegestühle auf Sonnenanbeter warten. Das Meer davor glitzert klar, türkis und blau. Idyllisch.

Der ruhige Hafenort **Emborios** ganz im Norden von Kalymnos ist per Bus (oder Boot ab Myrties) zu erreichen. Uns aber erscheint die Anfahrt mit dem Mofa ideal, denn so können Sie die karge Landschaft des Nordens auf eigene Faust erkunden. Besuchern bietet Emborios auch gute Bademöglichkeiten, zum Beispiel am Kieselstrand vor Ort oder an kleinen Badebuchten weiter nördlich.

Palionisos dagegen war bis 2010 nur über eine holprige Staubpiste erreichbar. Jetzt führt eine serpentinenreiche Straße mit spektakulären Aussichtspunkten dorthin. Die Region hat bei Kletterern einen guten Ruf. In dieser Gegend entsteht zudem der köstliche Thymian-Honig von Kalymnos. In der Bucht gibt es (noch) kein Hotel. Im Sommer sind allerdings vier Tavernen geöffnet, die Liegestühle auf den Kieselstrand gesetzt haben. Beliebt ist die Bucht bei Seglern, die hier gerne eine Nacht vor Anker gehen.

Harte Männer – weiche Schwämme

Wer in der Badewanne sitzt und sich mit einem samtweichen Schwamm einseift, wird kaum daran denken, dass es ein knochenharter Job ist, die sonderbaren Lebewesen vom Meeresboden an die Wasseroberfläche zu holen. Schwämme sind wirbellose Tiere ohne Organe, die sich von den Kleinstlebewesen ernähren, die das sie durchströmende Meerwasser mit sich führt. Sie setzen sich vor allem auf felsigem Untergrund fest.

Schwämme aus dem Mittelmeer

Die Schwammtaucherei hat auf Kalymnos seit der Antike Tradition. Schon der Komödiendichter Aristophanes erwähnte sie. Im Mittelalter polsterte kalymnischer Schwamm die schweren Rüstungen der Ritter. Naturschwämme dienten später in der Kirche zum Aufwischen der Hostienkrümel, heutzutage finden sie in Industrie und Medizin Verwendung.

Von den früher 135 Booten verlässt heute nur noch eine Handvoll den Hafen von Pothia, um zum Schwammtauchen hinauszufahren. Jedes Jahr kurz nach Ostern fahren die Boote vor die nordafrikanische Küste, im Oktober kehren sie zurück. Früher war diese weite Fahrt nicht nötig, denn in der Ostägäis gab es genug Schwämme. Mitte der 1980er-Jahre kam es jedoch zu einer Zerstörung der Schwammvorkommen durch eine Viruskrankheit, und heute sind die einheimischen Fanggründe weitgehend abgeerntet. Ergiebige Stellen liegen im Atlantik – allerdings sind die Schwämme dort von minderer Qualität und deswegen auch deutlich preiswerter. Die meisten Schwämme, die rund um den Hafen von Pothia angeboten werden, sind importiert. Verarbeitet werden die Schwämme allerdings oft auf Kalymnos: beschnitten und durch mehrere chemische Bäder blondiert. Im Naturzustand sind sie dunkel- bis mittelbraun.

Die Geschichte der Schwammtaucherei ist eine Geschichte von Legenden und Tragödien: Tausende von Schwammsuchern aus Kalymnos bezahlten ihre Waghalsigkeit mit dem Leben oder waren in jungen Jahren schon invalide: gelähmt, taub oder blind. Es dauerte bis ins erste Jahrzehnt des 20. Jh., bis man die Ursache der sogenannten Taucherkrankheit erkannte: Das zu schnelle Auftauchen aus großen Tiefen führt dazu, dass im Körper vor allem Stickstoff in Form von Bläschen freigesetzt wird, die die Blutbahnen verstopfen können. Heutzutage wissen Taucher, dass sie beim Auftauchen bestimmte Dekompressionspausen einhalten müssen.

Insel Patmos

Gäbe es eine Hitliste der beliebtesten Inseln des Dodekanes, würde Patmos einen Spitzenplatz belegen. Die kleine Insel bietet alles, was das Urlauberherz begehrt: reizvolle Strände, gute Tavernen, fotogene Altstadtgassen und nicht zuletzt reichlich Kultur.

Selbst mit den schnellen Katamaranen dauert die Fahrt von Kos nach Patmos rund 2:30 Stunden. Und selbst wenn am gleichen Tag noch ein Katamaran den Rückweg bedienen würde: Für einen Tagesausflug von Kos ist Patmos nicht geeignet. Planen Sie also mindestens eine Übernachtung ein.

Patmos besteht eigentlich aus drei verschiedenen Inseln, die durch zwei schmale Landzungen miteinander verbunden sind. Die Küste ist von Buchten zerklüftet. Die höchste Erhebung ist der Profitis Ilias mit 269 m. Auf der 34 km² großen Insel leben gut 3000 Menschen, die meisten davon in Skala.

Auf Patmos trifft man auf eine optimale Mischung aus griechisch-orthodoxer Glaubenslehre und multinationaler Urlaubsphilosophie. Die Natur tut das Ihrige dazu: Auf eine berauschend schöne Bucht folgt die nächste, das Wasser ist türkisblau und kristallklar – und selbst ein einsamer Strand lässt sich recht leicht finden.

Kein Wunder also, dass die Insel hoch im Kurs steht – bei Individualreisenden ebenso wie bei Reiseveranstaltern und Kreuzfahrtschiffen. Prominenter Patmos-Besucher war bis zu seinem Tode Zeitungszar Axel Springer, der hier ein schmuckes Häuschen besaß; aber auch andere bekannte Gesichter verbringen ihren Urlaub gern auf dem Eiland. Auch sie zieht es immer mal wieder in die Gassen von Skala, wo modische Kleidung und Accessoires in kleinen Boutiquen feilgeboten werden und der Abend in einer der stilvollen Bars ausklingt.

Bei der Einfahrt eröffnet sich ein großer, an der nördlichen Spitze kesselförmiger Naturhafen. Vor allem abends ist der Blick über die Bucht von Skala ein phänomenales Erlebnis. Hoch über dem Hafenort thront eindrucksvoll die Altstadt mit dem wuchtigen Johanneskloster.

Auf der anderen Seite der Bucht steht ein großes, in der Nacht hell leuchtendes Kreuz. Es wurde zu Ehren eines Einsiedlermönchs errichtet, der dort im 17. Jh. gelebt haben soll. Klöster, Kapellen, Kreuze überall – das griechische Parlament hat Patmos 1983 zur heiligen Insel erklärt.

Wer kleine Wanderungen mag, findet auf Patmos ein ausgezeichnetes Revier: Einige Wege sind sogar ausgeschildert. Gut ausgestattet sind Sie mit der Karte des Terrain-Verlags (Maßstab 1:20.000) oder mit Wanderapps – oder Sie nutzen die Vorschläge für Kulturwanderungen unter monopatiapolitismou.gr.

Praktische Infos

Information Die **Touristeninformation** (✆ 22470-31400) befindet sich auf der Rückseite des Hafengebäudes aus der italienischen Besatzungszeit. Mo–Fr 8–14 Uhr, patmos.gr.

Im **Informationszentrum für Kultur und Orthodoxie** in Skala, rund 100 m östlich vom Polizeigebäude, läuft auf fünf großen Bildschirmen in verschiedenen Sprachen der gleiche Film. Im Fokus stehen Infos über das Kloster und die griechisch-orthodoxe Kirche. Öffnungszeiten wechseln oft, zuletzt Mo–Fr 10–19 Uhr.

Was die Schiffsverbindungen betrifft, erkundigt man sich am besten beim **Hafenamt** an der Anlegestelle oder bei der Reiseagentur **Astoria Travel** an der Hafenpromenade. ✆ 224 70-31205. Auch die Website ist hilfreich: astoriatravel.com.

Verbindungen von/nach Patmos Patmos wird von den großen **Fähren** auf der Strecke Piräus–Kos–Rhodos tägl. angelaufen, z. T. bis zu 4-mal. Zudem können Sie Patmos täglich von Kos aus auch mit Katamaranen erreichen (→ Kos-Stadt, Fährverbindungen, S. 37). Die Fähragenturen auf Patmos befinden sich an der Hafenpromenade, in der Parallelstraße oder am Hauptplatz nahe dem Kai.

Verbindungen auf Patmos **Busse** fahren gegenüber dem Hafengebäude ab. Es gibt folgende Buslinien: Skala–Kampos (6-mal tägl.), Skala–Chora (9-mal tägl.), Skala–Grikos (6-mal tägl.) sowie Grikos–Chora (4-mal tägl.). Die einfache Fahrt kostet 1,80 €. patmosbus.gr

Am Hafen stehen auch **Taxis.** Die Fahrt hinauf zum Kloster kostet etwa 10 €. ✆ 22470-31225.

Ausflüge Zum Strand Psili Amos und zu den Stränden auf kleinen Nachbarinseln wie Arki und Marathi fahren von Skala tägl. **Boote.** Großes Angebot an Touren und Booten bei Patmos Daily Cruises. ✆ 69-77035231, patmosdaily cruises.gr. Nach Lipsi geht es mit der Patmos Star für 20 € hin und zurück. ✆ 22470-32500.

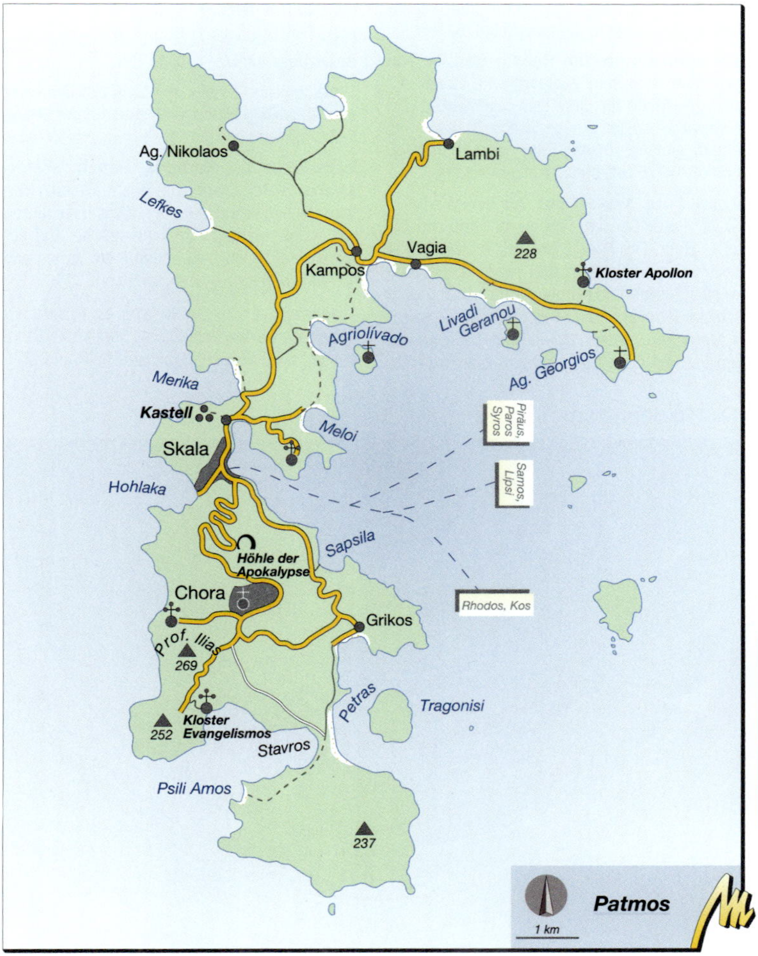

Auto-/Zweiradverleih Motorent & Bikes Faros. An der Straße Richtung Chora, ca. 200 m vom Kreisverkehr am Hafen entfernt. Im Angebot sind Trekking- und Mountainbikes ab 8 € pro Tag, Scooter ab 10 €, Kleinwagen ab 25 € sowie Quads ab 20 € tägl., Lieferung zur Unterkunft, Rabatte ab drei Tagen Verleih. ✆ 22470-34400 und 69-72431314, patmos-motorentfaros.com.

Express Rent a Car & Moto. Am Hafen gegenüber der Anlegestelle der Katamarane. Umfangreiches Angebot: Scooter verschiedener Motorstärken (125 cm³ für 25 € pro Tag), Quads (verschiedene Motorstärken, ab 25 €) und Autos (Kleinwagen ab 35 €), Lieferung zur Unterkunft. ✆ 22470-32088 und 69-76220855.

Christina Giannarou Rent a Car. Die Wagen sind in gutem Zustand und haben die richtigen Maße für die engen Inselstraßen. Ein Kleinwagen kostet je nach Saison 30 bzw. 45 €, Rabatt gibt es ab drei Tagen. ✆ 22470-32885 und 69-74745761, patmoscarrental.com.

Rossi Auto Moto Rent. An der Marina in Skala. Guter Service. Scooter mit 150 cm³ für 25 €. Einen Fiat Panda gibt es für 35–50 €, je nach Saison, Rabatt ab drei Tagen. Angeboten werden (unter dem Namen Patmos Boats) auch schicke Schnellboote mit Skipper auf die bis zu 7 Menschen passen. Damit sind Touren rund um Patmos oder den Nachbarinseln möglich. Tagespreis inkl. Sprit 400 €. ✆ 22470-34343 und 69-83957690, rossirentacar.gr.

Bank Eine Bank mit EC-Automat befindet sich am Hauptplatz in Skala.

Entfernungen Die Insel ist klein: Skala (Hafen)–Chora 4 km (zu Fuß etwa 60 Min.), Skala–Grikos 3 km, Skala–Lambi 8 km, Skala–Meloi 1,5 km.

Parken Neben einigen Hotelparkplätzen gibt es in Skala zwei öffentliche, kostenlose **Parkplätze:** einen beim Hotel Chris an der Uferpromenade in Richtung Meloi und den anderen auf halber Strecke in Richtung Hohlaka-Bucht.

Polizei Am Hafen. ✆ 22470-31303.

Post Im Hafengebäude aus der italienischen Besatzungszeit. Mo–Fr 9–14 Uhr.

Tankstellen Es gibt nur zwei auf der Insel: eine in Skala in Hafennähe, eine auf der Straße Richtung Kampos.

Wassersport Kampos Beach Watersports. Bietet sowohl Unterricht als auch Verleih: Wer Windsurfen oder Wasserski fahren will, ist hier richtig. Man kann sich bei Andreas Kokkons auch ein Tretboot, SUP etc. leihen und Kitesurfen. patmoswatersports.com.

Übernachten in Skala Wer ein Privatquartier sucht, wird schnell fündig. Sobald die Fähre anlegt, sind die Vermieter zur Stelle und prei-

Der Blickfang am Hügelkamm ist zu besichtigen

sen ihre Quartiere an. Hotels und Pensionen gibt es etliche auf Patmos – trotzdem ist eine Reservierung in der HS nötig. Im August liegt das Preisniveau über dem der Nachbarinseln.

Villa Knossos. Eine sympathische Herberge mit viel Komfort: Zimmer mit Bad, Balkon, Klimaanlage, Kühlschrank und Wasserkocher stehen zur Verfügung. Auch hier blühen Blumen rund ums Haus. Man kann sich das Frühstück aufs Zimmer bringen lassen oder auf der Terrasse frühstücken. ✆ 22470-32189 und 69-458 14273, villaknossos.com. **€€**

Sea View Apartments. Liegt oberhalb des Ortes, mit Blick auf Skala und die Bucht von Hohlaka. „Die beste Unterkunft, die wir in Griechenland hatten", schrieben uns Fritzi B. und Frank W. Das Haus führen Susi und Sofia, Mutter und Tochter, sowie Susis Ehemann Thanasis Vasilakis. Das Ehepaar kennt sich hervorragend auf Patmos aus – und hilft gerne mit Tipps aus. Sehr gut ausgestattet, u. a. Balkon, Klimaanlage, Toaster, Wasserkocher, Fernsehen mit deutschen Programmen und Wi-Fi in allen Räumen. Kostenloser Transfer zum Hafen. ✆ 22470-32749 und 69-79681933, enjoy-patmos.de. ▪ **Lesertipp €€**

Byzance. Südlich des Hafens gelegenes Hotel in einer ruhigen Gasse, das aus zwei Gebäuden besteht. Die Dachterrasse bietet eine tolle Aussicht, es gibt sogar eine Sauna! ✆ 22470-31052, byzancehotel.gr. **€€**

Siroco Studios. Die zwölf Apartments in der Bucht von Hohlaka liegen nahe am Meer, sind geschmackvoll eingerichtet, geräumig und sauber. Die Studios sind mit Klimaanlage und Ventilator ausgerüstet, verfügen über eine Küche und einen privaten Balkon oder Terrasse. Die freundlichen Betreiber holen die Gäste vom Hafen ab. ✆ 22470-33262 oder 69-76674282, siroco-patmos.com. **€€€**

Hotel Hellenis. Das von zwei quirligen Zwillingsschwestern geführte Haus liegt an der Uferstraße im Norden der Bucht, auf dem Weg zur Meloi-Bucht. Bis zum Meer sind es 15 m, bis ins Stadtzentrum ca. 600 m. Die Zimmer sind tipptopp sauber, die Ausstattung mit TV, Kühlschrank und Klimaanlage umfasst die wichtigsten Features. Die Zimmer in der ersten Etage gefielen uns wegen der Aussicht auf die Bucht und Skala besser als die im Erdgeschoss. ✆ 22470-31275 und 69-78401480, hotelhellinispatmos.gr. **€–€€**

Le Balcon. Rund 1 km von Skala entfernt (Richtung Sapsilia). 9 geräumige Apartments in einer liebevoll gepflegten Gartenanlage. Fantastischer Blick übers Meer und auf Skala. Studios für zwei Personen, etwas größer sind die Suiten. ✆ 22470-32713 oder 69-44 943622, lebalcon.gr. **€€**

... in Meloi Porto Scoutari. Das exklusive Romantikhotel liegt auf einem Hügel, rund 400 m vom Strand entfernt, inmitten eines großen Gartens. Den Weg zur Rezeption, an der meist die Besitzerin Elina Scoutari sitzt, ziert antikes Mobiliar, ein Stil, der sich auch in der Einrichtung der Zimmer wiederfindet. Den Gästen stehen ein Pool und ein Fußballplatz zur Verfügung. Schauen Sie auf die Homepage, dort gibt es oft günstigere Angebote. ✆ 22470-33175, portoscoutari.com. **€€€**

Mein Tipp **... in Sapsila Mathios.** Bietet insgesamt fünf Studios und zwei Apartments. Alle sind geräumig, verfügen über Balkon oder Terrasse. Bei der Wahl der Innenausstattung hat die freundliche Betreiberin Jakoumina eine geschickte Hand bewiesen. Historische Gegenstände wie ein hölzernes Himmelbett vermitteln Lokalkolorit. Die technische Ausstattung indes ist modern, die Zimmer sind picobello sauber. Liebevoll gepflegt präsentiert sich auch der Garten, aus dem die Gäste mit saftigen Melonen oder Zitronen verwöhnt werden. Im Angebot sind auch zwei Häuser: eins direkt am Meer für 2–3 Personen und eins aus naturbelassenem Stein, das in der HS für rund 200 € zu mieten ist. ✆ 22470-32583 und 69-76625067, mathiosapartments.gr. **€€**

... in Grikos Patmos Aktis. Eine durchdesignte Anlage mit 56 großen Zimmern und Suiten. Hier schlagen Architektenherzen, die klare Linien lieben, höher. Private Pools, die direkte Strandlage, ein großer Spa-Bereich und ein exquisites Restaurant kann das mehrfach prämierte Hotel vorweisen. ✆ 22470-32800, patmosaktis.gr. **€€€€**

Silver Beach. Hotel direkt an der Mole. 16 saubere Zimmer mit Balkon. Das Silver Beach kooperiert mit dem Patmos Aktis (s. o.) Hotelgäste haben die Möglichkeit, gegen Aufpreis das Wellness-Angebot des Aktis-Hotels zu nutzen. ✆ 22470-35034, silver-beach.gr. **€€€**

Golden Sun. Das Hotel liegt am Hügel über der Bucht, das eröffnet einen wunderbaren Ausblick. Die Zimmer sind geräumig, sauber und haben eine Klimaanlage. Die (Mit-)Betreiberin Brigitte Hurdalik hat unter dem Pseudonym Annoula einen Roman und ein Buch über Patmos veröffentlicht. Auch die Malerei hat sie für sich entdeckt und bietet Kurse im Hotel an. ✆ 22470-32318 und 69-07908880, hotel-goldensun.com. **€€**

Flisvos. Die 9 Studios mit Balkon (und schönem Blick auf die Bucht) liegen in einem Gebäude im östlichen Teil der Siedlung. Die Zimmer sind einfach eingerichtet, mit kleiner Küche, geräumig und sauber. Bis zum Meer sind es knapp 100 m. Die Besitzer betreiben die gleichnamige Taverne, die am südlichen Ortsausgang zu finden ist. ✆ 22470-31380 oder 69-722726857, flisvos.gr. **€**

... in Agriolivado **Studios Glaros.** Am Südende des Strandes; sehr empfehlenswert. Es gibt zwei große (vier Personen) und zwei kleine (zwei Personen) Apartments, die sehr individuell und liebevoll eingerichtet sind. Von den Balkonen hat man eine erstklassige Aussicht über die Bucht. ✆ 22470-31475. **€€**

... in Kampos **Patmos Paradise.** Das Hotel am Hang oberhalb der Bucht ist ein moderner 90-Betten-Bau mit Pool und Squashcourt. Dafür bekommt man auch Frühstück – und den ganzen professionellen Hotelservice auf internationalem Niveau. Im Juli und August ist das Hotel meist voll belegt. DZ kosten zwischen 65 und 210 € je nach Aussicht und Saison. Wer über die Website bucht, erhält einen Preisnachlass. Rund 100 m entfernt vermietet das Hotel sieben exponiert gelegene Apartments. Meerblick aus mehreren Fenstern und von der großen, schattigen Terrasse. ✆ 22470-32624, patmosparadise.com.

... in der Bucht von Lambi **Beach Bar Dolphin.** Vermietet vier Apartments: schön eingerichtet, geräumig und mit eigener kleiner Terrasse. Viel näher am Strand kann man nicht wohnen. Die Café-Bar bietet von Joghurt über Toast bis zum griechischen Salat alles, was man an einem Strandtag braucht. ✆ 22470-31951, patmoslampistudios.gr. **€€**

Essen & Trinken in Skala **Tzivaeri.** An der Uferstraße in Richtung Meloi, nahe dem Ortskern. Ausgezeichnete Fischgerichte, besonders die gegrillten Scampi und Shrimps sowie der Oktopus sind gut – wenn auch mit 15–20 € nicht ganz billig. Empfehlenswert ist u. a. das Fava mit Austernpilzen. Flotter Service.

Hiliomodhi. Unweit vom Hafen, an der Straße nach Chora gelegen. Man sitzt hinterm Haus, in einer kleinen Sackgasse abseits der Straße. Eine gute Adresse für frischen Fisch. Eine gemischte Fischplatte ist vorzüglich, auf die Reste warten die Katzen in angemessener Entfernung. Auch die Rote Bete mit Skordalia oder gegrillte Auberginen sind prima.

Tsipouradiko. Einen besseren Platz für eine Fischtaverne als im Hafen kann es kaum geben. Und dann stehen die Tische auch noch im Sand, direkt am Wasser. Der Fang des Tages ist in einer Vitrine ausgestellt. Das beliebteste Gericht ist der karamerilisierte Oktopus auf Fava. Nur abends geöffnet und oft rappelvoll. Reservieren Sie unter ✆ 22470-32803.

meinTipp **Votris.** An der Straße Richtung Kampos, kurz vor der Marina. Die Taverne lässt die traditionelle Inselküche wieder aufleben. Der sympathische Betreiber Theologos Kaniaros empfiehlt den Patmos-Salat, für den ausschließlich lokale Zutaten verwendet werden, und zwar offenbar von Könnern in der Küche. Ausgezeichnet schmeckt auch das *Hunkar begendi*. Der Name ist türkisch und heißt übersetzt: Ihre Majestät war entzückt. Das Gericht besteht aus zartem Rindfleisch in Tomatensoße auf Auberginenpüree. Umfangreiche Weinkarte. Achtung: Die Taverne ist leicht zu übersehen, sie liegt über einem Supermarkt, inklusive der großen Terrasse mit Blick auf die Bucht. Sie sollten reservieren: ✆ 69-88807376.

Pernera. Veganes Restaurant, versteckt in einer kleinen Gasse. Beliebt ist das Iskender Kebab (14 €), das mit Pilzen statt Fleisch angerichtet wird, und das Moussaka. An die Taverne angeschlossen ist u. a. ein Bioladen.

... in Chora **Vaggelis.** Direkt am Hauptplatz gelegen. Trotz der vielen Touristen gemütlich. Ein empfehlenswerter Snack sind die Blätterteigtaschen mit Spinatfüllung.

Balcony. Am Fußweg Richtung Kloster, mit großer Terrasse und grandiosem Blick über die Insel. Die traditionelle griechische Küche ist gut, tagsüber werden auch ausgezeichnete Sandwichs serviert.

Pantheon. Alteingesessenes Haus, ebenfalls am Fußweg zum Kloster. Die Küche bietet besonders leckere Appetithappen (Mezedes) und frischen Fisch.

Katoi. Am Ortseingang nahe der Busstation in einem Gebäude aus dem Jahr 1627 offeriert die Betreiberfamilie u. a. hausgemachte Süßigkeiten und Kuchen. Ganztägiger Betrieb, vom Frühstück bis zum Wein am Abend. Die wenigen Plätze auf der Terrasse sind sehr begehrt.

Nachtleben in Chora In den engen Gassen lassen sich die Nächte in einigen Bars zum Tag machen. Besonders schön ist es an der Platia z. B in den Bars **Pougki** oder **Stoa Theo's.**

Die Chora mit dem Johanneskloster

... in Grikos Stamatis. Taverne an der Mole. Die Speisekarte bietet neben griechischer Küche auch Gerichte mit internationalem Einschlag.

Flivos. Die Taverne an der Straße Richtung Petras ist auf Fisch spezialisiert. Schwertfisch, Shrimps in Knoblauchsoße und Kalamari sind ausgezeichnet.

mein Tipp **Ktima Petra.** Befindet sich in der Bucht von Petras. Bei Einheimischen beliebtes Restaurant mit ausgezeichneter griechischer Küche. Gemüse wird im Garten und dem Gewächshaus nebenan angebaut. Die hausgemachten Dolmadakia sind ein Gedicht. Die meisten Hauptspeisen kosten weniger als 10 €. Zu späterer Stunde verschwindet die Speisekarte, und die Cocktailkarte kommt auf den Tisch.

Tarsanas. Die Taverne ist in der Reederei am Südende der Bucht von Petras (Diakofti) beheimatet. Serviert wird griechische Küche auf einer hölzernen Terrasse unter beigen Sonnensegeln – und das mit Blick auf den Sporthafen und die Bootshallen ringsum. Einzigartige Atmosphäre. Geöffnet Mo–Sa, 9–18 Uhr.

... in Agriolivado Taverne Agriolivadi. Direkt hinter dem Strand gelegen, versorgt sie vor allem die Sonnenanbeter. Sonntags kommen die jungen Einheimischen hierher und feiern den freien Tag.

... in Kampos George's Place. Direkt am Strand. Dies war die erste Strandbar und irgendwie der Anfang des Tourismus in Kampos; George hat also jede Menge Geschichten zu erzählen. Man kann aber natürlich auch einfach nur Snacks essen und etwas trinken: Es gibt z. B. hausgemachten Schokoladenkuchen und wirklich köstliche Salate jenseits des Gewohnten. Legendär sind die Vollmondpartys.

Kavourakia. Eine der beiden Tavernen am Strand, die ihre Tische im Sand stehen haben. Hier gibt es gutes griechisches Essen in angenehmer Atmosphäre. Die Familie vermietet über der Taverne auch fünf Zimmer. ✆ 22470-31745, kavourakia.patmos.eu.

... in Lefkes Kantina Lefkes. Grillrestaurant direkt am Strand. Zubereitet werden Souvlaki (Huhn oder Schwein) und Kebab in einem umgebauten Wohnwagen. Gegessen wird an Tischen mit den Füßen im Sand. Frisch, preiswert, gut.

... in der Bucht von Lambi Beach Bar Dolphin. Die Café-Bar bietet von Joghurt über Toast bis zum griechischen Salat alles, was man an einem Strandtag braucht. ✆ 22470-31951, patmoslampistudios.gr.

mein Tipp **Fischtaverne Lambi.** Bietet seit 1958 traditionelle griechische Küche an, vor allem frischen Fisch – und das von feinster Qualität. Auch die Vorspeisen sind empfehlenswert: Den Melitzanosalata z. B. hat die Köchin in eine Auflaufform gepresst, mit Joghurt und Ziegenkäse verfeinert und mit einer dünnen Schicht passierter Tomaten abgedeckt. Zum Nachtisch wurde gesüßte Zitrone

Festlich geschmückt: Kirche in Skala

serviert. Großer Innenraum, doch im Sommer sitzen alle lieber an großen Holztischen mit den Füßen im Kieselstrand.

Nachtleben in Skala Am schmalen Strand an der Uferpromenade auf dem Weg zur Marina stehen Tische und Stühle im Sand. Die Einheimischen freuen sich offenbar am meisten über das Angebot, ziehen die Schuhe aus und bestellen Frappé. Abends werden Lichter auf die Tische gestellt. Eines von mehreren empfehlenswerten Café-Restaurants ist das **Meltemi.**

Art Café. Hinter dem Hafengebäude steigen Sie eine steile Holztreppe hoch zum Café mit Dachterrasse und Blick über den Hafen. Kaum ist man drin, fühlt man sich wohl. Kein Zufall, denn Katharina ist gelernte Dekorateurin. Der ideale Ort zum Chillen, vielleicht mit einem Cocktail? Einen hat sie selbst erfunden: Strawberry field forever. Der mit 10 € teuerste Drink auf der Karte schmeckt ausgezeichnet. In dem Café finden Lesungen, Konzerte und Ausstellungen statt.

Skala

Langweilig wird es nicht im Hafen von Skala: Die Cafés an der Uferpromenade haben die Stühle herausgestellt, die Menschen flanieren und die Geschäftsleute wissen, wie man ein Schaufenster dekoriert. Meist ist die Atmosphäre entspannt – außer wenn viele Besucher aus dem Bauch eines Kreuzfahrtschiffs strömen.

Das auffälligste Gebäude von Skala ist das während der italienischen Besatzung gebaute Zollamt gegenüber der Fähranlegestelle. Heute sind in dem Haus mit seinen schönen Arkaden und dem wuchtigen Turm Polizei und Post untergebracht.

In den schmalen Gassen rundherum hat kein Auto Platz; man vermisst sie auch nicht, denn die Wege sind kurz. Nahezu an jeder Ecke lockt eine Taverne oder ein Café. Dazu kommen Boutiquen, in denen Designer ihre eigenen Ideen realisieren. Das hebt sich wohltuend ab vom monotonen Marken-Mainstream in vielen deutschen Einkaufsstraßen und dem leider oft einfallslosen Angebot in vielen Souvenirgeschäften anderer Inseln. Doch Qualität und Exklusivität haben ihren Preis: Patmos zieht durchaus Besucher mit dickerem Geldbeutel an.

Kastell/Antike Akropolis: Die Überreste der Siedlung liegen auf einem 144 m hohen Hügel. Erhalten sind noch Teile der antiken Stadtmauer. Inmitten der Trümmer zeichnen sich die Wege, die einst durch die Siedlung führten, noch deutlich ab. Die längs der Gassen geschichteten Steine erreichen eine Höhe von 1 m; die Gebäude dahinter sind indessen vollständig zerfallen. Wenn Sie den Hügel erklommen haben, blicken Sie auf die nördliche Nachbarinsel Ikaria.

▪ Am Parkplatz hinter der Bank an der Uferpromenade hoch in Richtung Hotel Castelli. Dahinter rechts in die Gasse, die Stufen empor und schließlich durch das zerfallene Tor.

Baden und Strände: In Skala selbst sind die Möglichkeiten sehr bescheiden: kaum Schatten, und die Straße führt direkt am Strand vorbei. Wer einen schönen Strand sucht, braucht jedoch nicht weit zu fahren: Die **Bucht von Meloi** ist nur 1,5 km entfernt und somit auch gut zu Fuß zu erreichen. Das Wasser ist sauber, Tamarisken am Ufer spenden viel Schatten. Hunger und Durst können Sie in einer Taverne stillen.

Über der Bucht von Meloi thront das im Jahre 1667 gegründete **Kloster zur Quelle des ewigen Lebens.** Sein Name ist nicht nur metaphorisch zu verstehen: Tatsächlich entspringt hier eine Quelle. Sehenswert sind der verwinkelte Patio mit seiner üppigen Pflanzenpracht und die beiden reich verzierten Kirchen mit Ikonen aus dem 17. Jh. Über eine schmale Stiege ist der Fels, aus dem das Quellwasser sprudelt, zu erklimmen. Von der Aussichtsplattform bietet sich eine schöne Aussicht auf Skala und Chora. Das überdimensionale Kruzifix auf dem Fels leuchtet nachts Touristendampfern den rechten Weg.

Chora (Altstadt)

Niemand verlässt Patmos, ohne in Chora gewesen zu sein. Schließlich beherbergt die Altstadt auf dem Berg über Skala die wichtigste Sehenswürdigkeit der Insel: das Johanneskloster, zu dem die sagenumwobene Höhle der Apokalypse gehört. Seit 1999 steht die Altstadt samt Kloster und Höhle auf der UNESCO-Welterbeliste.

Holpriges Pflaster, dunkle Durchgänge, eng bebaut – die Chora ist ein kleiner Irrgarten. Die wenigen Tavernen und Cafés warten auf Besucher.

Apostel Johannes ziert den Klostereingang

Wenn die Touristen wieder weg sind, kehrt die Stille zurück. Die Ortschaft wirkt dann verlassen und leer. Die fast gespenstische Szenerie in der Mittagshitze hat ihren Reiz: Jahrhundertealte, weiß getünchte Häuser drängen sich in engen Gassen, kein Neubau trübt das Bild von Chora, und über allem thront das Johanneskloster mit seinen gigantischen wehrhaften Mauern.

Der Schein trügt. Tatsächlich ist Chora ein begehrter Platz. Viele der alten Häuser sind nach aufwendiger Restaurierung an Interessenten aus dem In- und Ausland verkauft worden, die die Immobilien dann weiter vermieten – was die Hotelbetreiber regelmäßig in Rage treibt. Fahren Sie am besten mit dem Bus nach Chora hinauf und gehen Sie zu Fuß hinunter. Per pedes braucht man etwa 45 Min.

Am 25. und 26. September sowie am 20. und 21. Oktober finden in Chora große Prozessionen zu Ehren des Apostels Johannes bzw. des Klostergründers Christodoulos statt. Ostern ist natürlich auch ein Highlight auf der heiligen Insel.

Die mächtigen Mauern des Johannesklosters

Kloster des Apostels Johannes: Das Kloster mit seinen mächtigen Außenmauern, 260 m hoch über der Insel gelegen, wirkt überwältigend, geradezu kolossal. Seit über 900 Jahren leben Mönche im Johanneskloster. Im Altertum stand an derselben Stelle ein Tempel der Artemis, und auf dessen Ruinen wurde im 4. Jh. eine Basilika errichtet. Die heutige Form des Klosters mit seinem Innenhof, Arkadengängen, Kapellen und unzähligen Schlafräumen wurde jedoch erst im 17. Jh. fertig gestellt.

Die massive polygonale Zinnenmauer wurde im 11. Jh. gebaut. Das dunkle Vulkangestein der Insel ist als Baumaterial verwendet worden und bildet einen markanten Kontrast zu den gekalkten Häusern ringsum. Der Innenhof, das Kernstück des Klosters, ist mit verschiedenfarbigen Kieseln bedeckt. Ihn umgeben hohe Mauern, die wiederum von Arkadengängen durchzogen sind.

Die Fresken der vier Evangelien in der Vorhalle des Katholikons, der Hauptkirche des Klosters, stammen aus dem 18. Jh. und sind hervorragend erhalten. Ebenso die fein gearbeiteten Ornamente an den Holztüren. Sie wurden im 17. Jh. gefertigt.

In der dreischiffigen, düsteren Christodoulos-Kapelle wird kostbarer Schmuck aus dem Grab des im 12. Jh. verstorbenen Klostergründers gezeigt. Seine Gebeine liegen in einem mit Silber verzierten Reliquienschrein. Im Kloster ist auch ein Museum untergebracht. Es beherbergt eine Vielzahl von kirchlichen Relikten aus der Schatzkammer des Klosters, die als eine der bedeutendsten Griechenlands gilt. Besonders eindrucksvoll ist die rund 2 m lange Stiftungsurkunde aus dem Jahre 1088. Die Exponate, darunter Handschriften, Ikonen, Messgerätschaften und Reliquienschreine, sind gut erhalten und werden in englischer Sprache erklärt.

Auf dem Hügelkamm westlich des Klosters stehen drei restaurierte **Mühlen,** die als Museen dienen. Eine der Mühlen wurde so instand gesetzt, dass dort Mehl gemahlen werden könnte.

▪ Tägl. 8–13.30 Uhr, zudem Di und Sa 16–19 Uhr und Do 16–18 Uhr. Am Eingang wird die Kleidung kontrolliert: lange Hosen bzw. Röcke sind erwünscht. Meiden Sie eine Besichtigung des Klosters, wenn eine Besuchergruppe kommt – dann ist es einfach zu eng in den ehrwürdigen Mauern! Museum 6 €.

Höhle der Apokalypse: „Ich, Johannes, euer Bruder und Mitgenosse an der Trübsal und am Reich und im Ausharren bei Jesus, ich war auf der Insel, die da heißt Patmos, um des Wortes Gottes Willen und des Zeugnisses von Jesus. Der Geist kam über mich an des Herren Tag, und ich hörte hinter mir eine große Stimme wie von einer Posaune, die sprach: Was du siehst, das schreibe in ein Buch" (Offenbarung 1, 9–11).

Etwa auf halber Höhe zwischen Skala und Chora liegt die Höhle, in der Johannes die Vision zur Niederschrift der Apokalypse erhalten haben soll. In das mit Silber umrandete, vergitterte Loch in der Wand soll der Apostel sein Haupt zum Schlafen gebettet haben; die Nische nebenan diente ihm angeblich als Halt, wenn er sich nach dem Gebet aufrichtete.

Die einem Mercedes-Stern ähnelnden Risse in der Felsdecke sollen entstanden sein, als Jesus seinem Jünger erschienen ist. Ein Riss spaltet sich in drei auf, was als Symbol der Dreieinigkeit gedeutet wird – christlich-religiöse Motive finden Sie in der kleinen Höhlenkapelle zuhauf. Diese ist orthodox ausgestattet: mit mehreren Altären, bunten Ikonen, Kerzenleuchtern und Teppichen.

Johannes hat sein Evangelium übrigens nicht selber geschrieben, sondern seinem Lieblingsjünger Pronchos diktiert. Eine ebene Fläche im Fels, rechts oberhalb der Gebetsstätte des Johannes, soll Pronchos als Pult gedient haben.

▪ Öffnungszeiten wie das Kloster (s. o.). Eintritt 3 €, Fotografieren verboten.

Sehenswert ist auch das traditionelle **Herrenhaus Simantiri** (Simantiri Mansion) nahe dem Nonnenkloster Zoodochou Pigis. In dem 1625 erbauten Haus erwartet Sie eine umfassende Sammlung von Hinterlassenschaften, vor allem aus dem 18. und 19. Jh.

▪ Ganzjährig geöffnet von 9 bis 13.30 und 17 bis 19.30 Uhr.

Der Süden

Bis auf den Ort Grikos ist der südliche Teil der Insel vom Tourismus noch kaum erobert. Das ganze Gebiet ist mit viel Aufwand landwirtschaftlich kultiviert worden. Auf Terrassen wachsen Oliven- und Mandelbäume. Am südöstlichen Zipfel der Insel liegt ihr schönster Strand: Psili Amos.

Auf dem Weg nach Grikos kommt man an der langgezogenen Bucht **Sapsila** mit schmalem Kiesstrand vorbei; hier spenden einige Tamarisken Schatten. Im Wasser dümpeln eine Handvoll Fischerboote, auf den Feldern wachsen Tomaten und Auberginen. Auch in der Hochsaison nicht überlaufen, da es in der Bucht nur wenige Unterkünfte gibt.

Grikos: Halbkreisförmige Bucht mit Fischerbooten an einem schmalen Steg. In den vergangenen Jahren sind zahlreiche Hotel- und Apartmentanlagen errichtet worden, die in der Hauptsaison voll belegt sind. Die Tavernen machen einen gemütlichen Eindruck, liegen aber weit auseinander. Da es zudem keine weiteren Geschäfte gibt, fehlt dem Ort ein echtes Zentrum. Die besten Bademöglichkeiten bestehen südlich von Grikos, in der Bucht Petras, zu der ein Fußweg führt. Ein rund zehn Meter hochragender, bizarr geformter Monolith verleiht der Bucht mit ihrem Strand aus Kies und Sand einen besonderen Charakter. Hier finden Sie auch eine kleine Wassersportstation, außerdem Liegestuhl- und Sonnenschirmverleih.

Von Grikos aus verläuft die asphaltierte Straße in westlicher Richtung nach Chora. Von dieser Straße zweigt eine Betonpiste links ab, die sich nach 500 m gabelt; der rechte Abzweig führt zum Kloster des heiligen Joseph. Von hier genießt man einen herrlichen Blick über die weitläufige Bucht Stavros. Am westlichen Ende liegt das Frauenkloster Evangelismou, das täglich außer freitags von 9 bis 11 Uhr zu besichtigen ist.

Psili Amos: Dass die schönste Bucht der Insel nicht wirklich überlaufen ist, liegt an ihrer geschützten Lage: Psili Amos am südöstlichen Zipfel der Insel ist nicht ganz leicht zu erreichen. Der einfachste Weg ist, das im Sommer eigens dafür eingesetzte Schiff von Skala aus zu nehmen: Es startet um 10 Uhr und fährt von Psili Amos um 16 Uhr zurück. Alle anderen müssen eine halbstündige Wanderung auf sich nehmen – mit Auto oder Moped kommt man nicht bis zum Strand. Doch der Weg lohnt sich: Fast 400 m feinster heller Sand warten hinter den Hügeln, einige Bäume spenden Schatten, eine leichte Brise sorgt für Kühlung. Das Meer ist klar und blau, Felsen rahmen die Bucht ein. Da die Strandtaverne wirklich gutes Essen serviert und stets gekühlte Getränke bereithält, kann man hier ohne Probleme einen ganzen langen Sommertag zubringen. Am südlichen Teil der Bucht finden sich übrigens zahlreiche Nudisten ein.

Psili Amos ist einer der schönsten Patmos-Strände

Anfahrt/Wanderung Über die Straße Richtung Alikes hinunter zur Bucht von Stavros. Die Straße endet an einem Parkplatz. Am Ufer entlang folgt man einem Ziegenpfad in Richtung Berge, der hinter einer Pforte den Hang hinaufführt. Sie müssen die drei Hügelrücken auf dem ausgetretenen Pfad überqueren. Wenn Sie oben auf dem dritten Hügel stehen, können Sie nach Psili Amos hinunterblicken. Jetzt müssen Sie sich links halten und dem ausgetretenen Weg folgen, denn der Ziegenpfad geradeaus runter ist steil und rutschig (Geröll). Insgesamt dauert die kleine Wanderung (1,2 km) etwa 30 Min.

Der Norden

Von der Steilküste für Schnorchler über windreiche Buchten für Surfer bis zum Sandstrand für Faulenzer – hier kommen alle auf ihre Kosten.

Von Skala aus passieren Sie erst die Bucht von Meloi. Die nächste Abfahrt rechter Hand führt über eine asphaltierte Straße hinab zur **Bucht von Agriolivado.** Am Wasser ist es sehr ruhig, Tamarisken spenden im nördlichen Teil ein wenig Schatten. Der Strand besteht aus Kies, Sand und Steinen, das Wasser ist flach und sauber. Ein Teil des Strandes ist mit Liegestühlen bestückt; die Infrastruktur komplettieren eine Taverne, eine Beach-Bar, ein Kiosk und ein Tretbootverleih.

Auf dem Weg nach Kampos passieren Sie den Abzweig nach **Lefkes.** Der Weg in die Bucht durch die fruchtbaren Felder, auf denen Oliven, Feigen, Getreide und Tomaten wachsen, macht Spaß, jedoch ist der Steinstrand zum Baden wenig geeignet. Sehenswert ist allerdings die Prunkvilla à la Märchenschloss in Strandnähe. Errichtet hat sie ein Patmier, der es in Ägypten zu Reichtum gebracht hatte. Lange stand sie leer, dann kaufte ein Araber das Haus und ließ es wieder herrichten.

Kampos: In der lang gezogenen Bucht mit breitem Sandstrand herrscht in der Hauptsaison reger Betrieb. Grund dafür ist nicht nur das klare, saubere Wasser, auch die guten Windverhältnisse locken Urlauber an: Eine Wassersportstation bietet alles, was man zum Surfen braucht. Selbstverständlich werden Sonnenliegen verliehen, mit 15 € pro Paar allerdings arg teuer. Zwei Tavernen und eine Beach-Bar teilen sich die Touristenverköstigung: eine davon ist George's Place – die ist in Kampos Legende.

Livadi/Geranou: Bevor der Weg zur Bucht von Vagia hinunterführt, hält man sich auf der Straße am Berg linker Hand. Von dieser Straße zweigt nach etwa 1 km ein Sträßchen zur Bucht von Livadi/Geranou ab. Malerischer könnte ein Bucht kaum sein: Schon vom Hang aus kann man durch das glasklare, türkisblaue Wasser bis auf den Meeresgrund sehen. Am Sandstrand stehen Tamarisken, und vor der Bucht liegt eine kleine Insel mit der Kapelle Agios Georgios; Sie können problemlos hinüberschwimmen. Eine Taverne versorgt Hungrige mit einfachen Grillgerichten. Übrigens: Livadi ist auch in der Hauptsaison nicht überlaufen.

Lambi: Ganz im Norden, in der Ortschaft Kampos ausgeschildert, liegt die große Bucht von Lambi, deren Strand aus roten Kieseln besteht. Das Wasser ist tiefer als an anderen Stellen der Insel. Im Hintergrund erheben sich terrassierte Hänge. Es ist angenehm ruhig hier, in der Nebensaison fast ein wenig einsam.

Die Bucht von Agriolivado

Vagia: Im Hintergrund erheben sich terrassierte Hänge: Palmen, Oliven- und Zitrusbäume wachsen hier. Der Kies-Sand-Strand ist frei von Liegen und Sonnenschirmen, das Wasser ist glasklar. Felsen im Wasser begrenzen die Bucht, hier kann man schnorcheln. Wenn Sie Kuchen mögen, sollten Sie das Café Vagia besuchen: Das Gebäck dort schmeckt köstlich!

Apokalyptischer Wein

Die Idee ist einfach, der Name bizarr. Hinter der „Domaine de l'Apocalypse" verbirgt sich ein ökologisches Weinbauprojekt – die jungen Reben stehen oberhalb der Bucht Petras auf drei Hektar Land, das vom Johanneskloster gepachtet ist. Der Initiator Josef Zisyadis ist Schweizer und Grieche, Mitglied bei Slowfood und Weinexperte. Er will dem Weinbau auf Patmos neuen Schwung verleihen. Das Projekt gedeiht – nicht nur die Weinstöcke. Zisyadis und seine Mitstreiter pflanzen Oliven, begrünen langsam die Hänge und Ebene. Im Juli und August können Sie das Weingut besuchen und eine Flasche „Patoinos" für 26 Euro erwerben; die Weine sind auch im Feinkostgeschäft Yades in Skala erhältlich. Anmeldung und Infos unter ✆ 69-79176989, patoinos.gr.

Insel Nissiros

Die ganze Insel ein Vulkan. Terrassenförmig steigt der Kegel aus dem Meer, bildet in 700 Meter Höhe den oberen Rand eines gewaltigen Kraters, dessen Wände steil in die riesige Caldera stürzen.

Nissiros ist eine ruhige, beschauliche Insel, auf der 1000 Menschen leben. Nur wenn die Ausflugsboote vom großen Nachbarn Kos anlegen, wird es für wenige Stunden turbulent. Ab 11 Uhr versammelt sich am Hafen alles, was Räder hat: Busse und Taxis karren die Besucher in den Krater, die Hauptattraktion der Insel. Der Rest verteilt sich im Labyrinth der schmalen Gassen des malerischen Hauptortes Mandraki.

Warum viele Reisende nur für einen Tagesausflug kommen, hat einen einfachen Grund: Es fehlt an sandigen Stränden. Doch die Insel hat eine einzigartige Landschaft zu bieten: Nissiros wird beherrscht von seinem riesigen Vulkankrater, der etwa in der Inselmitte liegt. Auf Spuren von Lavagestein stößt man allerorten. Und so ist die Insel geprägt durch den Gegensatz von vulkanischen Urgewalten und jahrhundertelangem menschlichem Bemühen, den fruchtbaren Boden zu kultivieren. Zeugnis davon legen die zahllosen Felder ab, die sich in kleinen Terrassen die Hänge des Vulkankegels hinaufziehen. Das alles lässt sich am besten zu Fuß erkunden: Die Insel ist ein gutes Terrain für Wanderer. Schöne Touren gibt es z. B. zwischen Mandraki, dem Kloster Evangelistria, Emporio und der Caldera.

Praktische Infos

Information **Reiseagentur Enetikon** (☏ 22420-3180) an der Uferstraße nahe dem Hafen. Hier können Sie u. a. Ausflüge buchen, z. B. die Inseltour mit oder ohne Vulkanbesuch. Bootstouren zur Insel Giali sind im Angebot, ebenso wie der Verleih von Motorbooten. ☏ 22420-31180 oder 69-44457092. enetikontravelnissyros.gr.

Hilfreich ist auch ein Besuch bei **Diakomichalis Tours** (☏ 22420-31459), ebenfalls an der Uferstraße, etwas weiter im Dorf gelegen. Das Büro verkauft Tickets für Fähren und Tragflächenboote und vermietet Autos. Unter dem Namen Anaema organisiert Haris Diakomichalis auch Touren. visitnisyros.gr.

Allgemeine Infos zur Insel gibt es unter nisyros.gr.

Verbindungen von/nach Nissiros 4-mal wöchentl. legen die großen **Linienfähren** auf der Route Piräus–Kos–Rhodos und in der entgegengesetzten Richtung in Nissiros an (Fahrpreis nach Kos einfach 9 €). Ebenfalls 2-mal wöchentl. fahren die **Katamarane** die Insel an.

Tägl. ist die Insel mit Ausflugsbooten von Kardamena aus zu erreichen. Die Überfahrt dauert eine knappe Stunde und kostet pro Person hin und zurück 20 €. Mehrfach wöchentlich fährt die Panagia Evangelistria nach Kos-Stadt (10 €).

Verbindungen auf Nissiros Der Inselbus fährt werktags 4-mal, am Wochenende und in der NS 3-mal tägl. die Strecke Mandraki–Loutra–Pali–Emborios–Nikia und zurück (Preis ca. 2,20 €). Wer mit einem Ausflugsboot kommt, hat die Fahrt zum Vulkan in einem der **Privatbusse** meist bereits mitgebucht. Wer die Tickets auf Nissiros kauft, zahlt 10 €. Nach 1 Std. Aufenthalt geht es wieder zurück zum Hafen. Wer länger am oder im Krater bleiben will, sollte sich vorher nach der genauen Abfahrt des Inselbusses erkundigen.

Es gibt nur wenige **Taxis;** bilden Sie Fahrgemeinschaften. Telefonische Bestellung unter ☏ 22420-31460.

Arzt Die Krankenstation erreichen Sie unter ☏ 22420-31217.

Auto-/Zweiradverleih Mehrere Stationen verleihen Roller ab 13 € pro Tag, z. B. **Manos K.** unweit der Fähranlegestelle, bei dem es außer Zweirädern auch Autos ab 30 € gibt. ☏ 22420-31029 und 69-45808104, nisyrosrentacar.gr.

Bank Eine Bank in Mandraki, ein Geldautomat am Hafen.

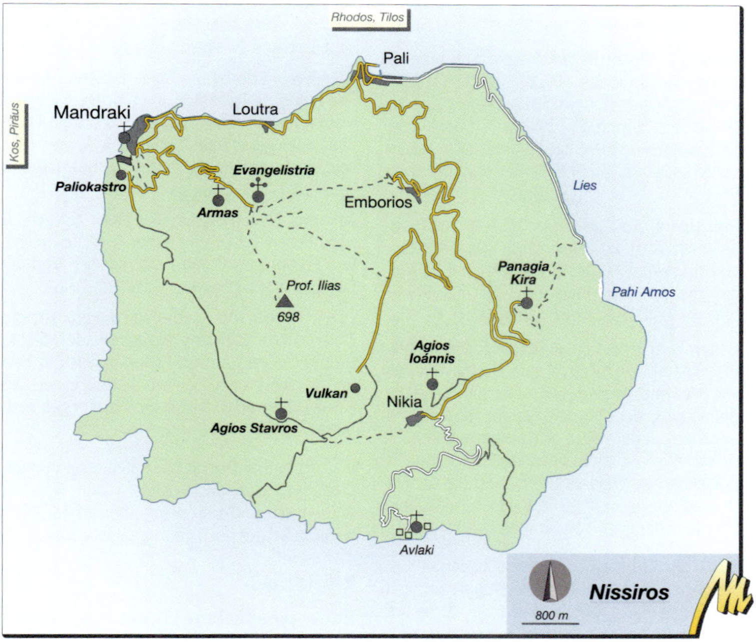

Entfernungen Mandraki/Hafen–Pali 3 km, Mandraki/Hafen–Krater 6 km, Mandraki/Hafen–Nikia 11 km.

Post In der Straße vom Hafen hinauf zum Hotel Porfyris, ✆ 22420-31249.

Tankstelle zwischen Loutra und Pali.

Taxi Es gibt nur wenige Taxis; bilden Sie Fahrgemeinschaften. Telefonische Bestellung unter ✆ 22420-31460.

Touren Haris Diakomichalis organisiert unter dem Namen **Anaema** Wanderungen über die Insel (25 € pro Teilnehmer). Der Inhaber der gleichnamigen Agentur offeriert auch Gastronomie-Touren inkl. Besuch eines Weinguts und Kochkurs. ✆ 69-72947320, anaema.gr.

Tauchen **Volcano Bubbles.** Die Tauchschule sitzt im Hotel Haritos, am Ortsausgang von Mandraki. Reizvoll an einigen Tauchrevieren wie dem Vulkan-Riff sind die stetig aufsteigenden Gasbläschen. ✆ 69-8132855, volcanobubbles.gr.

Übernachten in Mandraki **Three Brothers.** Direkt am Hafen. Die großen, sauberen Zimmer und Studios sind klimatisiert und verfügen über Balkone. Auf der Terrasse gibt es das Frühstück. Freundlicher Eigentümer, der gut Deutsch spricht. ✆ 22420-31344, nisyros3brothers.com. €

Romantzo. Hinter dem Three Brothers. Der sympathische Georgios Mouras betreibt mit seiner Familie dieses Hotel. Das Gebäude hat Patina, wird aber regelmäßig renoviert. Viele Stammgäste, die sich gerne eines der einfach eingerichteten Zimmer mit Meerblick reservieren. Schön sind die Terrasse vor dem Haus, auf der auch das Frühstück serviert wird, und die riesige Dachterrasse. ✆ 22420-31340, nisyros-romantzo.gr. €

Porfyris. Das zweigeschossige Hotel mit 38 Zimmern liegt etwas oberhalb des Ortes. Zur Ausstattung gehört ein Swimmingpool (mit Seewasser). ✆ 22420-31376, porfyrishotel.gr. €

Taliotridia. Unmittelbar am Meer gelegen finden sich in der Pension etliche Artefakte aus der Zeit, als das Gebäude als Olivenölfabrik diente. Die beiden großzügigen Suiten kombinieren klassische Architektur und modernen Komfort und bieten Platz für bis zu vier Personen. In der angeschlossenen Café-Bar kann man mit unverbautem Ausblick dem Meeresrauschen lauschen. ✆ 22420-31580, nisyros-taliotridia.com. **€€€**

... in Pali Mammis. Am Ortseingang. Auf drei Häuser verteilen sich 10 Unterkünfte inmitten eines gepflegten Gartens. Die Apartments bestehen aus Schlaf- und Wohnzimmer, kleiner Küche, Bad und Terrasse. Gäste können sich Mountainbikes leihen. ✆ 22420-31453, mammis.com. **€€**

Pali Hotel. Weiß gekalktes Gebäude mit braunen Holzläden, am Ufer östlich des Ortsstrandes. Insgesamt 10 (große) Zimmer mit Balkon, die meisten mit Meerblick. ✆ 22420-31357 oder 69-72488293, nisyrospalihotel.eu. **€**

Essen & Trinken in Mandraki Cleanthis. Vielleicht stellen Sie sich eine Fischtaverne so vor: Wellen plätschern und rauschen gegen die Befestigung der Promenade, die Tintenfische trocknen auf der Leine, blau lackierte Holzstühle warten im Schatten auf Gäste? So jedenfalls präsentiert sich das Cleanthis. Und die Gerichte sind ausgezeichnet, z. B. die Fischsuppe, Shrimps oder gegrillter Oktopus.

MeinTipp **Geusea.** Der Name bedeutet Geschmack – und den bietet das Restaurant vom allerfeinsten. Die Karte ist klein, die Küche auf Fisch spezialisiert, das Preis-Leistungs-Verhältnis ist top. Vielleicht starten Sie mit Fava, das mit Fischfilet-Stücken garniert wird, genießen dann den Fang des Tages, den Sie in der Küche auswählen – und falls noch Platz in Ihrem Magen sein sollte, können wir auch Desserts wie das Mille-feuille empfehlen. Das Restaurant liegt an der Uferpromenande, zu erkennen an den mintfarbenen Möbeln im Außenbereich. Die Scheiben zum Meer hin verhindern, dass Sie beim Essen nassgespritzt werden, wenn Wellen gegen den Kai schlagen.

Apololi Kori. Die kleine Taverne liegt versteckt im Gassengewirr nahe der Platia – und zudem noch im Hof des Hauses. Das Essen lohnt den fast unvermeidlichen Suchaufwand: feinste griechische Küche mit orientalischem Einschlag. Die kleine Karte umfasst auch vegetarische und vegane Gerichte, die Zutaten stammen aus biologischem Anbau. Geöffnet ab 19.30 Uhr, Reservierung unter ✆ 224 20-31024.

Irini. Gleich zweimal an der Platia Ilikiomeni vertreten – einst einer der schönsten Dorfplätze des Dodekanes, inzwischen leider mit Tischen und Stühlen vollgestellt. Für Schatten sorgt ein gigantischer Gummibaum. Probieren Sie auch die Spezialität der Insel, den Mandelsaft *Soumada* oder *Pitia,* eine aus Kichererbsenpüree und Zwiebeln hergestellte Paste.

... in Pali Ellinis. Die Taverne bietet frischen Fisch und Grillgerichte zu günstigen Preisen und vermietet in der zweiten und dritten Etage einfach eingerichtete Zimmer. Die Räume sind sauber, die oberen haben schöne Holzbalkone. ✆ 22420-31397. **€**

Afroditi. Neben der Taverne Ellinis gelegen. In dem Restaurant kommt lecker Gegrilltes in großen Portionen auf den Tisch. Köstlich sind die hausgemachten Desserts. ✆ 22420-31560.

... in Emborios Empfehlenswert ist die Taverne **The Balcony** gegenüber der Kirche. Hier genießen Sie den Panoramablick in den Vulkan. Die lokalen Speisen sind sehr gut. Die Taverne hat von 9 Uhr bis Mitternacht geöffnet. balkoni-nisiros.com.

... in Nikia Porta. Das Kafenion am Hauptplatz setzt auf lokale Zutaten und Rezepte. Authentisch und spannend, aber im Falle des Nissiros-Salates auch gewöhnungsbedürftig.

Mandraki

Bunt schaukelnde Boote im Hafen? Fehlanzeige. Mandraki ist kein Fischerort, sondern ein Bauerndorf – und zwar ein wunderschönes: pastellfarben getünchte Häuser in den verwinkelten Gassen, eine herrliche Platia und ein pechschwarzer Steinstrand unterhalb des Kastells, das von einer eindrucksvoll steilen Klippe auf Mandraki hinabschaut.

Johanniterburg: Am westlichen Ortsrand von Mandraki thronen auf einer Anhöhe die Überreste einer Johanniterburg aus dem 14. Jh. Auf 81 weißen breiten Stufen arbeitet man sich nach oben. Die Anstrengung lohnt sich: Der grandiose Blick durch die winzigen Gucklöcher auf das tiefblaue Meer entschädigt für die Mühe. Weitere 49 Stufen führen zu dem im Inneren der Festung liegenden **Kloster Panagia Spiliani.** Die Klosterkirche wurde in einer Grotte errichtet; hier ist es erfrischend kühl. Der erste Mönch ließ sich an diesem Ort 1746 nieder. Gegen Mitte des 19. Jh. verließ der Abt als Letzter

Das Kloster Panagia Spiliani thront über Mandraki

das Kloster – seitdem ist die Anlage unbewohnt.

Volkskundliches Museum: Links der Treppe zum Kastell liegt das Museum, das Besucher in die jüngere Vergangenheit mitnimmt. Hier zeigen Fotografien, die traditionelle Einrichtung und einige Exponate volkstümlichen Kunsthandwerks, wie die Menschen vor einem Jahrhundert auf der Insel lebten. Zur Isolierung des Daches wurden Bimsstein, Seetang und Porzellanstaub genutzt – so wie es bis vor Kurzem auf Nissiros üblich war.

Zyklopenmauer des Paliokastros: Über die Straße unterhalb des Kastells, die 8.-Oktober-Straße, erreicht man nach 800 m die sogenannte Zyklopenmauer des Paliokastros, eine Festung, die im 4. Jh. v. Chr. entstand. Ein Blick auf das Baumaterial versetzt den Betrachter in Erstaunen: Gewaltige rotbraune Quaderblöcke lassen vermuten, dass bereits in der Antike mit Kran und Flaschenzug gearbeitet wurde. Hergestellt wurden die Steine aus Trachyt, einem Vulkangestein, das die dorischen Bauherren aus Steinbrüchen im Südwesten von Nissiros gewannen.

Archäologisches Museum: Das Museum liegt an der Hauptstraße im Ort. Die ältesten Exponate in dem neuen Gebäude sind 6000 Jahre alt: Gebrauchsgegenstände aus Obsidian, dem schwarzen Vulkanglas. Eindrucksvoll sind auch die Keramiken aus der hellenistischen und römischen Epoche, darunter ein Tonengel aus einem Kindergrab, das unterhalb des Kastells entdeckt wurde.

■ Tägl. 8.30–15 Uhr, Di geschlossen. Eintritt 2 €.

Baden und Strände: Sehr bescheidene Möglichkeiten. An der Uferpromenade wurde ein rund 100 m langer Strand aufgeschüttet. Optisch sehr gefällig ist der Strand unterhalb des Kastells mit seinen dunklen Steinen – aber wenig komfortabel, denn die Steine haben oft die Größe von Fußbällen. An den Felsen im Wasser siedeln sich außerdem gerne Seeigel an. Das Hotel Haritos am Ortsausgang von Mandraki füllt den

Pool mit 35 Grad heißem Wasser aus einer vulkanischen Quelle. Wer nicht im Hotel wohnt, muss 5 € für das Baden zahlen.

Etwa drei Kilometer außerhalb von Mandraki (auch zu Fuß gut zu erreichen) führt ein staubiger, steiler Weg hinunter zum Sandstrand von **Loutra.** Das Wasser ist sauber und schimmert türkis. Schon zu Hippokrates' Zeiten waren die Thermalquellen von Nissiros bekannt. Beim Wasser der Thermalquelle handelt es sich um Grundwasser, das sich durch den Kontakt mit heißen Gesteinsschichten im Untergrund auf bis zu 60 Grad Celsius erhitzt. Im Badehaus sind einfache Zimmer zu mieten.

Pahi Amos ist der einzige wirklich attraktive Strand der Insel. Er liegt in einer rund 300 m breiten Bucht, der Sand schimmert grau-rosa. Dass der Strand nicht überlaufen ist, liegt sicher daran, dass er nur per pedes zu erreichen ist: Von Pali führt eine Straße bis zum schmalen, schattenlosen Kiesstrand Lies, die an einem Parkplatz endet. Von da aus führt ein Pfad zur Bucht; eine Viertelstunde dauert der Spaziergang.

Schön zum Schnorcheln ist **Avlaki,** der ehemalige Hafen von Nikia. Vom Rande des Kraters schlängelt sich eine 6 km lange Serpentinenpiste hinunter durch terrassierte Felder mit dunklem Vulkansand. Die meisten Häuser des Weilers sind verlassen. Die Mole indes ist intakt, bietet einen guten Liegeplatz und schützt vor hohen Wellen. Alles spricht für einen Sprung ins kristallklare Wasser.

Der Vulkan

Man steht unversehens inmitten der bizarrsten Landschaft, die die Dodekanes-Inseln zu bieten haben: Um die ellipsenförmige Ebene der Caldera (Kessel) ragen Felswände bis zu 400 m hoch auf. Dieses geologische Gebilde ist durch gewaltige Explosionen vor Urzeiten entstanden. Die Berghänge und eine Hälfte der Ebene sind sehr fruchtbar, saftig und grün; die andere Hälfte ist öde wie die Mondoberfläche.

Im Stefanos-Krater riecht es nach Schwefel

Ein Trampelpfad führt hinunter zum Grund des Stefanos-Kraters, des mit etwa 300 m Durchmesser größten von fünf Sekundärkratern. In der Talsohle erwartet Sie ein Hauch von apokalyptischem Inferno: Neongelb und rot gefärbte Felswände umgeben den kahlen Boden, der mit kleinen Löchern durchsetzt ist. Schwefeldämpfe, heiß und stinkend, kriechen unsichtbar über den Boden. Kochendes Wasser blubbert in gelben Schlammtümpeln. Ein leises Zischen ist eigentlich immer zu hören ...

Die kesselartige Form erhielt der Stefanos-Krater bei einer Eruption im Jahre 1522, zuletzt brach der Vulkan am 4. Mai 1873 aus. Wenn auch heute kein Ausbruch mehr zu befürchten ist, so fällt doch der unruhige Schlaf des Vulkans auf. Erdbeben hat es auf Nissiros seit dem letzten Ausbruch mehrere gegeben, das letzte große 1933; eine Reihe leichterer Erdstöße ließen die Insel 1996 und 1997 immer wieder erzittern.

Wer über den Krater spaziert, den kann das Gefühl beschleichen, über einem sehr, sehr großen Hohlraum zu balancieren. Doch die Geologen geben Entwarnung: Das Ausströmen von Wasserdampf, Kohlensäure und Schwefelwasserstoff sei ein typisches Zeichen ruhender oder erloschener Vulkane. Diese Dampfphase könne noch mehrere Jahrhunderte andauern, sagen sie.

Von der Antike bis zum Ende des 19. Jh. war der Schwefel aus Nissiros ein begehrtes Exportprodukt. Heute existieren kaum noch Schwefelvorkommen in den obersten Erdschichten, es soll aber noch ein tiefer liegendes Reservoir von zwei Millionen Tonnen vorhanden sein.

- Der Vulkan ist per Mietmofa oder Bus zu erreichen (→ Verbindungen auf Nissiros, S. 158). Der letzte Bus verlässt die Caldera zwischen 15 und 16 Uhr. Für den Zutritt zum Stefanos-Krater werden 2 € verlangt.
- An der Bushaltestelle oberhalb des Hauptkraters befindet sich eine Snack-Bar, sodass Sie den unvermeidlich aufkommenden Durst löschen können.

Pali

Das einzige Fischerdorf auf Nissiros. Der Ort ist auf den Hafen fixiert, der seit dem Ausbau im Jahre 2005 auch passionierte Ägäis-Segler anzieht. Vor allem, weil sich hier mehrere ausgezeichnete Tavernen befinden. Am östlichen Ortsrand, neben der Mole, liegt ein 150 m breiter Sandstrand, der im Wasser flach abfällt – hier plantschen die Kinder von Pali. Ein schmaler, dunkler Badestrand befindet sich ein wenig östlich des Ortes. Zwei Verleiher (Autos und Zweiräder) vor Ort.

Emborios

Emborios ist ein optisch sehr eindrucksvolles Bergdorf nahe der Abzweigung zum Vulkankrater. Bereits von Weitem fällt die fast unbewohnte Ortschaft auf. Etliche Häuser dienen als Stallungen für Ziegen, Schafe und Kühe. Es fehlt an Wasser, deshalb sind die meisten Bewohner abgewandert. Sie aber sollten den Ort besuchen: Der Blick auf die Ägäis und in die Caldera ist einmalig.

Vom Bergkamm, der mit dem südlichen Ortsrand verschmilzt, bis hinab in den Vulkankessel ziehen sich kleinste, terrassenartig angelegte Parzellen. Darauf wachsen vor allem Ginster und Olivenbäume. Etwa 50 m vor dem Dorfeingang liegt eine ausgeschilderte „Natural Sauna“. Durch ein Törchen betritt man eine kleine Grotte, die durch die Erdwärme auf Saunatemperatur aufgeheizt wird.

Nikia

Nikia eröffnet seinen Besuchern einen überwältigenden Blick auf die Ägäis und die Insel Tilos einerseits und auf den Vulkankrater andererseits. Die Ortschaft, die auf der östlichen Flanke der Caldera liegt, ist pittoresk: Ein rundes Fußbodenmosaik bedeckt den Hauptplatz des Ortes, drum herum die weiß getünchten Häuser, farbige Blüten in Blumenkübeln, eine Kirche und zwei

Blick über die terrassierten Hänge von Emborios

Cafés. Idealer Platz, um einmal völlig abzuschalten. Denn zu den nur 60 ständigen Bewohnern von Nikia gesellen sich nur wenige Touristen.

Von Nikia erreicht man das Kraterinnere, die Caldera, über einen schmalen, 2,5 km langen Weg, für den man jedoch fast 45 Min. braucht. Der Weg führt vorbei am Kloster Ioannis Theologos; sehenswert ist die kleine Höhlenkirche.

Am Ortseingang liegt das Vulkan-Museum, das nicht nur den Vulkanismus auf Nissiros vorstellt, sondern auch Vulkanismus insgesamt erklärt. Ein 15-minütiger Film (Englisch) zeigt die Entstehungsgeschichte der Insel, die mit Vulkanausbrüchen vor rund 1,6

Die Energie der Caldera

Mit den gewaltigen Kräften des Vulkans ließe sich „saubere Energie" erzeugen. Das meint zumindest das staatliche Elektrizitätsunternehmen DEI. Erste Untersuchungen Anfang der 1980er-Jahre bestätigten ein gewaltiges geothermisches Potenzial: In 1400 bis 1900 Metern Tiefe liegen Reservoirs mit mehr als 350 Grad heißem Dampf, aus dem sich mit einem Erdwärmekraftwerk Strom erzeugen ließe. Viel Strom. Genug nicht nur für Nissiros, sondern auch für die Nachbarinseln Kos, Kalymnos, Tilos und Leros. Doch die Menschen auf Nissiros sind skeptisch. In einer Abstimmung sprachen sich 70 Prozent gegen die Bohrungen aus, denn die Bewohner fürchten, dass dadurch Erdbeben ausgelöst werden könnten – oder gar ein Ausbruch des Vulkans.

Millionen Jahre beginnt. Über ein Jahrtausend lang floss Magma aus dem Erdinneren, bis die Insel vor 20.000 Jahren ihre heutige Form annahm. Zu sehen sind auch verschiedene Vulkangesteine wie das schwarze „Vulkanglas" Obsidian, das die Menschen in der Frühzeit als Werkzeug und Waffe nutzten.

Mo–Sa 10.–15 Uhr, Eintritt 2 €.

Bodrum

Das wuchtige Kastell St. Peter thront auf der kleinen Halbinsel im Hafen und beherrscht die beiden Buchten vor dem Stadtkern. Im Viertel rund um den Hafen konzentrieren sich Geschäfte, Bars und Restaurants. Die Hauptader bildet die Cumhurriyet Caddesi, die parallel zum Strand verläuft. Bekannter ist die Amüsiermeile unter dem Namen Barstraße.

Den Reiz Bodrums (= Keller) macht das historische Straßenbild aus. Auf den Bau klotziger Hotelburgen hat man hier verzichtet. Der Blick von oben auf das in der Sonne gleißende Städtchen gehört zu den beliebtesten Fotomotiven der Ägäis.

Ob Sie dort einen Einkaufsbummel durch die kleinen Gassen der Altstadt unternehmen oder das Mausoleum besichtigen, bleibt Ihnen überlassen. Es gibt einiges zu sehen.

Mausoleum: Das Monument liegt 100 m hinter der Tepecik-Moschee. Es wurde von Artemisia II., Schwester und Gattin von Mausolos (377–353 v. Chr.), gebaut. Es soll sich ursprünglich um einen 50 m hohen Bau gehandelt haben, der auf einer in den Fels gehauenen Terrasse von 105 x 242 m Grundfläche stand. Den Dachabschluss bildete eine Stufenpyramide, deren Spitze die Statuen von Mausolos und Artemisia krönten.

Das Mausoleum galt in der Antike als eines der sieben Weltwunder. Erdbeben und Steindiebstahl beim Bau des Kastells führten dazu, dass nur noch die Grundmauern vorhanden sind.

Tägl. außer Mo 8.30–18.30 Uhr. Eintritt 2,50 €.

Kastell St. Peter: Das Wahrzeichen Bodrums ist die Johanniterburg, die sich auf einer Halbinsel im Hafen erhebt. In ihrem Zentrum stehen der Französische und der Italienische Turm (beide 1431 errichtet), um die im Jahr 1440 eine Mauer mit dem Deutschen Turm, dem Englischen Turm und dem Schlangenturm angelegt wurde. In den Mauern des Kastells ist das Museum mit festen und wechselnden Ausstellungen untergebracht. In der Kapelle und deren Nebenräumen lässt sich eine große Sammlung von Unterwasserfunden bewundern. In der sogenannten Glashalle neben der Kapelle wird eine prächtige Glassammlung mit geborgenen Schalen und Vasen präsentiert. Im Italienischen und Französischen Turm ist die Ladung eines byzantinischen, 1025 gesunkenen Schiffes zu sehen, die 1977 entdeckt und geborgen wurde. Der Englische Turm ist originalgetreu eingerichtet, u. a. mit einer Rittertafel.

Tägl. außer Mo 8.30–18.30 Uhr. Eintritt 5 €.

Weitere Sehenswürdigkeiten sind das Basarviertel, das alte Stadttor und das frei zugängliche Amphitheater.

Information **Bodrum Tourist Information,** nahe dem Kastell, Baris Meydani 43, ✆ +49-90-2523161091, Mo–Fr 8–18 Uhr, Sa/So 10–16 Uhr. bodrum.goturkiye.com.

Verbindungen Die **Fähren** legen täglich am Hafen von Kos-Stadt zwischen 8.30 und 9 Uhr ab, Rückkehr zwischen 16 und 17 Uhr. Der Trip hinüber auf das türkische Festland kostet gut 20 € (Hin- und Rückfahrt).

Das Inselchen Kastri in der Bucht von Kefalos

Nachlesen

& Nachschlagen

Mythologisches Wrestling:
Herakles kämpft gegen Antagoras, einen Schäfer aus Kos

Landschaft und Geografie

Kos ist mit einer Gesamtfläche von 290 km² nach Rhodos und Karpathos die drittgrößte Insel des Dodekanes und wie seine südliche Nachbarinsel Nissiros vulkanischen Ursprungs.

Die antike Überlieferung spricht von einem Ägäischen Festland, dessen Teil Kos und die anderen Dodekanes-Inseln einst waren. Durch gewaltige Erdbewegungen senkte sich das Land, und was heute als Inseln aus dem Meer ragt, sind nur die Gipfel des ehemaligen Gebirges.

An der Südküste der Insel erhebt sich das Dikeos-Gebirge mit dem gleichnamigen höchsten Berg von Kos, der eine Höhe von 846 m erreicht.

Nach Norden hin flachen die Berge langsam ab und gehen in eine fruchtbare Küstenebene über, entlang derer kilometerlange Sandstrände liegen. Der Küstenverlauf der Insel ist im Vergleich zu den anderen Inseln des Dodekanes auffallend gradlinig.

Im Westen verengt sich die Insel bis auf 1,5 km, um sich dann wieder zur Halbinsel von Kefalos zu verbreitern. Hier findet sich der zweite Gebirgszug der Insel, dessen höchste Erhebung der Berg Latra mit 426 m darstellt.

Dieser Teil der Insel zeigt deutliche Spuren vulkanischen Ursprungs: kleine Schwefelkrater, Vulkangestein und feine Risse im Meeresgrund, aus denen Schwefelwasserstoff und Kohlensäure entweichen.

■ Ganz wichtig: Kos wird mit kurzem, offenem „o“ und stimmlosem „s“ gesprochen: „Koss“. Wo der Name herkommt, darüber streiten die Forscher. Einige glauben, Kos vom dorischen Ausdruck für Meereskrebs ableiten zu können. Tatsächlich ist auf mehreren historischen Münzen der Insel ein Krebs abgebildet. Möglich ist aber auch, dass „Kos" von der karischen Bezeichnung *Koion* (= Schaf) abgeleitet wurde, was sich auf den einstigen Reichtum an Schafen oder die Form der Insel beziehen würde. Noch heute nennen die Koer den Westteil der Insel aufgrund seiner Form Schafskopf.

Umwelt(schutz)

Umweltschutz war über Jahrzehnte ein Randthema. Das hat sich zum Glück geändert. Auch auf Kos wird der Müll inzwischen getrennt gesammelt und wenn möglich recycelt. Problematisch ist immer noch der inflationäre Gebrauch von Plastiktüten. Helfen Sie, Müll zu vermeiden!

Mit den Psalidi Wetlands und dem Salzsee zwischen Tigaki und Marmari verfügt Kos über zwei **Naturschutzgebiete.** Auch hat die Inselverwaltung den Ausbau von Radwegen forciert, besonders in Kos-Stadt und Umgebung.

Das größte Problem ist indes die **Wasserknappheit.** Und dafür zeichnet sich noch keine Lösung ab. Der „schwimmende Garten der Ägäis" droht zu veröden. Das liegt zum einen am Klimawandel, mit weniger Regen im Winter als früher und mit steigenden Temperaturen. Zum anderen wächst mit den Touristenzahlen der Wasserverbrauch. Die Folge: Seit Jahren sinkt der Grundwasserspiegel. Inzwischen fördern die Koer ihr Wasser aus einer Tiefe von 150 m – Anfang der 1980er-Jahre mussten sie nur 40 m tief bohren. Der hohe Aufwand hat seinen Preis: Wasser kostet etwa fünfmal so viel wie in Deutschland.

Pflanzenwelt

Kos überrascht mit einer für eine griechische Insel eher üppigen Vegetation. Im Frühjahr gleicht es einem Meer aus Blumen: Margeriten, Narzissen, Klatschmohn, Sonnenblumen, Jasmin und Chrysanthemen blühen – und noch zwei Dutzend Arten mehr.

Gut 40 Blumenarten wachsen auf der Insel. Doch wegen der Hitze und fehlender Regenfälle vertrocknen die meisten Blüten bis Ende Juni. Im Hochsommer blüht nur noch der Oleander in einigen Bachbetten.

Doch Hibiskus und Bougainvillea schmücken Dörfer und Städte, Platanen spenden auf den Plätzen Schatten, Eukalyptusbäume und Akazien säumen viele Straßen. Bewaldet sind die Nordflanke des Dikeos-Gebirges und die Plaka nahe dem Flughafen.

Weite Flächen der Insel bedeckt die **Macchia.** Diese für den Mittelmeerraum charakteristische Vegetationsform umfasst eine Vielzahl immergrüner Krüppelbäume, Büsche und Sträucher.

Verbreitet ist zudem die **Phrygana,** kugelige, höchstens kniehohe Sträucher mit spitzen Stacheln und Dornen. Dieser Bewuchs ist eine typische Erscheinung überweideter Gebiete, in denen Schafe und Ziegen alles abgefressen haben, was halbwegs verdaulich scheint – nur eben nicht die Phrygana.

Macchia- und Phrygana-Arten

Agaven: Sie stammen vom amerikanischen Kontinent. Ihre auffälligen, meterhohen Blütenstände blühen im Juni; nach der Blüte stirbt die Pflanze ab.

Feigenkakteen: Große, fleischige Kakteen, deren herrlich süße Früchte von winzigen, aber sehr lästigen Stacheln effektiv geschützt werden. Wer ans Fruchtfleisch möchte, bearbeitet sie am besten unter fließendem Wasser mit einer Wurzelbürste (Fingerschutz durch Handschuhe o. Ä.).

Blüten an einer Fächer- bzw. Hanfpalme

Erdbeerbaum: Ein immergrüner Strauch mit rötlichem Stamm, der zu den Heidekrautgewächsen zählt; die Früchte ähneln Erdbeeren nur optisch.

Ginster: Im Frühjahr und Frühsommer leuchtend gelb blühende Sträucher, die anstelle von Blättern grüne Zweige und Dornen ausbilden.

Oleander: In vielen sommertrockenen Flussbetten bildet der an den lanzettförmigen Blättern erkennbare Strauch wahre Dschungel; im Frühsommer blüht er rosa oder weiß.

Meerzwiebel: Bis über 1 m Höhe schickt die halb aus dem Boden ragende Knolle im Frühherbst ihren weißen Blütenstand.

Wacholder: Strauchartige, knorrige kleine Bäume mit nadelartigen Blättern, die gegenüber salzhaltiger Luft relativ unempfindlich und deshalb gelegentlich auch an Stränden zu finden sind.

Baumarten

Aleppokiefer (auch als Strand-Kiefer bekannt): Diese Spezies verträgt lange Trockenzeiten. Sie ist an ihren gekrümmten und gedrehten Zweigen und ihrer lichten, unregelmäßig schirmförmigen Krone zu erkennen. Noch heute dient das Harz der Aleppokiefer zur Herstellung des berühmten Retsina.

Eukalyptus: An der abblätternden Rinde gut zu erkennen. Wegen seines hohen Wasserverbrauches wurde der schnell- und hochwüchsige Laubbaum in vielen Mittelmeerländern gepflanzt, um Sumpfgebiete trockenzulegen. Nun entziehen sie dem Boden dauerhaft unnötig Wasser.

Maulbeerbaum: Sommergrün, mit dichtem, großflächigem Blattwuchs. Diese Bäume beschatten oft Dorfplätze und Kafenia. Auch die Feige und der Gummibaum sind Maulbeergewächse und auf der Insel häufig anzutreffen.

Mittelmeer-Zypresse: Ein Nadelbaum mit säulenförmigem Stamm und weit ausladenden, aufrechten Ästen. Zu erkennen ist die Mittelmeer-Zypresse an den kugelförmigen, ca. 3 cm großen Zapfen, die an kurzen Stielen hängen und aus acht bis vierzehn holzigen Schuppen bestehen. Zypressen können mehrere Hundert Jahre alt werden. Diese, neben der Olive, am weitesten verbreitete Baumart auf Kos schützt vor allem die Hänge des Dikeos-Gebirges vor Erosion.

Pinie: Kiefernart, deren typisches Merkmal die dichte, schirmförmig gewölbte Krone ist. Die ölhaltigen Samen kommen als Pinienkerne in den Handel.

Platane: Dient oft als Sonnenschutz für Kafenia. Die ahornähnlichen, zur Blütezeit im Frühjahr herrlich duftenden Laubbäume erreichen Höhen bis zu 30 m. Sie benötigen viel Wasser, wachsen daher vor allem in Bachtälern.

Tamariske: Bäumchen mit schuppenförmigen Blättern und kleinen, rosafarbenen, in Trauben stehenden Blüten. Da die Blätter Salzdrüsen besitzen, können sie auf den salzhaltigen Küstenböden wachsen. An Stränden werden sie oft als natürliche Schattenspender angepflanzt.

Kulturpflanzen

Die am weitesten verbreiteten landwirtschaftlichen Nutzpflanzen sind Olivenbäume, Weinreben und Tomaten. Aber auch Melonen, Auberginen, Gurken und viele andere Obst- und Gemüsesorten werden Sie beim Spaziergang durch die Felder entdecken können. Weitere Kulturpflanzen:

Feigenbaum: Die weit ausladenden Bäume stehen allein oder in kleinen Gruppen. Es gibt grüne und dunkelviolette Feigen, wobei Letztere als wohlschmeckender gelten. Bis zu dreimal jährlich können die süßen Früchte dieser uralten Kulturpflanze geerntet werden. Wild wachsende Feigenbäume, von denen es vor allem in den Bergregionen von Kos jede Menge gibt, kann man schon aus weiter Ferne riechen, denn die heruntergefallenen Früchte gären und verströmen einen betörenden Duft.

Granatapfelbaum: Krummastiger, mitunter dorniger Baum, der korallenrot blüht. Geleeartiges, süßes Fruchtfleisch umgibt die Samenkerne im Inneren der apfelähnlichen Früchte, aus denen der bekannte Grenadine-Sirup gewonnen wird.

Johannisbrotbaum: Immergrüner Baum mit ledrigen Blättern, zu erkennen an den länglichen, zunächst grünen, im Reifezustand schwarzen Schoten (bis zu 20 cm lang). Diese sind essbar (schmecken süßlich), werden jedoch meist nur als Tierfutter verwandt. Seinen Namen hat der Baum übrigens von Johannes dem Täufer, der sich der Legende nach von den zuckerhaltigen Schoten ernährt haben soll.

Mandelbaum: Kleiner Baum mit weißen, im Frühjahr vor den Blättern erscheinenden Blüten. Die samtig behaarte Steinfrucht enthält den Mandelkern, der zu 50 % aus Öl und zu 25–30 % aus Eiweiß besteht. Die Mandeln werden hier auf Kos geröstet und leicht gesalzen gegessen. Mandelbäume findet man vor allem in den bergigen Regionen.

Okra: Eine etwa fingerlange, grüne Frucht, die ursprünglich aus Afrika stammt, im mediterranen Klima aber ebenfalls gut gedeiht. Die Okraschoten haben einen feinen Eigengeschmack und werden als Gemüsebeilage gereicht oder in Eintöpfen verwertet.

Spendet Farbe: die Bougainvillea

Harte Arbeit im Ölberg

Die wichtigste Kulturpflanze auf Kos ist der Ölbaum, besser als Olivenbaum bekannt. Das knorrige Gewächs bietet vielerlei Verwendungsmöglichkeiten: Das harte, widerstandsfähige Holz wird verbaut oder verfeuert. Die Früchte sind eine beliebte Zutat in der griechischen Küche, Öl wird aus ihnen gepresst oder Seife hergestellt.

Der Anbau von Olivenbäumen kostet Zeit. Erst nach fünf bis zehn Jahren trägt ein Baum erste Früchte, je nachdem, ob er aus Stecklingen oder Samen gezogen wurde. Den Höchstertrag, rund 20 kg Oliven, ernten die Bauern oft erst nach 20 Jahren. Etwa 50 Unterarten des Olivenbaums zählen die Botaniker. Eines haben sie alle gemeinsam: Sie sind sehr empfindlich. Die Bäume vertragen nur wenige Frosttage pro Jahr, die Sommer müssen warm und trocken sein, im Herbst und Winter brauchen sie einige kräftige Regengüsse. Wenn diese Bedingungen erfüllt sind, zeigen sich im Mai und Juni die gelb-weißen Blüten.

Am Anfang sind alle Oliven grün, geerntet wird ab Anfang Oktober. Die Oliven, die bis November am Baum hängen, sind dann bei der Ernte blauschwarz. Übrigens: Oliven vom Baum zu naschen, ist keine gute Idee, denn ohne Bearbeitung schmecken sie nicht, sie sind sehr bitter.

Für die Ernte legen die Koer große Netze unter den Bäumen aus; reife Früchte bläst der Wind herunter, die anderen werden mit Stangen und Kämmen vom Baum geholt. Viel Sorgfalt ist dabei erforderlich, denn wenn die zarte Haut der Oliven verletzt wird, sinkt die Qualität drastisch. Nachdem die Oliven von Ästen und Blättern gereinigt sind, wandern sie in eine Ölmühle. Die Oliven werden gewaschen, gemahlen und gepresst, wobei das Öl aus dem Kern gewonnen wird. Das alles muss schnell gehen: Zwischen Ernte und Pressung dürfen höchstens drei Tage liegen. Das beste Öl, sogenanntes natives Olivenöl extra, liefert die Kaltpressung. Für einen Liter benötigt man gut 4 kg der schwarzen oder mindestens die doppelte Menge an grünen Oliven.

Auch eingelegte Oliven sind eine Delikatesse. Hierfür werden die Oliven in Wasser gereinigt, das täglich zu erneuern ist – und zwar einen Monat lang. Dadurch verlieren sie ihren bitteren Geschmack. Um sie haltbar zu machen, werden sie in Salzwasser eingelegt, dann wird eine Schicht Öl darübergeschüttet. Danach sind sie für lange Zeit für den Verzehr geeignet. Tipp: Wer den salzigen Ton nicht mag, sollte Oliven vor dem Essen kurz mit Wasser abwaschen.

Olivenbäume nahe Mastihari

▪ Die Verarbeitung können Sie sich in den Olivenölmanufakturen Hatzipetros und Papadimitrou (beide am Highway nahe Zipari, die eine Richtung Kos-Stadt, die andere bei Linopotis) zeigen lassen und dort Öl und andere Produkte günstig kaufen (→ S. 84 u. S. 96).

Immer noch ein wichtiges Arbeitstier: der Esel

Tierwelt

Die Zahl der Arten auf Kos ist wie auf den anderen Ägäisinseln überschaubar. So gibt es vorwiegend domestizierte oder halbwilde Säugetiere: Hunde, Katzen, Hühner, Ziegen und Schafe. Daneben einige Kühe, Esel und Pferde. Zahlreich sind die Vertreter der Insekten.

Abseits der Wege sehen Sie immer wieder bunt bemalte Bienenkästen. Die vielen nektarreichen Wildblumen und Kräuter wie Salbei und vor allem Thymian schenken dem Honig seinen ganz unverwechselbaren Geschmack.

Wanderer treffen möglicherweise auch auf **Schlangen:** Die meisten sind ungiftig, aber es gibt auch giftige Ottern (griechisch: *Ochia*). Deshalb sollten Sie im Gelände festes Schuhwerk sowie lange Hosen tragen und in unübersichtlichem Terrain, besonders nahe Steinhaufen und Ruinen, fest auftreten – dann flüchten die Schlangen. Einen Angriff riskiert nur, wer eine Schlange im Schlaf überrascht oder den Fluchtweg versperrt. Falls Sie eine Otter gebissen hat, binden Sie die Wunde ab (nicht zu fest) und suchen Sie einen Arzt auf. Keine Panik: Bis heute ist noch kein Tourist durch eine Schlange auf Kos verletzt worden.

Unter Steinen lassen sich zudem gerne **Skorpione** nieder. Deren Stich ist zwar nicht lebensbedrohlich, aber schmerzhaft. Freundlichere Reptilien sind die Wasser- und Landschildkröten, possierliche Geckos sowie mehrere Arten von Eidechsen.

Über den Gipfeln des Dikeos kreisen Falken, Bussarde und Habichte. In der Saline an der Nordküste nahe Tigaki und im Vogelschutzgebiet am Kap Psalidi überwintern Flamingos. Störche und Reiher leben das ganze Jahr dort. Groß ist die Zahl der Singvogelarten, die noch auf der Insel beheimatet sind.

Jagen ist in Griechenland (und auch auf Kos) ein Volkssport, auch wenn es kaum noch etwas zu erlegen gibt. Rehe, Hirsche und Wildschweine sind völlig ausgestorben, Kaninchen und Rebhühner inzwischen rar.

Stark zurückgegangen ist in den vergangenen 25 Jahren auch der Bestand an Speisefischen. Traurig, aber wahr: Die Ägäis ist weitgehend leer gefischt. Wenn Sie mit dem Schnorchel unterwegs sind, werden Sie aber dennoch ab und an Schwärme kleinerer Fische sehen.

Wenn Sie eine Bootstour unternehmen, haben Sie manchmal das Glück, einem Schwarm Delfine oder Mönchsrobben zu begegnen. Vor allem in den Gewässern vor der Westküste leben noch **Meeresschildkröten** der Art *Caretta caretta*, die zwischen Juni und September an einsamen Stränden ihre Eier ablegen.

Besonders an Felsküsten können Seeigel leben. Die Stacheln verursachen schmerzhafte Wunden, die sich oft auch noch entzünden. Da es aber nur wenige felsige Stellen auf Kos gibt, ist das Risiko zum Glück gering. Wer auf Nummer sicher gehen will, sollte in felsigen Buchten vor allem an der Westküste Badeschuhe tragen.

Honig – Gabe für Götter und Tote

Schon in der Antike war Kos berühmt für seinen Honig. Die zähe Flüssigkeit, die zu 75 % aus Zucker und zu 19 % aus Wasser besteht, diente als Säuglingsnahrung, für medizinische Zwecke, als Gabe für Götter und Tote – sowie natürlich zum Süßen von Backwerk und Getränken.

Auch das Bienenwachs war von Nutzen: Man verwendete es, um Krüge zu verschließen und Schiffsplanken abzudichten. Jedes Boot führte eine große Scheibe Wachs als Dichtungsmittel für Leckstellen mit.

Geschätzt wird vor allem der für Kos typische, sehr aromatische Thymianhonig. Auch heute noch sieht man überall auf der Insel hölzerne Bienenstöcke.

In der Imkerei **Melissa** („Biene“) können Sie sich die Produktion zeigen lassen und Honig in verschiedenen Geschmacksrichtungen sowie Honigprodukte erwerben. (→ S. 121).

Klima und Reisezeit

Auf Kos herrscht typisches Mittelmeerklima: heiße Sommer und milde Winter. Die Saison beginnt Ostern und endet im Oktober. Regentage gibt es in dieser Zeit nur wenige. Im Winter sind keine Urlauber da.

Saisonbeginn

Die Saison auf Kos beginnt Ostern. Hotels und Tavernen öffnen, wenn die ersten Charterflugzeuge landen. Während die Tagestemperaturen im April schon auf über 25 Grad klettern können, ist die Ägäis mit knapp 18 Grad noch recht kalt.

Ideal ist das Frühjahr für Wanderungen und Ausflüge – die Insel steht dann in voller Blüte. Die Atmosphäre ist entspannter, denn die im Tourismus Tätigen haben sich im Winter von einer langen Saison erholt.

Bis Mitte Juni ist die touristische Infrastruktur vollständig in Betrieb. Während die Zahl der Regentage auf Null sinkt, nimmt die Hitze zu. Einem ausgedehnten Bad in der Ägäis steht nichts mehr im Wege. In diesen Monaten präsentieren sich die Strände von ihrer schönsten Seite, denn noch hält sich die Zahl der Besucher in Grenzen. Die Flugpreise sind vergleichsweise niedrig und die Übernachtungskosten gering – die zweite Maihälfte und die ersten Juniwochen sind die beste Reisezeit!

Hochsaison

Im Juli und August geht es hektisch zu. Das Nachtleben pulsiert, die beliebtesten Strände sind voll und die Koer sind im Stress. Wer sich bei Tagestemperaturen bis 40 Grad (im Schatten) in der Sonne aalen und in der Nacht trinken, tanzen und flirten möchte, kommt nun

Klimadaten für Kos

	Ø Lufttemperatur (Min./Max. in °C)	Ø Tage mit Niederschlag ≥ 1 mm	Ø Wassertemperatur (in °C)
Jan.	12,1	15	16,5
Febr.	12,2	10	15,5
März	16,5	7	16,6
April	16,4	3	17,5
Mai	20,4	1	18,5
Juni	24,7	0	23,0
Juli	26,9	0	25,0
Aug.	26,7	0	25,6
Sept.	23,6	1	24,8
Okt.	20,1	5	22,7
Nov.	16,9	7	20,8
Dez.	13,6	13	17,9

Waldbrände

Bis dato ist Kos vor verheerenden Bränden wie 2023 auf Rhodos verschont geblieben. Doch die Gefahr wächst: Die Sommer werden immer trockener und heißer. Besonders wer im Dikeos-Gebirge unterwegs ist, sollte kein Feuer machen oder Zigaretten wegwerfen. Brände sofort unter ✆ 112 oder ✆ 199 melden.

voll auf seine Kosten. Für Abkühlung sorgen eisgekühlte Getränke, ein Sprung ins Meer – und der **Meltemi,** der Nordwind der Ägäis. Auch Segler und Surfer mögen den Wind. Der Meltemi kommt zwischen Mai und Oktober meist am späten Vormittag auf, steigert sich tagsüber bis zu Windstärke fünf oder sechs und flaut gegen Abend wieder ab. Mitunter erreicht er sieben oder acht Beaufort; bei diesen Windstärken schränkt er sogar den Schiffsverkehr zwischen den Inseln ein.

Seestern als Strandgut

Die Griechen klassifizieren die Stärke des Meltemi nicht mit Zahlen, sondern mit Namen: Der „Kareklados" wirft Stühle um, der „Trapezados" fegt Tische fort und der stärkste, der „Kabandos", sei – so sagt man – stark genug, um die Glocken zum Läuten zu bringen. Während man in der Antike Aiolos, den Sohn des Poseidon und Beherrscher der Winde, dafür verantwortlich machte, haben Meteorologen das Luftdruckgefälle zwischen dem konstanten Sommerhoch über dem Balkan und dem Tiefdruck über der arabischen Wüste als Ursache ausgemacht.

Nachsaison

Mit dem September kehrt die Ruhe langsam zurück. Die Strände leeren sich, die Mittagstemperaturen sinken, und in den Bars ist wieder viel Platz. Wegen des fehlenden Regens präsentiert sich die Vegetation weitgehend braun und verdorrt – nur die Wälder entlang des Dikeos-Gebirges und die Macchia behalten ihre grüne Farbe. Hotels, Tavernen und Verleiher stehen noch komplett zur Verfügung, die Meerestemperatur liegt bei angenehmen 21 Grad – der September ist für einen Badeurlaub sowie Inseltouren bestens geeignet. Im Oktober endet die Saison.

Dabei ist der November oft noch sonnig. Nun nehmen die Koer in Ruhe ein Bad in der Ägäis, Ende des Monats fällt meist der erste Regen. Kühl und feucht ist es von Ende Dezember bis Ende Februar – Kos ist kein Ziel für einen sonnigen Winterurlaub.

Geschichte

Fremde Herrscher gaben sich in Kos jahrhundertelang die Klinke in die Hand und prägten so die Geschichte der Insel. Die ersten waren Einwanderer aus Kreta, die um 1600 v. Chr. auf dem Gebiet der heutigen Inselhauptstadt einen Hafen gründeten.

Nach dem Untergang der kretisch-minoischen Kultur drängten die Achäer aus Thessalien und dem Peloponnes auf die Insel und errichteten mehrere Stützpunkte. Homer berichtet in der Ilias, dass Kos und seine Nachbarinseln mit 30 Schiffen am Trojanischen Krieg um 1200 v. Chr. teilgenommen haben.

Unter der Herrschaft der Dorer erlebte die Insel eine Blütezeit: Die landwirtschaftlich genutzte Fläche wurde erweitert, Handwerk und Handel expandierten, die Bevölkerung wuchs stetig. Kos gründete im 8. Jh. v. Chr. sogar Kolonien in Unteritalien.

Zwischen Athen und Sparta

Ende des 6. Jh. v. Chr. fiel Kos an das Königreich Persien. Als die Koer sich weigerten, Schiffe für den persischen Feldzug gegen die griechischen Stadtstaaten des Festlandes zu stellen, wurde Kos von persischen Truppen besetzt. Nach mehreren militärischen Niederlagen mussten sich die Perser jedoch von der Insel zurückziehen.

477 v. Chr. trat Kos dann dem Attischen Seebund bei. Der wurde nach den Perserkriegen gegründet, um die griechischen Ägäis-Inseln vor den Persern zu schützen. In dieser Zeit wurde der wohl berühmteste Sohn der Insel, der Arzt Hippokrates, geboren.

Während des Peloponnesischen Krieges, 431–404 v. Chr., stand Kos auf der Seite Athens. Die Gegner, die Spartaner, griffen 411 v. Chr. die Hauptstadt Astypalea (nahe dem heutigen Kefalos) an, plünderten und zerstörten sie. Viele Bewohner verließen daraufhin die Stadt und gründeten auf dem Gebiet der heutigen Stadt Kos eine neue Ansiedlung. Die Koer bauten die Stadtmauer und den Hafen aus. Der Handel blühte auf, und viele Besucher zog es zum Asklepieion, das als Heiligtum und Krankenhaus über die Inselgrenzen hinweg berühmt war.

Zu jener Zeit soll die Bevölkerungszahl auf über 100.000 Menschen angewachsen sein. Selbst wenn man die Übertreibungen der antiken Geschichtsschreiber in Rechnung stellt, dürften damals mehr Menschen auf Kos gelebt haben als heute.

Kos und Rom

Kos bemühte sich um ein festes Bündnis mit dem Römischen Reich, und so kämpften die Koer im 2. Jh. v. Chr. an der Seite des aufstrebenden Rom. 30 v. Chr. wurde Kos in die römische Provinz Asia eingegliedert.

Als das Römische Reich 395 n. Chr. geteilt wurde, fielen ganz Griechenland und der Dodekanes dem Oströmischen Reich, dem späteren Byzantinischen Reich, zu.

Siegeszug des Christentums

Die christliche Religion fand in Kos, wo Apostel Paulus auf einer seiner Reisen vorbeigekommen sein soll, viele Anhänger, obwohl die Christen zunächst von der römischen Staatsgewalt verfolgt wurden. Unter Konstantin dem Großen, der 324 n. Chr. die Kaiserkrone im Römischen Reich übernahm, entwickelte sich das Christentum zur Staatsreligion. In der Folgezeit errichteten die Koer zahlreiche Basiliken, deren Überreste zum Teil heute auf der Insel zu besichtigen sind.

Zwischen dem 4. und 7. Jh. überfielen Vandalen, Westgoten, Sarazenen und Normannen die Insel, raubten, plünderten und brandschatzten. Neben der Gefährdung durch Piraten erlebten die Koer noch eine ständige Bedrohung ganz anderer Art: die Erdbeben. Das schwerste im Jahre 554 zerstörte viele Ansiedlungen, das Asklepieion fiel in Schutt und Asche.

Kreuzritter und Türken

1204 eroberten die Kreuzfahrer große Teile des Byzantinischen Reiches, das sie unter sich aufteilten: Kos wurde zunächst der Herrschaft Venedigs unterstellt, fiel schließlich aber an die Genuesen, die Kos 1309 an den Großmeister des Johanniterordens, Foulques des Villerat, verkauften. Die Ritter des Ordens beherrschten Kos fortan – für über 200 Jahre.

Sultan Süleiman I. gelang es 1523 Kos zu erobern. Die Koer wurden gezwungen, dem christlichen Glauben abzuschwören. Wer sich weigerte, wurde schwer bestraft und nicht selten sogar getötet.

Untrennbar: Staat und Kirche

Besatzung und Befreiung

In den Jahren 1821 bis 1829 führten die Griechen ihren Befreiungskrieg gegen die Türken. Der Peloponnes, Attika, Mittelgriechenland und die Kykladen errangen die Unabhängigkeit. Kos und die anderen Inseln des Dodekanes verblieben im Osmanischen Reich.

Als am 7. Mai 1912 italienische Soldaten auf Kos landeten, wurden sie von der Bevölkerung freudig empfangen im Glauben, sie kämen als Befreier und um die Vereinigung des Dodekanes mit dem unabhängigen Griechenland zu unterstützen. Tatsächlich jedoch lösten die Italiener nur die Türken als Besatzer ab. Die Herrschaft der italienischen Gouverneure und das schwere Erdbeben von 1933, das die meisten Häuser in Kos-Stadt und Kardamena zerstörte, veranlassten viele Koer, ihrer Heimat den Rücken zu kehren.

Der Zweite Weltkrieg

Nach dem Sturz Mussolinis 1943 besetzten die Deutschen die Insel. Viele Koer, die im Verdacht standen, den antifaschistischen Widerstand zu unterstützen fielen den Exekutionskommandos der Nazis zum Opfer. Getötet wurden aber auch italienische Offiziere, die sich weigerten, mit den Deutschen zusammenzuarbeiten. Die Nazis deportierten über 2000 Juden aus Kos und Rhodos in die deutschen Vernichtungslager.

Ein großer Teil der Bevölkerung entzog sich dem Terror und der Zwangsarbeit durch Flucht in die Türkei. Als am 9. Mai 1945 die Briten auf Kos landeten, bot sich ihnen ein Bild der Zerstörung: viele Gebäude zerbombt, das Vieh getötet, die Menschen hungernd. 1948 erfolgte die Vereinigung des Dodekanes mit Griechenland.

Die Diktatur der Obristen

Im April 1967 ergriffen die Militärs in einem Staatsstreich die Macht. Die Obristen-Clique trat aus dem Europarat aus

Oxi: Im Juli 2015 sagen die Griechen Nein zum Sparkurs der EU

und kündigte die Menschenrechtskonvention auf. In Schauprozessen verurteilten Sondergerichte politische Gegner zu hohen Haftstrafen oder Verbannung.

Der Schrecken endete erst, als die griechische Militärdiktatur 1974 in Folge der türkischen Besetzung von Zyperns Norden zusammenbrach. Die Auswirkungen waren auch auf Kos zu spüren: Der Großteil der türkischen Minderheit verließ die Insel währenddessen oder danach.

Wiedergeburt der Demokratie

Nach einer Volksabstimmung im Jahre 1975 wurde in Griechenland die Monarchie abgeschafft. Griechenland wird eine parlamentarische Republik, in der sich die konservative Nea Dimokratia und die Panhellenische Sozialistische Bewegung (PASOK) in der Regierung abwechselten – bis zur griechischen Staatsschuldenkrise.

In der Finanzkrise

Griechenland zählte 2002 zu den zwölf EU-Staaten, die ihre nationalen Währungen zugunsten des Euro aufgaben. Der Beitritt zur Währungsunion war an ökonomische und finanzpolitische Bedingungen geknüpft. Skeptiker befürchteten bereits damals, dass Griechenland diese Bedingungen lediglich auf dem Papier erfüllt hatte.

Tatsächlich muss der damalige Ministerpräsident Papandreou 2009 eingestehen, dass das Land praktisch pleite ist und sich den Beitritt zur Eurozone mit geschönten Finanzzahlen gesichert hat. Seitdem ist Griechenland und die Finanzkrise ein Dauerthema der politischen und öffentlichen Diskussion in Europa.

EU und Internationaler Währungsfonds (IWF) schnüren milliardenschwere Rettungspakete und fordern im Gegenzug von den Griechen weitreichende innenpolitische Spar- und Reformmaßnahmen, die zu erheblichen sozialen Verwerfungen führen – und in einem politischen Erdbeben münden. Alexis Tsipras von der linken Syriza wird 2015 Ministerpräsident. 2019 löst ihn der konservative Kyriakos Mitsotakis ab.

Nach drei europäischen Rettungsprogrammen erhält Griechenland im Juni 2018 noch einmal einen Milliardenkredit. Außerdem wird die Rückzahlung der Schulden verschoben – sie beginnt nun erst 2033. Ob das der letzte Akt in diesem Drama war? Zuletzt zeigte sich die griechische Wirtschaft stabil: mit einem robustem Wachstum und mit einer im Verleich zu Deutschland recht geringen Inflation.

Kos und die Flüchtlinge

Eine weitere Krise trifft die Insel im Sommer 2015: Da Kos nur 5 km von der türkischen Küste entfernt liegt, ist die Insel ein wichtiger Anlaufpunkt für die zahlreichen Flüchtlinge aus Syrien, dem Irak, Pakistan und Afghanistan auf ihrer Route nach Europa. Obwohl das Fährschiff „Eleftherios Venizelos" regelmäßig vor allem syrische Migranten an Bord nimmt und auf das griechische Festland bringt, entspannt sich die Lage auf Kos nicht.

In der Inselhauptstadt hielten sich zeitweise mehrere Tausend Flüchtlinge auf. Ihre Unterbringung war katastrophal, die örtlichen Behörden zeigten sich überfordert. Dem Koser Bürgermeister, Giorgios Kiritsis, warfen viele Versagen vor: Denn obwohl das Flüchtlingshilfswerk der UNO längst vor Ort war, um eine Erstaufnahmestation einzurichten, wollte Kiritsis ihnen kein Gelände zuweisen, aus Angst, noch mehr Flüchtlinge anzulocken. Auf dem Meer soll es zu Pushback-Aktionen der griechischen Marine gekommen sein, also zum direkten Zurückschicken der Menschen in die Türkei.

Inzwischen hat sich die Lage beruhigt, doch die Flüchtlinge bleiben ein Thema. Im Schnitt rund 1000 sind seit 2018 in einem sogenannten Hotspot nahe Pyli untergebracht. Das Gelände sieht aus wie ein Gefängnis: mit Wachtürmen, umgeben von meterhohen Drahtzäunen, auf deren Spitze rasiermesserscharfer Nato-Draht in der Sonne funkelt. Bürgermeister Theodosis Nikitaras wurde 2022 vorgeworfen, die Bewegungsfreiheit der Flüchtlinge stark einzuschränken. Der Bürgermeister hält argumentativ dagegen mit dem Hinweis auf den Schutz der einheimischen Bevölkerung vor Krankheit, Unsicherheit und Kriminalität.

Auch Corona hat die Insel getroffen. Besonders das Pandemie-Jahr 2020 hatte negative wirtschaftliche Folgen für Kos und die Nachbarinseln, weil die Zahl der ausländischen Besucher auf rund 300.000 abgesunken ist – im Vergleich zu 1,2 Millionen im Jahr 2019. Die Impfquoten, Infektions- und Letalitätsraten in Griechenland sind vergleichbar mit denen in Deutschland.

Flüchtlingscamp auf Kos

Gottesdienst in der Kirche Agia Paraskevi im Zentrum von Kos-Stadt

Religion(en)

Die griechisch-orthodoxe Kirche findet in ganz Griechenland zumindest in der älteren Bevölkerung noch großen Rückhalt. Auch die die überwältigende Mehrheit der Koer gehört ihr an, lediglich eine kleine Minderheit von etwa 400 türkischstämmigen Gläubigen ist muslimisch, die meisten davon leben in der Ortschaft Platini ganz in der Nähe der Inselhauptstadt.

Eine jüdische Gemeinde gibt es auf Kos hingegen heute nicht mehr. Die meisten Gemeindemitglieder fielen dem nationalsozialistischen Vernichtungsprogramm zum Opfer, nur sehr wenigen gelang die Flucht. Spuren jüdischen Lebens finden sich heute nur noch vereinzelt in Kos-Stadt, z. B. die kleine Synagoge und der jüdische Friedhof.

Der große Einfluss der orthodoxen Kirche ist historisch begründet: Während der vierhundertjährigen Herrschaft der Osmanen hütete und bewahrte sie die griechische Kultur, mutige Äbte und Mönche lehrten im Verborgenen die griechische Sprache. Auch im Zweiten Weltkrieg unterstützte die Kirche den Widerstand gegen die deutschen Besatzer, gewährte Partisanen Unterschlupf und half bei der Vorbereitung geheimer Treffen.

Die orthodoxe (= rechtgläubige) Kirche erhebt den Anspruch, die einzig rechtmäßige Nachfolgerin der römischen Kirche zu sein. Lehre und Kultus, in dessen Mittelpunkt die Vergegenwärtigung der Heilsgeschichte und der Empfang des Abendmahls stehen, sind seit dem Siebten Ökumenischen Konzil von 787 nur wenig verändert worden.

Liturgie und Architektur der griechisch-orthodoxen Kirche unterscheiden sich deutlich von der katholischer und evangelischer Gottesdienste und

-häuser. Die Predigt spielt eine untergeordnete Rolle; dominiert wird der Gottesdienst, bei dem Besucher willkommen sind, von Wechselgesängen, die altertümlich und fremdartig klingen.

Der **Papas,** der Priester, ist fester Bestandteil des Dorflebens. In ihren dunklen, langen Gewändern, das lange Haar unter dem Hut im Nacken verknotet und mit üppigem Bart, sieht man die Papades auf der Platia sitzen, aber auch auf den Feldern arbeiten. Ihr Gehalt ist gering, was sie zum Nebenerwerb zwingt. Viele sind verheiratet, müssen eine Familie ernähren: Der Zölibat betrifft in der orthodoxen Kirche nur die oberen Ränge.

Wichtiger Bestandteil der orthodoxen Spiritualität ist die **Ikonenverehrung.** Ikonen sind Tafelbilder mit Darstellungen von Heiligen oder biblischen Ereignissen. Für die orthodoxe Kirche sind sie die Fenster in die geistliche Welt. Die Gläubigen verehren sie, indem sie sich vor ihnen bekreuzigen oder verneigen.

Goldener Hintergrund, Zweidimensionalität und die dem Betrachter frontal zugewandten Augen, das sind typische Merkmale der Ikonenmalerei. In Griechenland sind sie allgegenwärtig: In jeder orthodoxen Kirche gibt es die Ikonostase, eine mit Ikonen geschmückte Holzwand, meist durch bis zu drei Türen von den Gläubigen abgetrennt; hier sind normalerweise keine Besucher erwünscht. Auch am Straßenrand findet man Bilderstöcke, in deren Innerem vor einer kleinen Ikone ein Öllämpchen brennt und die an ein denkwürdiges Ereignis oder einen Unfall erinnern.

Beim Besuch einer Kirche sollten Sie auf angemessene Kleidung achten, das heißt: so wenig nackte Haut wie möglich zeigen. Vergessen Sie nicht, nach der Besichtigung eine kleine Spende zu hinterlassen. Das Geld wird zur Instandhaltung der Gebäude benötigt.

Blickfang in orthodoxen Kirchen: die mit Ikonen geschmückte Wand

Der Hippokrates-Flughafen von Kos

Anreise

Die Insel Kos erreicht man am besten mit dem Flugzeug. Rund drei Stunden dauert ein Flug von Deutschland, Österreich oder der Schweiz – auf dem Landweg wäre man mehrere Tage unterwegs.

Mit dem Flugzeug

Die einfachste, schnellste und in der Regel preisgünstigste Anreisevariante ist ein **Direktflug** per Charter, der entweder allein oder im Rahmen einer Pauschalreise gebucht werden kann.

Je nachdem, von welchem Flughafen Sie nach Kos (Kurzbezeichnung KGS) starten, dauert der Flug zwischen 2 (Wien) und 3:45 Std. (Berlin). Tickets für Flüge in den Schulferien sollten Sie rechtzeitig kaufen, am besten mindestens zehn Wochen vor Ihrem gewünschten Reisetermin. Alternativ können Sie auch per Charter- oder Linienflug nach Athen und von dort per Anschlussflug nach Kos reisen.

Alle Flieger landen am **Kos Island International Airport,** auch Hippocrates genannt (kosairportguide.com), der mitten auf der Insel nahe dem Ort Antimachia liegt, rund 25 km von Kos-Stadt entfernt. Seit 2016 gehört der Flughafen Fraport Greece; er wurde nach dem Eigentümerwechsel bis 2021 systematisch modernisiert und erweitert. Im Flughafengebäude gibt es mehrere Verpflegungs-Geschäfte. Wer länger warten muss, kann auch in die Taverne Airport gegenüber dem Flughafengebäude einkehren. Hier lässt es sich lecker und preiswert speisen.

Abflughäfen In **Deutschland** gibt es Direktflüge nach Kos nicht nur von den großen Airports wie Frankfurt, München, Berlin, Hamburg und Düsseldorf, sondern auch von fast allen Regionalflughäfen wie Köln/Bonn, Hannover, Friedrichshafen, Nürnberg, Münster, Leipzig, Paderborn oder Saarbrücken. **Österreicher** erreichen die Insel direkt nur von Wien aus. Wer von Salzburg aus fliegt, macht einen Zwischenstopp in Rhodos. **Schweizer** fliegen von Zürich und Basel aus direkt nach Kos.

Charterflüge Viele Charterflieger haben Kos im Programm. Darunter vor allem: Condor (condor.com), Eurowings (eurowings.com), TUIFly (tuifly.com) oder Ryanair (ryainair.com).

Tickets (hin und zurück) gibt es in der Nebensaison inkl. Handgepäck und einem weiteren Gepäckstück (max. 20 kg) ab etwa 150 €. In der Hauptsaison können die Preise auf bis zu 500 € ansteigen. Wer einen günstigen Flug nach Kos sucht, sollte auf Frühbucherrabatte achten.

Flugsuche Auf speziellen Suchseiten im Internet lassen sich günstige Flüge finden, z. B. skyscanner.de, momondo.de, fluege.de, billigflieger-vergleich.de, travel-overland.de oder swoodoo.com. Auch via booking.com lassen sich Flüge finden. Einfach Abflughafen und gewünschte Fugtermine eintragen, die Maschine ermittelt dann die günstigsten Angebote.

Linienflüge Die klassischen Anbieter für Linienflüge nach Athen sind die Lufthansa (lufthansa.com) sowie Swiss International Air Lines (swiss.com) und Austrian Airlines (austrian.com). Die griechische Aegean Airlines (aegenair.com) offeriert Flüge außerhalb der Saison zum Teil für 150 € (hin und zurück).

Innergriechische Flüge Die Strecke Athen–Kos bedienen Sky express, Aegean Airlines und Olympic Air tägl. 2- bis 4-mal, die Flugzeit beträgt 55 Min. One-Way-Ticket ab 40 €, bei kurzfristiger Buchung in der HS deutlich teurer (olympicair.com, skyexpress.gr).

Sondergepäck Achten Sie bei extrem günstigen Angeboten darauf, ob ein Gepäckstück enthalten ist – sonst zahlen Sie das extra. Auch das Limit beim Gewicht sollten Sie im Auge halten, denn Übergepäck kostet – und zwar bis zu 15 € pro Kilo. Bei Fahrrädern, Flugdrachen oder Surfgerät zeigen sich die Chartergesellschaften selten großzügig, das Sportgepäck kostet meist extra. Mehr Infos unter fluggepaeck.de.

Transfermöglichkeiten: Taxi, Mietwagen oder Bus

Haustiere sollten Sie besser daheim lassen! Ansonsten müssen Sie Ihr Tier bei der Buchung des Fluges anmelden und eine spezielle Transportbox kaufen. Hunde müssen für den Flugzeugtransport innerhalb der EU gechipt oder vom Tierarzt tätowiert sein; außerdem ist ein Heimtierausweis notwendig.

Transfer Der Transfer vom Flughafen zum Hotel nimmt selten länger als eine halbe Stunde in Anspruch. Taxis warten vor dem Terminalgebäude. 8-mal täglich verbindet ein Bus den Flughafen mit Kos-Stadt und Mastihari; auch Kardamena und Kefalos sind vom Flughafen mit dem Bus zu erreichen. Eine Fahrkarte nach Kos-Stadt kostet 3,20 €, für eine Taxifahrt zahlen Sie rund 40 €. Den Flughafen-Busfahrplan finden Sie unter ktel-kos.gr.

Reiseveranstalter mit Kos-Angeboten

Alle großen Reiseveranstalter haben Kos im Programm. Pauschalreisen sind oft die bequemste Variante für den Urlaub. Mit frühem Buchen können Sie Rabatte einstreichen.

Neben den großen Konzernen gibt es eine Vielzahl kleiner Reiseveranstalter, die sich auf bestimmte Segmente wie Surf- oder Wanderreisen spezialisiert haben. Hier eine kleine Auswahl:

Reiseveranstalter Attika, ✆ 0800-1671800, attika.de.

Alltours, ✆ 0211-54275427, alltours.de.

TUI, ✆ 0511-5678600, tui.com.

Kite-/Surfreisen OLA Sportreisen, ✆ 08153-908760, ola-sportreisen.de.

Surf & Action Company, ✆ 089-6281670, surf-action.com.

Surfreisen, ✆ 08282-638150, surfreisen.at.

Rad-/Wanderreisen Lupe Reisen, ✆ 02241-844650, lupereisen.com.

Hellas Gruppenreisen, ✆ 0351-65359288, hellas-gruppenreisen.de.

Leitner Reisen, ✆ 09176-98600, leitner-reisen.de.

Verkehrsmittel vor Ort

Das Verkehrsnetz auf Kos ist ausgezeichnet: Alle wichtigen Straßen sind asphaltiert, Mietfahrzeuge aller Art stehen ausreichend zur Verfügung. Alle Orte, Sehenswürdigkeiten und viele Strände sind mit öffentlichen Bussen erreichbar. Entlang der Nordküste lässt sich die Insel bequem mit dem Fahrrad erkunden.

Zweiräder/Quads

Fahrrad-, Scooter- und Motorradvermietungen finden Sie in allen Touristenorten. Das Angebot ist groß, die Preise innerhalb eines Ortes unterscheiden sich wenig – zwischen den Orten gibt es jedoch oft deutliche Unterschiede.

▪ In der Nebensaison kann man den Preis unter Umständen herunterhandeln, besonders bei längerer Mietdauer. Normalerweise gewähren die Händler Rabatte ab drei Tagen. Es besteht außerhalb geschlossener Ortschaften Helmpflicht auch für Mopedfahrer – und die Ordnungshüter kontrollieren die Einhaltung.

Fahrräder Teils schon ab 3 € pro Tag für einfache, klassische Modelle. Vor allem in Kos-Stadt beliebt. Die Stadträder haben Gangschaltung, Licht und einen Korb auf dem Gepäckträger. Viele Anbieter stellen Kindersitze zur Verfügung. Auch Tandems sind im Angebot. In jüngster Zeit erfreuen sich Rennräder größerer Beliebtheit (→ S. 43).

E-Bikes In den Touristenorten ab 12 € pro Tag zu erhalten.

Mountainbikes Ab ca. 8 € pro Tag. Sportliche können mit den geländegängigen Rädern (21-Gang-Schaltung) die ganze Insel erkunden. Nachteil: Mountainbikes haben kein Licht.

Motorroller (Scooter) Mit 50 cm^3 ab ca. 13 € pro Tag, in der Regel mit Vollautomatik; Maschinen bis zu 250 cm^3 ab 20 € pro Tag. Die Roller sind am besten für asphaltierte oder befestigte Straßen geeignet. Auf Kos kommen Sie damit also fast überall hin. Die Roller sind auch zu zweit befahrbar, allerdings sehr windanfällig.

Quads Gibt es inzwischen nur noch mit leistungsstarken Motoren ab 125 cm^3, ab ca. 30 € pro Tag. Schwächere Maschinen hat die Regierung per Gesetz quasi aus dem Verkehr gezogen.

E-Roller Sind derzeit ausschließlich in Kos-Stadt zu mieten.

Autovermietung

Im Vergleich zu anderen Urlaubszielen sind Mietwagen auf Kos relativ preiswert, wenn Sie nicht gerade luxuriöse Modelle oder einen Buggy ausleihen. Für einen Kleinwagen sind je nach Saison 25–45 € pro Tag zu zahlen. Die Preise der zahlreich vertretenen Agenturen unterscheiden sich innerhalb der Orte nur geringfügig. Zwischen den Orten gibt es deutliche Preisunterschiede: In Kos-Stadt zahlen Sie für einen Kleinwagen in der Nebensaison 35 € pro Tag, in Kamari rund 10 € weniger.

In der Regel sind die lokalen Verleiher etwas günstiger als die renommierten internationalen Firmen wie Hertz oder Avis. Die können mit Holiday- oder Fly-&-Drive-Angeboten preislich mithalten: Wer den Wagen bereits vorab zu Hause bucht, erhält Preisnachlässe bis zu 30 %. Viele Hotels arbeiten mit einem Verleiher zusammen. Die Angebote, die Ihnen ausgehändigt werden, sind nicht immer die günstigsten. Schauen Sie

6.500 Leihräder gibt es auf Kos

besser auch selbst nach dem Preis eines örtlichen Verleihers oder vergleichen Sie die Preise mit den Angaben in den Ortskapiteln in diesem Buch.

Mietbedingungen Die Mietdauer beträgt bei tageweiser Anmietung 24 Stunden. Das Mindestalter für das Entleihen von Autos liegt bei 21 Jahren; außerdem muss der Mieter bereits über ein Jahr lang den Führerschein haben.

Versicherung Für selbstverursachte Schäden am Fahrzeug haftet der Mieter selbst, wenn nur eine Haftpflicht im Preis inbegriffen ist. Die Verleiher bieten in der Regel gegen einen Aufpreis Vollkasko mit Eigenbeteiligung an. Einige Anbieter untersagen ausdrücklich das Verlassen asphaltierter Straßen. Empfehlungen für Vermieter finden Sie bei den jeweiligen Ortsbeschreibungen.

Fly-&-Drive-Angebote Hier werden Hin- und Rückflug sowie ein Leihwagen (der im Normalfall bei Ankunft am Flughafen bereitsteht) vermittelt. Sie können den Leihwagen auch bei Ankunft direkt am Flughafen übernehmen oder zum Hotel bringen lassen. Diesen Service bieten auch viele Verleiher vor Ort an.

Verkehrsregeln Die Verkehrsregeln und -zeichen entsprechen weitgehend den deutschen. Eine Ausnahme bei den **Vorfahrtsregeln:** Der im Kreisverkehr Fahrende hat hier keine Vorfahrt, sofern nicht explizit anders ausgewiesen. **Höchstgeschwindigkeit** für Pkw innerorts 50 km/h, auf dem „Insel-Highway" auf Kos 70 km/h, Motorräder dürfen innerorts nur 40 km/h. Mit **Radarkontrollen** muss man vor allem auf dem Insel-Highway rechnen. Die **Promillegrenze** liegt bei 0,5. Für Motorradfahrer und Fahranfänger bis zwei Jahre nach dem Führerscheinerwerb liegt die Grenze bei 0,2 Promille.

Auch per Bus sind alle Ortschaften auf Kos erreichbar

Die **Geldstrafen** für Verkehrssünden sind hoch. Wer beispielsweise mit 25 km/h zu schnell geblitzt wird, muss 100 € Strafe zahlen. Wer ein Verkehrsdelikt begangen hat, kann das Bußgeld halbieren, wenn er innerhalb von zehn Tagen zahlt.

Tanken Das Tankstellennetz auf Kos ist sehr dicht. Bleifreies Benzin (venzini amolivdi) kostet ca. 2 € pro Liter, Diesel (petrelio) knapp 1,65 € pro Liter (Stand: September 2023). Die Tankstellen sind in der Regel Mo–Sa 8–22 Uhr geöffnet; teilweise bis Mitternacht. Während der Sommermonate haben die meisten auch sonntags geöffnet.

Bus und Taxi

Wer nicht den einsamen, abgelegenen Strand auf eigene Faust suchen und finden will, kann sich auf der Insel preisgünstig und pünktlich mit dem Bus fortbewegen. Die **Inselbusse (KTEL)** verbinden Kos-Stadt mit den wichtigsten Ansiedlungen auf der ganzen Insel – und machen Halt am Paradise-Beach im Westen.

Ein Nachteil: Wer zum Beispiel in Tigaki Urlaub macht, muss sich zum Halt an die Schnellstraße begeben. Die Busse von Kos-Stadt zu den Orten an der Nordküste, nach Kardamena oder Kefalos sind in der Hauptsaison mitunter voll besetzt.

Fahrplan und -preise Die Fahrscheine können Sie nur im Bus kaufen; die Preise liegen zwischen 2,10 und 4,80 €. Es ist nicht möglich, Fahrräder im Bus mitzunehmen. Die An- und Abfahrtszeiten sowie Fahrpreise finden Sie unter ktel-kos.gr.

Das **Taxi** ist in Griechenland ein beliebtes öffentliches Verkehrsmittel. Der Taxameter wird nicht immer eingeschaltet, sondern oft ein fester Fahrpreis veranschlagt. Während der Hochsaison treten immer wieder Engpässe auf. Bestellen Sie ein Taxi – am besten am Vortag – telefonisch vor, wenn Sie einen Termin (Rückflug, Fähre etc.) einzuhalten haben, ✆ 22420-22777.

Preise Kos–Flughafen 40 €, Kos–Kefalos 60 €, Kos–Kardamena 42 €, Kos–Tigaki 18 €, Kos–Marmari 21 €, Kos–Mastihari 31 €, Kos–Pyli 27 €.

Übernachten

Auf Kos stehen gut 200 Hotels aller Kategorien und Preisklassen zur Verfügung, dazu kommt eine Vielzahl von Apartments und Privatzimmern. Die Tarife sind im Vergleich zu anderen europäischen Ländern moderat.

Ein Grund für das relativ gemäßigte Preisniveau ist die große Konkurrenz zwischen den Anbietern. Und da der Markt noch nicht gesättigt zu sein scheint und immer wieder neue Hotels und Apartmentanlagen entstehen (vor allem im gehobenen Bereich), dürfte sich für Reisende mittelfristig nicht allzu viel ändern.

Die Hotels sind in Griechenland gemäß ihrer Ausstattung in Sterne-Kategorien eingeteilt. Die Klassifizierung erfolgt durch die Griechische Zentrale für Fremdenverkehr. Sie legt ausschließlich formale Kriterien bei der Vergabe zugrunde.

Privatzimmer

In vielen Orten auf Kos und den Nachbarinseln finden Sie Schilder mit den Aufschriften *Rooms to rent, Room to let* oder *Zimmer frei*. Für ein Doppelzimmer müssen Sie auf Kos mit 30–45 € rechnen. Erwarten Sie nicht den größten Komfort. Die Räume sind in der Regel nur einfach ausgestattet. Schauen Sie sich das Quartier an, bevor Sie zusagen.

Camping/Glamping

Das Camping ist tot, es lebe das Glamping. Auf Kos gibt es keinen klassischen Campingplatz mehr, dafür aber in Marmari ein Glamping-Angebot, also die Luxusvariante in großen Zelten, mit Wi-Fi, Kühlschrank, Pool und vielen Services. Wildes Zelten ist in ganz Griechenland verboten, was allein wegen der Brandgefahr verständlich ist.

Hotels, Apartments und Ferienhäuser

Sehen Sie sich das Hotel (Xenodochío), Apartment oder die Pension (Pansijon) wenn möglich an, bevor Sie sich entscheiden. Wenn Sie vor Reiseantritt reservieren wollen, können Sie das mithilfe unserer ausführlichen Beschreibung der Unterkünfte in den Ortskapiteln tun oder auf Buchungsportalen wie Booking.com (weitere Portale s. u.).

Wir stellen in diesem Buch bevorzugt Hotels und Pensionen vor, die keine oder nur in geringem Umfang Verträge mit internationalen Reiseanbietern haben. So können Sie in den von uns besprochenen Unterkünften meist auch bei kurzfristiger Buchung noch ein Bett bekommen.

Die meisten Hotelzimmer auf Kos verfügen über Duschen, sind klimatisiert und mit einem kleinen Kühlschrank ausgestattet. In der Hauptsaison, das

Ferienhäuser erfreuen sich wachsender Nachfrage

heißt in den Monaten Juli und August, sind die Unterkünfte am teuersten.

Viele Hotels geben ihren Gästen auf Anfrage zum Teil erhebliche Preisnachlässe auf die offiziellen „Door Rates", besonders wenn sie mehrere Tage bleiben. Je weiter entfernt vom Hochsommer Sie Ihre Reise unternehmen, desto niedriger werden die Preise sein. Vor Anfang April und ab Ende Oktober jedoch sind fast alle Hotels (und die meisten Tavernen) geschlossen; in weniger besuchten Orten dauert die Saison nur von Mitte Mai bis Ende September.

Preisangaben im Buch

Die Zimmerpreise werden in diesem Buch in Kategorien angegeben, symbolisiert durch ein bis vier Eurozeichen. Sie beziehen sich auf ein DZ inkl. Frühstück bzw. ein Apartment für 2 Personen in der Hauptsaison.

€	bis 70 Euro
€€	70–120 Euro
€€€	120–170 Euro
€€€€	über 170 Euro

Übernachtungssteuer Seit 2018 müssen Urlauber in Griechenland eine Gästesteuer zahlen, ähnlich der in Deutschland vielerorts bekannten Kurtaxe. Je nach Hotelkategorie liegt die Steuer zwischen 50 Cent und 4 € pro Nacht.

Beschwerden Bei massiven Problemen mit der Unterkunft hilft die Touristenpolizei.

Ferienhäuser In den letzten Jahren ist die Zahl der Ferienhäuser stark gestiegen. Die meisten Häuser sind in ruhigen Lagen um Kos-Stadt und in den Bergdörfern unterhalb des Dikeos zu mieten, vielfach mit großem Aufwand restauriert und gut ausgestattet.

booking.com, tripadvisor.de, holidaycheck.de, expedia.de: Die Portale bieten Fotos und Infos von Unterkünften – sowie Bewertungen anderer Reisender. Die sind natürlich mit etwas Vorsicht zu genießen, können bei der Suche nach einer Bleibe auf Kos aber einen ersten Eindruck vermitteln. Beachten Sie: Wer über die Reiseportale bucht, zahlt oft etwas mehr als bei Buchung direkt beim Hotel. Denn die Hotels müssen 10–20 % an das Buchungsportal zahlen. Per E-Mail oder telefonisch beim Hotel zu buchen, kann sich also lohnen!

fewo-direkt.de, ferienhausmiete.de, holidu.de: Wer eine Wohnung oder Haus mieten möchte, findet hier detaillierte Angebote.

airbnb.de: Ob Privatzimmer mit Anschluss an die Gastgeberfamilie, Apartments oder ganze Häuser – das Angebot ist breit gefächert.

Begrünte Hotelanlage

Kali orexi – guten Appetit! Auf Kos gibt es etliche gute Fischtavernen.

Essen und Trinken

Kos ist kein Traumziel für verwöhnte Gourmets. Doch die Küche ist besser als ihr Ruf. Auf den Feldern wächst eine Vielfalt an wohlschmeckendem Gemüse und würzigen Kräutern. Und zu alledem gesellt sich ein reichhaltiges Angebot an Meeresfrüchten.

Der Dodekanes hat dem übrigen Hellas eines voraus: Die Küche ist hier variantenreicher. Kräftige, nahrhafte Hausmannskost bekommt man in einfachen Tavernen überall, doch hier spürt man bisweilen den Einfluss der italienischen und türkischen Küche – ein Andenken an die langen Jahre unter Fremdherrschaft.

Für manchen Gaumen werden die Gerichte mit zu viel Öl und Knoblauch oder einfach zu scharf zubereitet. In früheren Zeiten zur Konservierung benutzt, später vor allem wegen des Nährwerts beibehalten, ist das berühmte und gesunde Olivenöl ein wesentlicher Bestandteil nahezu aller Gerichte.

Gegessen wird in Griechenland sowohl mittags als auch abends etwa eine Stunde später als in Mitteleuropa. Im Sommer werden oft bis Mitternacht noch Hauptgerichte serviert, denn in Griechenland sind die Abende lang.

Preise Zwei Personen zahlen für eine einfache Mahlzeit mit Vorspeise, Hauptgericht und Getränken etwa 35–45 €. Für Gedeck und Brot wird ein geringer Betrag berechnet, der aber nicht immer auf der Speisekarte steht. Ist man mit Freunden unterwegs, so ist es üblich, die Rechnung („to logariasmo") immer für den ganzen Tisch zu verlangen. Einzeln zu zahlen ist eher verpönt.

Trinkgeld Das Wechselgeld wird ohne missmutigen Blick bis auf den letzten Cent zurückgezahlt. Wenn Sie zufrieden waren, sollten Sie 5–10 % des Gesamtbetrages als Trinkgeld auf dem Tisch liegen lassen.

Rezepte In der Touristeninformation in Kos-Stadt gibt es eine kostenfreie Broschüre mit traditionellen Rezepten, wie z. B. gefüllte Zucchini-Blüten *(Kolokythanthoi Yemistoi)*, gefüllte Weinblätter *(Dolmadakia)* oder süße, eingelegte Tomaten *(Tomataki Glyko)*.

Die Lokale

Schlicht und ohne Schnickschnack sind die meisten griechischen Tavernen: ein paar Stühle und Tische im weiß gekalkten Speiseraum oder in einer mit Weinreben bewachsenen Pergola. Das Gros der Restaurants sind Familienbetriebe. Spätestens wenn man zum zweiten Mal im gleichen Restaurant auftaucht, gibt der Kellner nach dem Essen gerne einen Ouzo aus, den abzulehnen fast unmöglich ist.

Das Angebot richtet sich nach dem eigenen Anbau oder dem örtlichen Markt. *Taverna* (Taverne) und *Estiatorio* (Restaurant) unterscheiden sich kaum mehr. Vor allem in Küstenorten stößt man auf die *Psarotaverna*, das spezialisierte Fischlokal. In einer *Psistaria* wird vor allem gegrilltes Fleisch angeboten, Lamm, Rind, Hähnchen und natürlich die berühmten Souvlakis. Wer Süßes mag, wird im *Zacharoplastion* (Konditorei) fündig.

Den Besuch einer *Ouzeri* sollten Sie auf keinen Fall auslassen. Hier gibt es zu jeder Tageszeit eine große Auswahl an Mezedes (Kurzform: Mezes), also verschiedene leckere Kleinigkeiten zum Ouzo, dem populären Anislikör.

Das *Kafenion* ist eine der wichtigsten gesellschaftlichen Einrichtungen in Griechenland; auf Kos findet man es leider nur noch selten. Kafenion heißt meist nicht mehr als ein paar Tische und Stühle in einem schmucklosen Innenraum und ein paar Sitzplätze an der Straße. Das Kaffeehaus ist Parlament, Stammlokal, Treffpunkt für Geschäftsleute, das zweite Zuhause.

Leider selten: Kafenia auf Kos

Frühstück

Frühstück (Proino) ist für die meisten Griechen ein Fremdwort. Man beginnt den Tag mit einem Tässchen Kaffee. In den Hotels hat man sich natürlich auf die Gepflogenheiten der Touristen eingestellt. Frühstück gibt es überall, oft in Form eines reichhaltigen Buffets. Zudem bieten Tavernen kontinentales und englisches Frühstück an.

Vorspeisen

Es gibt eine Vielzahl von **Mezedes,** also Appetithäppchen aller Art, darunter viele vegetarische und vegane Varianten. Wer noch eine Hauptspeise essen will, sollte vorher nicht zu viel ordern. Es gibt auf Kos auch einige Tavernen, die ausschließlich Mezedes anbieten. Im Folgenden eine kleine Auswahl:

Dolmadakia – gerollte Weinblätter, mit Reis und Gewürzen gefüllt; **Gigantes** – dicke weiße Bohnen in scharfer Gemüse-Tomaten-Soße; **Kolokithaakia tiganita** – frittierte Zucchini; **Melitzanosalata** – Auberginensalat, dabei werden die gegrillten Auberginen durch ein

Tsatsiki und Skordalia

Ein Standardrezept für Tsatsiki gibt es nicht. Fest stehen lediglich die Zutaten: Joghurt (10 % Fettanteil), gewürfelte oder geraspelte Gurke, fein geschnittene Zwiebel, Salz, reichlich Knoblauch (von einer Zehe bis zu einer ganzen Knolle). Im Vergleich zu Skordalia (in Speisekarten gerne als „Garlicsauce" annonciert) ist Tsatsiki geradezu harmlos, was die Ausdünstungen betrifft ...

Rezept für Skordalia: 500 g mehlige Kartoffeln, 5 Knoblauchzehen, 1/8 l Olivenöl, 3 EL Zitronensaft, 2 Eigelb, Salz, frisch gemahlener Pfeffer. Kartoffeln in der Schale 25 Min. garen, danach schälen und durch die Kartoffelpresse drücken. Nun den Knoblauch (gepresst) mit dem Olivenöl, dem Zitronensaft und dem Eigelb unter die Kartoffeln heben. Mit Salz und Pfeffer abschmecken. Kalt servieren.

Sieb gedrückt und danach zu Salat verarbeitet; **Taramosalata** – rötlich-orangefarbener Fischrogensalat (meist vom Karpfen); **Tonnosalata** – Thunfischsalat; **Tsatsiki** – Knoblauchjoghurt mit Zwiebeln und Gurken.

Käse

Käse (Tiri) gehört in Griechenland eher zu den Vorspeisen und Beilagen.

Feta: Der gesalzene Weichkäse aus Schafsmilch (manchmal auch mit Ziegenmilch gemischt) wird sehr vielseitig verwendet, zum Beispiel in Aufläufen, Gebäck, Salaten oder einfach als Beilage.

Kasseri: halbfester Käse aus Schafsmilch (ähnlich dem italienischen Povolone), der als Brotbelag dient, aber auch gebraten wird.

Kefalotyri: Der Hartkäse aus Schafs- und Ziegenmilch ist vergleichbar mit dem Parmesan und eignet sich gut zum Reiben. Er wird – neben dem Feta – auch als Saganaki zubereitet.

Mizithra: quarkähnlicher, ungesalzener Frischkäse, vergleichbar mit Ricotta, ursprünglich aus Kreta.

Saganaki: frittierter Käse (meist Feta oder Kefalotyri) heiß serviert, manchmal auch am Tisch flambiert.

Hauptgerichte

Fleisch (Kreas): Auf Kos werden Hühner (Kotopoulo), Schweine (Chirino), Schafe (Arnaki) bzw. Hammel (Arni) und Ziegen (Katsika) gehalten – ein Teil des Fleisches stammt also von der Insel. Rindfleisch (Wodi) muss dagegen importiert werden.

Gyros: Im Gegensatz zum türkischen Dönerkebab verwendet man kein Hammel-, sondern Schweinefleisch; oft wird außerdem Huhn angeboten. Es wird in dünne Scheiben geschnitten, über Nacht in Olivenöl eingelegt, mit Zwiebeln, Oregano und Pfeffer gewürzt und an einem senkrechten Grillspieß gegart. Serviert als Tellergericht oder als Snack mit Zwiebeln, Kräutern, Tomaten und Tsatsiki sowie Ketchup oder Senf in einem zusammengerollten Teigfladen, der Pita.

Keftedes/Bifteki: Frikadellen, Hackfleischbällchen, Klopse. Wie bei uns zubereitet, nur manchmal etwas schärfer gewürzt.

Kotosouvli: Hähnchenfleisch am Spieß.

Makaronia me kima: Spaghetti mit Hackfleischsoße.

Moussaka: Auflauf aus Auberginen, Hackfleisch, und Kartoffeln, mit einer Béchamelsoße überbacken.

Paidakia: in Kräuteröl marinierte Lammkoteletts, die meist über Holzkohle gegrillt, gelegentlich auch in der Pfanne gebraten werden.

Pastitsio: Makkaroniauflauf aus Hackfleisch und Tomaten, mit Béchamelsoße überbacken.

Souvlaki: das Nationalgericht, jedem Griechenland-Reisenden bekannt. Aromatische Fleischspieße vom Lamm oder Schwein, mit Oregano gewürzt und über Holzkohle gegrillt. Meist preiswert und überall in jeder Größe zu haben. Etwas Zitronensaft verfeinert den Geschmack.

Souzoukakia: ähnlich dem Bifteki, aber in länglicher Form und mit Tomatensoße. Den türkischen Einschlag schmeckt man daran, dass das Hackfleisch mit Kreuzkümmel gewürzt ist.

Stifado: ein Eintopf aus Rindfleisch, Zwiebeln und Kartoffeln, unter anderem mit Zimt, Nelken und Lorbeer gewürzt. Angeboten wird auch eine Variante mit Lamm- oder Kaninchenfleisch, oft im Tontopf serviert.

Fisch (Psari) und andere **Meeresfrüchte** (Thalassina) sind auf dem Dodekanes meist ein paar Euro teurer als Fleisch. Viele Fische, die in den Tavernen serviert werden, stammen aus Fischfarmen (zum Beispiel vor der Nachbarinsel Kalymnos) oder aus dem Atlantik, denn der Fischbestand in der Ägäis ist in den vergangenen Jahrzehnten geschrumpft. Der Preis für Fisch wird zumindest bei Spezialitäten auf den Speisekarten meist pro Kilo (ca. 50 €) angegeben. Zum Sattwerden reichen 200 bis 300 g Fisch aus, wenn Sie dazu Beilagen bestellen.

Astakos: Hummer (lobster) ist teuer. Die Tavernen servieren ihn in der Regel mit Spaghetti und Tomatensoße. Oft werden auch die etwas preiswerteren Langusten (Gardia) als Astakos angeboten.

Barbouni: Rotbarbe (red mullet), verbreiteter und sehr geschätzter Speisefisch, den man in allen Fischtavernen erhält.

Garides: Garnelen (scampi), oft auch als Vorspeise serviert.

Gavros: das preiswerteste Fischgericht. Die in Mehl gewendeten winzigen Fischchen (Sprotten oder Sardellen) werden in Öl gebacken. Wenn sie klein genug sind, kann man sie mit Kopf und Schwanz essen. Als Vorspeise beliebt, die Sie auf der Karte als Marides finden.

Kalamari: Tintenfischarme, die in Scheiben geschnitten, paniert und in Öl frittiert werden.

Oktapodi/Chtapodi: Der Oktopus muss nach dem Fang viele Male auf einen harten Untergrund geschlagen werden, damit das Fleisch weich wird. Danach wird er auf dem Grill gebraten und mit Zitrone serviert.

Psarosoupa: Die Fischsuppe ist eine nahrhafte Spezialität die allerdings nur in ausgewiesenen Fischtavernen erhältlich ist.

Xifias: Schwertfisch, sehr lecker. Die meterlangen Prachtexemplare werden säuberlich in dicke Scheiben geschnitten.

Tsipoura – Dorade; **Kefalos** – Meeräsche; **Midia jemista** – gefüllte Muscheln.

Vegetarisches: Auf dem Dodekanes finden Sie auch eine große Auswahl an fleischlosen Gerichten. Vegetarier kön-

Tintenfische hängen zum Trocknen über der Leine

nen sich aus Vorspeisen, Beilagen, Suppen und Salaten interessante Kombinationen zusammenstellen lassen.

Anthous: mit Reis gefüllte Zucciniblüten. Eine Spezialität.

Briam: Eintopf aus mehreren Gemüsen und Kartoffeln.

Choriatiki: Der beliebteste Salat ist der bekannte griechische Bauernsalat. Er besteht aus Tomaten, Gurken, grünen Salatblättern und Oliven; das Ganze wird gekrönt von einer aromatischen Scheibe Feta.

Chorta: Wildgemüse, in Aussehen und Geschmack mit Spinat vergleichbar.

Fassolada: Suppe aus weißen Bohnen mit viel Sellerie und Karotten.

Fassolia: Grüne Bohnen, manchmal mit Knoblauch-Kartoffel-Püree.

Jemista: mit Reis und gehackten Pfefferminzblättern gefüllte Tomaten oder Paprika.

Melitzanes: Auberginen in Öl gebraten. Um den bitteren Geschmack zu neutralisieren, legt man die Frucht vorher in Salzwasser.

Okra: Die fingerlange grüne, bohnenähnliche Frucht erfordert eine aufwendige Zubereitung. Um zu verhindern, dass die schleimartige Flüssigkeit im Inneren beim Kochen austritt, muss man beim Putzen und Säubern sehr vorsichtig sein.

Angouro salata – Gurkensalat; **Arakades** – Erbsen; **Fassolia** – Bohnen; **Karota** – Karotten; **Kolokihto** – Zucchini; **Lachano salata** – Krautsalat; **Marouli** – Romanasalat; **Patates** – Kartoffeln oder Pommes frites; **Pilafi** – Reis; **Piperjes** – Paprika; **Spanaki** – Spinat; **Tomata salata** – Tomatensalat.

Brot

In den Tavernen wird durchweg das weiße, nährstoffarme Brot namens *Aspro psomi* serviert, selbst wenn bereits kohlenhydratreiche Speisen wie Nudeln oder Kartoffeln bestellt wurden. Das Brot schmeckt frisch gut, wird aber schnell hart und trocken. Meist ist auch noch Pita-Brot zu haben.

Choriatiko – dunkles Bauernbrot; **aspro psomi** oder **lefko psomi** – Weißbrot; **Paximadi** – Zwieback.

Nachspeisen und Süßes

Die Auswahl an Süßem (Glika) und Backwaren ist traditionell groß – meist

Süße Verführung

Blätterteig und oft sehr, sehr süß, wofür viel Zucker und Honig sorgen.

Baklava: hauchdünner Bätterteig, gefüllt mit Mandeln und Nüssen, mit Zuckersirup übergossen.

Bougatsa: Blätterteiggebäck mit einer Füllung aus Grießpudding, wahlweise auch mit Vanillecreme. Diese Spezialität essen die Koer gerne vormittags als Frühstücksersatz.

Halva: ähnlich dem sogenannte türkischen Honig, hergestellt aus zermahlenem Sesam, Honig und Nüssen.

Galatoboureko: Blätterteiggebäck mit Milch-Grieß-Füllung, ähnlich der Bougatsa.

Loukoumades: in heißem Öl ausgebackene Hefeteigkugeln, sie werden mit Honig überzogen.

Risogalo: Milchreis, mit Zimt gewürzt, nur selten zu haben.

Yaourti me meli: Joghurt mit Honig, auf Wunsch mit Nuss- oder Mandelsplittern. Wenn Sie sich wundern, warum der griechische Joghurt besser als der deutsche schmeckt, riskieren Sie mal einen Blick auf den Fettgehalt.

Im Vordergrund Weinreben, dahinter erhebt sich das Dikeos-Gebirge

Getränke

Wasser (Nero): Für Griechen seit jeher eine Kostbarkeit. Früher reichte man im Restaurant zum Essen oder zum Kaffee Wasser. Das ist heute leider nur noch selten der Fall. Wer kein Wasser angeboten bekommt, sollte sich nicht scheuen, höflich um eine Karaffe Wasser *(ena karafaki nero)* zu bitten. Sie können jedoch überall Mineralwasser bestellen. Im Sommer ist natürlich das Wasser aus der PET-Flasche aus hygienischen Gründen (Keime) vorzuziehen, es ist in Griechenland viel günstiger als in deutschen Restaurants.

Alkoholfreies: Neben den bekannten internationalen bieten viele Tavernen und Cafés auch selbstgemachte Limonaden. Frisch gepressten Orangensaft bekommen Sie fast überall. Von der Nachbarinsel Nissiros stammt das Zimtgetränk *Kanelada*. Bars und Diskotheken bieten es inzwischen auch als Partydrink an, dann aber gemischt mit Cola und Hochprozentigem.

Bier (Bira): Das Bier hat dem Wein den Rang abgelaufen. Vor allem zum Essen wird jenes Getränk, das einst König Otto I. in der ersten Hälfte des 19. Jh. aus Bayern mitbrachte, dem Wein vorgezogen. Nach dem Braumeister Karl Johann Fuchs hieß die erste griechische Biermarke Fix. Die Biermarke von 1864 ist jüngst reaktiviert worden. Es gibt etabliertere griechische Biere wie Mythos und Alpha, die sich gut gegen die internationale Konkurrenz behaupten können. Die ist entweder importiert oder wird in Griechenland in Lizenz hergestellt (unter anderem Amstel, Heineken und Löwenbräu). Auf Kos sind zudem in einigen Tavernen und Bars Craft-Biere erhältlich; die Auswahl ist angesichts von weit über 100 griechischen Klein-Brauereien reichhaltig.

Kaffee (Kafe): Wer den typisch griechischen Kaffee, ein starkes, schwarzes Mokkagebräu in winzigen Tassen, möchte, muss ausdrücklich „Kafe elliniko“ oder „Greek coffee“ verlangen. Die Koer haben die von Mitteleuropäern favorisierten Kaffeevarianten inzwischen in allen Touristenorten im Angebot: Filterkaffee, Nescafé, Espresso, Café Latte, Cappuccino ... Das beliebteste Sommergetränk ist der *Frappé*, geschüttelter Nescafé mit viel oder wenig Zucker und/oder Milch. Achten Sie bei der Bestellung auf das fragende Gesicht des Kellners, wie Sie Ihren Frappé wünschen. Mit den folgenden Vokabeln sind Sie bestens vorbereitet:

Kafe elliniko und Frappé: *elafri* – schwach; *metrio* – mittelstark, mit Zucker; *vari gliko* – sehr süß; *sketo* – ohne Zucker; *vari gliko me poli kafe* – sehr süß und sehr stark; *frappé* – kalt und geschüttelt mit Schaum; *me gala* – mit Milch.

Spirituosen: Beliebtes Genussmittel der Koer ist der Tresterschnaps *Raki* oder der Anisslikör *Ouzo*, der aus reinem Alkohol unter der Zugabe von Kräutern, Gewürzen und Anis hergestellt wird (Mindestalkoholgehalt 37,5 %). Oft wird er mit Wasser verdünnt und verfärbt sich dadurch milchig. In den Tavernen, Bars und Diskotheken erhalten Sie alle international bekannten Spirituosen, Modegetränke und Cocktails.

Tee (Tsai): In den Bergdörfern bekommt man mitunter den schmackhaften Bergtee (Tsai tou Vounou). Sonst werden Teebeutel serviert, Zucker und Zitrone liegen bei.

Wein (Krassi): Die Weine der fünf ausgezeichneten Kellereien auf Kos sollten Sie unbedingt verkosten. Die lokalen Winzer stellen vorwiegend trockene (weiß, rosé und rot) und einen süßen Rotwein her. Die lokalen Weine schenken viele Tavernen auf Kos aus, sie sind flaschenweise in der Markthalle in Kos-Stadt oder direkt bei den Weingütern (→ S. 83) zu erwerben. Pro Jahr trinkt jeder Einwohner Griechenlands 45 Liter des Traubensaftes, der deutsche Weinverbrauch liegt pro Kopf bei ca. 25 Litern.

In den meisten Tavernen gibt es Flaschen- und offene Weine. Letztere sind preiswerter, oft schmecken sie auch besser. Offener Wein wird kiloweise verkauft. Verlangen Sie Wein „apo to Vareli" (vom Fass) bzw. Hauswein (Krassi Chima); Weißwein heißt auf Griechisch *Aspro Krassi*, Rotwein *Kokkino Krassi*.

Retsina

Warum die Griechen ihren Wein mit dem Harz der Aleppokiefer versetzen, ist nicht ganz geklärt. Ein Grund ist sicher, dass Harz konservierende Eigenschaften besitzt, weswegen es bereits vor 3000 Jahren dem Wein zugesetzt wurde. Aber das Verfahren hat noch andere Vorteile: Zum einen ist der etwas säuerliche Geschmack durstlöschend, zum anderen behaupten Retsina-Fans steif und fest, dass Harz das Aroma des Weines verfeinere.

Die Griechen stehen zu ihrer Retsina (im Griechischen ist diese Wein-Variante weiblich). Man trinkt sie hauptsächlich zum Essen, übrigens nicht nur pur, sondern auch verdünnt mit Wasser oder Soda. Trotz der Mix-Varianten: Der einst allgegenwärtige Tischwein ist aus der Mode gekommen, nur noch 15 Prozent der Weinproduktion entfallen auf den geharzten Rebensaft – und dies auch nur wegen treuer Trinker in den USA, Australien und Deutschland.

Reisepraktisches von A bis Z

Antiquitäten

Die Ausfuhr von antiken Gegenständen ist verboten. Dies gilt selbst für Felsstückchen, wenn sie von den berühmten Ausgrabungsplätzen stammen. Es drohen sogar Gefängnisstrafen.

Ärzte und Apotheken

Die medizinische Versorgung auf Kos ist relativ gut. Es gibt ein **Krankenhaus** und zahlreiche Fach- und Zahnärzte, vor allem in Kos-Stadt. Darüber hinaus finden Sie über die Insel verteilt verschiedene Hausarztpraxen und Gesundheitszentren. Die Verständigung ist in der Regel kein Problem, da die meisten Ärzte zumindest eine Fremdsprache (normalerweise Englisch) beherrschen.

Die Firma **Kos medicare,** gegenüber dem Hospital in Kos-Stadt, bietet eine Praxis an, in der mehrere Mediziner (unter anderem Internisten, ein Haut- und ein Kinderarzt) die Betreuung kleinerer Verletzungen und Erkrankungen übernehmen. Bei aufwendigeren Behandlungen ziehen sie Ärzte der entsprechenden Fachrichtungen oder das Krankenhaus hinzu.

- **Kos medicare** ist 24 Stunden, sieben Tage die Woche erreichbar und führt auch Hotelbesuche durch, ✆ 22420-23330, kosmedicare.gr.

Apotheken (Farmakio) finden Sie in Kos-Stadt, Antimachia, Kardamena, Kefalos, Pyli und Zipari. Meistens sind Arzneimittel in Griechenland wesentlich billiger als in Deutschland. Auch in Griechenland gibt es einen Apothekennotdienst; ein entsprechender Hinweis ist im Schaufenster angebracht.

Für EU-Bürger und Schweizer besteht die Möglichkeit, sich über die **Europäische Krankenversichertenkarte** über die griechische Krankenkasse IKA kostenlos behandeln zu lassen. Das Verfahren vor Ort ist aber aufwendig. Wir raten dazu, die Behandlungskosten

Rund um die Uhr einsatzbereit

Goodbye to Cancer

Die öffentliche Gesundheitsversorgung in Griechenland ist schlechter als die in Deutschland, Österreich oder der Schweiz. Private Initiativen helfen, das System zu verbessern und bedürftige Patienten zu unterstützen. Auch auf Kos. An jedem letzten Sonntag im September wandern Hunderte Koer rund um Kardamena für einen guten Zweck. Sie sammeln mit Unterstützung zahlreicher lokaler Unternehmen Geld, um die Behandlung von Krebskranken zu verbessern. Die Einnahmen dienen z. B. dazu, Erkrankten bei Reha-Maßnahmen finanziell unter die Arme zu greifen. Besonders in Kos-Stadt sammelt eine Initiative die Deckel von Platikflaschen in großen herzförmigen Metallkästen. Diese werden gegen Hilfsmittel wie Rollstühle für das Krankenhaus eingetauscht. Mehr Infos unter kosgoodbyetocancer.weebly.com oder auf der Facebook-Seite Goodbye to Cancer.

vor Ort zu tragen, sich eine Quittung (Apodixi) mit Diagnose und Behandlungsposten ausstellen zu lassen und diese bei der deutschen Krankenversicherung einzureichen. Die gesetzlichen Kassen erstatten die Ausgaben zumindest in der Höhe, die in Deutschland angefallen wären; private Krankenkassen tragen die Kosten in der Regel vollständig. Wer auf Nummer sicher gehen will, schließt eine **Auslandskrankenversicherung** ab, die die meisten privaten Kassen recht günstig anbieten.

Barrierefreiheit

Viele der größeren Hotels sind zumindest barrierearm, sodass das Finden einer geeigneten Unterkunft eher leicht zu meistern ist. Eine Übersicht bietet booking.com, wo auch nach Parametern wie „rollstuhlgerecht" gesucht und gefiltert werden kann. Die Liste dort ist nicht abschließend, es gibt weitere barrierearme Unterkünfte. Der Zugang zum Meer ist für Rollstuhlfahrer an mehreren Stränden dank Seatrac-Rampen gut möglich. Auch die meisten Tavernen sind zugänglich, barrierefreie Toiletten aber selten. Herausfordernd ist die Fortbewegung im Rollstuhl auf Kopfsteinpflaster, z. B. in Zia, wo zudem einige Wege ein stärkeres Gefälle haben. In Kos-Stadt sind die Bürgersteige teils arg holprig und schmal. Bootstouren sind mit dem Rollstuhl kein Problem.

Ermäßigungen

Schüler und Studierende aus den EU-Staaten können archäologische Stätten und Museen kostenlos besuchen. Meist genügt es, den normalen Studentenausweis – in Verbindung mit Personalausweis oder Reisepass – oder den internationalen Studentenausweis (International Student Identity Card, ISIC) vorzulegen. Senioren über 65 Jahre aus EU-Ländern zahlen bei Vorlage ihres Personalausweises ermäßigte Eintrittspreise. Zudem gibt es viele Ermäßigungen für Kinder, wobei die Altersgrenzen variieren.

Feste und Veranstaltungen

Jedes Jahr von Juli bis September findet in Kos-Stadt die **Hippocratia** statt, eine Serie von Konzerten, Theater- und Folkloreaufführungen unter freiem Himmel. Veranstaltungsorte sind unter anderem das Kastell Neratzia, das Stadion und das Odeon. Im Asklepieion wird mehrfach während der Kulturwochen die Deklamation des hippokratischen Eides zelebriert. Die Touristeninformation von Kos-Stadt hat eine Übersicht zu den Hippocratia-Aufführungen und zu den anderen Festen und Veranstaltungen auf der Insel. Die Liste ist über die Homepage der Information (kos.gr) abrufbar. Auf Veranstaltungen weist die App Kalmeda hin, wobei der Schwerpunkt auf Konzerten und Partys liegt.

Fotografieren und Filmen

Fotografieren und Filmen sind generell erlaubt. Ausgenommen davon sind militärische Anlagen: Verbotsschilder warnen vor dem Gebrauch der Kamera. In den archäologischen Stätten darf fotografiert werden – im archäologischen Museum in Kos-Stadt aber ohne Blitz.

Geld

Der Euro wird in Griechenland EYPO geschrieben und „Efro" ausgesprochen. Übrigens nennen die Griechen die Unterwährung nicht Cent – wie sonst überall in der Währungsunion –, sondern Lepta. So hießen die alten griechischen Münzen, die kleiner waren als eine Drachme.

Geldautomaten Gibt es in allen größeren Ortschaften auf der Insel. In der Regel fällt pro Auszahlung mit einer EC- oder Giro-Karte eine bestimmte Gebühr an. Achtung: Nicht alle Automaten akzeptieren EC-oder Giro-Karten, achten Sie auf die Aufkleber.

Öffnungszeiten der meisten Banken Mo–Do 8–14.30 Uhr (freitags nur bis 14 Uhr).

Sperrnotruf Wer die EC-/Giro- oder Kreditkarte verliert, sollte sie umgehend sperren lassen: ✆ 0049-116116.

Kreditkarten Die Embleme von Mastercard, VISA oder American Express zieren die Schaufenster der Geschäfte auf Kos.

Internetseiten, Blogs und Social Media

Kos **kosblogger.com:** Der Blog von Anja Polenz ist voller Infos rund um den Urlaub auf der Insel, darunter viele Insider-Tipps.

Kos Griechenland: Die geschlossene Gruppe auf Facebook mit über 3000 Mitgliedern diskutiert eifrig – täglich mehrere Beiträge. Damit bleiben Kos-Freunde auf dem Laufenden und finden mit der Suchfunktion viele praktische Infos wie Taxipreise oder Hotelbewertungen.

info-kos.de: Die Seite bietet viele aktuelle Infos und Fotos, z. B. von den Stränden auf Kos und den Nachbarinseln. Verknüpft ist die Seite mit einer Facebook- und einer Instagram-Seite.

kosurlaub.de: Besonders gut haben uns auf dieser Seite die Strandinfos inkl. verlässlicher Anfahrtsbeschreibungen gefallen.

kos-info.de: Auf Andreas Funks Seite finden Sie neben den Ortsbeschreibungen auch Strandinfos und Restaurant-Tipps. Verbunden mit einem Facebook-Auftritt.

kosinfo.gr: Die Seite bietet neben allgemeinen Infos die Möglichkeit, Ausflüge zu buchen und eine Liste der Apotheken (inkl. Notdienst).

kos.gr: Offizielle Seite der Koer Stadtverwaltung mit vielen nützlichen Infos wie einem Veranstaltungskalender, Links auf die Busfahrpläne der Überland- und der Kos-City-Busse oder einem Beach-Bar-Finder.

ktl-kos.gr: Busverbindungen und Preise im Überblick.

Griechenland allgemein **in-greece.de:** Die Seite bietet reisepraktische Informationen für einen Individualurlaub, gut 3000 gesammelte Artikel und Reiseberichte sowie ein Forum.

griechenland.net: Die Redaktion des Portals stellt täglich neueste Nachrichten ins Netz, zudem Hintergrundberichte und Reportagen. Weiter im Angebot: Kochrezepte, ein Shop für griechische Produkte und das Online-Angebot der deutschsprachigen Griechenland-Zeitung.

visitgreece.gr: Seite des griechischen Fremdenverkehrsamts, übersichtlich und aktuell. Viele Broschüren stehen zum Herunterladen zur Verfügung.

Karten

Von Kos gibt es viele Karten – eine können wir besonders empfehlen.

Terrain/Skai **Kos,** Maßstab 1:45.000, 11,90 €. (terrainmaps.gr, Nr. 338). Die jüngste Auflage stammt aus dem Jahr 2009, lässt aber wenig zu wünschen übrig. Die Straßen stimmen, das heißt Asphaltstraßen entpuppen sich vor Ort nicht als holprige Staubpisten. Da auch Höhenlinien enthalten und Orientierungspunkte wie Berggipfel, Bachläufe und Kirchen genau verzeichnet sind, ist die Karte Wanderern wärmstens empfohlen.

Freytag & Berndt hat die empfehlenswerte **Autokarte Kos,** Maßstab 1:50.000, 12,90 €. Verlässliche aktuelle Karte der Insel von 2015. Mit Stadtplänen und zahlreichen Zusatzinfos wie Straßenbeschaffenheit und Sehenswürdigkeiten.

Kompass Kos, Südlicher Dodekanes, Maßstab 1:50.000, 9 €. GPS-genaue Karte, als Wanderkarte geeignet.

Tipp: ADAC-Mitglieder erhalten von ihrem Autoclub **kostenlose Landkarten** und Informationsbroschüren.

Medien

Während der Saison können Sie in den Touristenorten die wichtigsten deutschsprachigen Zeitungen und Magazine kaufen. Die Tageszeitungen sind in der Regel einen Tag alt. Aktuelle und gut aufbereitete Informationen über Griechenland bietet die *Griechenland Zeitung*. Die Beiträge greifen Themen aus Politik, Wirtschaft, Tourismus und Kultur auf. Die einzige deutschsprachige Zeitung Griechenlands erscheint jeden Mittwoch und ist an den Kiosken (Peripteros) zu erhalten, die fremdsprachige Presse anbieten. Viele Artikel sind online abrufbar unter griechenland.net.

Notrufnummern

Polizei: ✆ 100

Rettungsdienst: ✆ 166 oder ✆ 112

Die „normalen" Rufnummern der Polizei (Astinomia) finden Sie bei den jeweiligen Orten.

Öffnungszeiten

Die Siesta ist ein Grundprinzip; dafür sind die Läden abends lange geöffnet, wenn die Hitze nachgelassen hat. Die **Geschäfte** haben montags bis samstags von 8.30 bis 14.30 Uhr und von 17 bis mindestens 21 Uhr geöffnet (in Touristenorten oft länger), **Souvenir- und Lebensmittelläden** sind oft durchgehend von 9 bis 22 Uhr offen. Für **archäologische Stätten** gibt es unterschiedliche Öffnungszeiten, sie sind in den Beschreibungen der Stätten in diesem Reiseführer angegeben.

Sport

Das Angebot rund ums Radfahren, Reiten und alle möglichen Wassersportarten ist groß. Jenseits des Strandes bieten besonders die großen Hotels von

Gute Surfreviere: die Küsten von Kos

Nationale Feiertage

1. Januar Neujahr – in Griechenland statt Weihnachten Tag der Geschenke

6. Januar Epiphanie (Erscheinungsfest) – man feiert Jesu Taufe im Jordan und damit seine erste öffentliche „Erscheinung" als Licht im Dunkel der Welt

25. März Griechischer Unabhängigkeits- und Nationalfeiertag – Erinnerung an den 1821 begonnenen Freiheitskampf gegen die Türken

Karfreitag/Ostern Ein Erlebnis (→ Kos-Stadt, S. 50) – das Osterfest der griechisch-orthodoxen Konfession wird, da nach dem julianischen Kalender berechnet, später gefeiert als unser Osterfest. Ostersonntage: 5. Mai 2024, 20. April 2025, 12. April 2026, 2. Mai 2027.

1. Mai Frühlingsfest und Tag der Arbeit

15. August Mariä Entschlafung – so gedenkt man des leiblichen Todes Marias (die eigentliche Himmelfahrt findet für die orthodoxe Kirche erst drei Tage später statt)

28. Oktober „Ochi-Tag" – „Nein" (= ochi) zu Mussolinis Ultimatum 1940; Nationalfeiertag

25./26. Dezember Weihnachten – wird in den Familien mit einem großen Festessen gefeiert

Den Ochi-Tag feiert ganz Griechenland

Lokale Feste (Patronatsfeste)

1./2. Februar	Kirchweihfest in Paleo Pyli
April/Mai	Am Wochenende nach Ostern findet in Pyli ein Pferdrennen auf der Hauptstraße statt
7./8. Mai	Kirchweihfest in Lagoudi – am Abend des 7. Mai Musik und Tanz, am 8. Mai Gottesdienst mit Prozession
29./30. Juni	Ag. Apostoli in Antimachia
25./26. Juli	Kirchweihfest in Kamari
26. Juli	Kirchweihfest Ag. Paraskevi in Antimachia (Kastell)
5./6. August	Kirchweihfest Ag. Christos bei Zia
14./15. August	Kirchweihfest in Kefalos
15. August	Mariä Entschlafung in der Panagia in Kardamena
28./29. August	Ag. Ioannis in Mastihari und im Kloster Ag. Ioannis bei Kefalos
7./8. September	Kirchweihfest in Kardamena
14. September	Festgottesdienst in der Kapelle über dem Charmylos-Grab in Pyli
21. November	Panagia in Zia
6. Dezember	Ag. Nikolaos in Kos-Stadt

Traditioneller Tanz auf der Platia Eleftherias

Billard bis Minigolf einiges an Unterhaltung. Wer nicht gerade im, auf oder unter Wasser unterwegs ist, muss im Sommer den hohen Temperaturen Tribut zollen und sportliche Aktivitäten in die Morgen- oder die Abendstunden verlegen.

Segeltörns starten in Kamari oder von Kos-Stadt aus. Charterjachten vermittelt z. B. Kavas Yachting im Jachthafen Marina (Pier B), ✆ +30-210-9849961, kavas.com; Segeljachten bietet auch die Agentur Istion, ✆ 22420-22195, istion.com.

Ein besonders spektakuläres **Tauchrevier** ist Kos nicht, hier haben die Gewässer vor der Nachbarinsel Kalymnos mehr zu bieten, u. a. Kliffs, Unterwassergrotten und Wracks. Wer trotzdem gerne vor Kos tauchen will, der kann sich z. B. an das Liamis Dive Centre wenden, dessen Boot im Mandraki-Hafen liegt, oder die Kos Divers beim Hotel Niriidis nahe Kos-Stadt (→ S. 43).

Wasserski ist in allen Touristenorten möglich (Infos finden Sie bei den einzelnen Orts- und Strandbeschreibungen; 15 Min. kosten 45 €). **Parasailing** ist an den Stränden von Kos-Stadt, Kardamena und der Nordküste ab 50 € möglich.

Zum **Surfen** bietet Kos ideale Bedingungen. Abgesehen von den Stränden der Westküste gibt es überall die Möglichkeit, Surfausrüstung zu leihen. Windsurfstationen an den Stränden der Touristenorte verleihen Bretter ab 30 € pro Stunde. Der Wind erreicht oft Stärke 4, mit dem Meltemi im Juli und August sogar Stärke 5 bis 6 – meist auflandig oder sideshore an der Nordküste, ablandig an der Südküste.

Auch abseits des Wassers gibt es vielfältige Sportangebote: **Wanderer** schätzen den einsamen Westen der Insel und das Dikeos-Gebirge mit seinen schattigen Waldstücken, herrlichen Ausblicken und einer unvergleichlichen Stimmung. Leider fehlt es an Wanderwegen, wie man sie aus Mitteleuropa kennt, Markierungen oder Wegweiser sind auf Kos selten. Wir unterstützen Sie mit unseren Karten und Wegbeschreibungen beim Finden der schönsten Wege (→ Kleiner (Rad-)Wanderführer ab S. 205).

Da die Insel entlang der Nordküste recht eben ist, eignet sie sich ausgezeichnet für **Radtouren.** Um und in Kos-Stadt gibt es sogar einige gut ausgebaute Radwege. Das Angebot an **Mountainbike-Touren** unterschiedlicher Schwierigkeitsgrade und an Verleihstationen ist groß. Die besten Trails sind beim Berg Sympetro, südlich von Kos-Stadt zu finden. Organisierte Touren bietet KAPU (→ S. 42). Zehn Routen sind über die Website der Touristeninformation abrufbar unter kos.gr. Wir haben für Sie auch einige schöne Touren mit Karten und Wegbeschreibung zusammengestellt (→ Kleiner (Rad-)Wanderführer ab S. 205).

Mit den Hippocrates Boulders verfügt Kos über ein ausgezeichnetes **Bouldergebiet** bei Kardamena (→ S. 103): perfekter Granit, rau, kompakt und ideales Absprunggelände. Rund 200 Routen stehen zur Auswahl.

Pferde und Ponys für **Ausritte** kann man sich z. B. bei Erikas Horse Farm bei Marmari leihen (→ S. 69). Dort werden auch Reitausflüge organisiert.

Für Ballkünstler ist auch gesorgt. **Basketballplätze** finden Sie in Antimachia, Kefalos, Marmari und Pyli. In Kos-Stadt gibt es auch eine große Sporthalle – die Damen von Hippocrates Kos spielten sogar in der ersten Liga. Auch **Fußballplätze** gibt es bei Antimachia, Kardamena, Kefalos und in Kos-Stadt. Für **Beachvolleyball-Fans** befindet sich an den Stränden der Touristenorte in der Regel mindestens ein Volleyballplatz. **Tennisplätze** findet man in den meisten großen Hotels, zum Teil mit Flutlicht.

Fitnessstudios finden Sie in Kos-Stadt und Kardamena. Die Fitnessräume in den großen Hotels der höheren Kategorien bieten meist eine gute Geräteauswahl und mitunter auch einige Kurse.

Für **Yoga** gibt es mehrere Angebote auf Kos. In der malerischen Bucht von Kefalos (→ S. 122) oder nahe der Tam-Tam-Bar bei Mastihari können Sie Yoga am Strand oder auf SUP-Boards praktizieren (→ S. 76).

Strom

In ganz Griechenland gibt es wie in Mitteleuropa 220 Volt. Nur auf Fährschiffen gibt es Gleichstrom mit 110 Volt. Elektrogeräte mit einem flachen Eurostecker passen normalerweise in griechische Steckdosen. Für andere Modelle benötigt man möglicherweise einen Adapter. Viele Hotels und Pensionen halten diesen für ihre Gäste bereit.

Im Trend: Yoga auf dem Wasser

Telefonieren

Auf Kos wie überall in Griechenland ist die jeweilige Ortsvorwahl Bestandteil der Gesamtnummer und mitzuwählen (auf Kos: 22420). Griechische Mobilfunknummern beginnen mit der 69.

Mobiltelefon Die Netzabdeckung ist sehr gut. Seit Juni 2017 kann man innerhalb der EU ohne Roaminggebühren telefonieren. Wer einen Bootsausflug zum Beispiel nach Bodrum unternimmt oder sich an der Ostküste von Kos aufhält, sollte darauf achten, sich nicht mit einem türkischen Netzbetreiber zu verbinden, weil dann Roaomingkosten anfallen. Sie können die automatische Netzeinwahl ausschalten und manuell ein griechisches Netz wählen.

Internet Die günstigste Alternative zum Handy ist das Telefonieren über das Internet, zum Beispiel via Skype und den Hotspot vor Ort. Wi-Fi bieten alle Hotels und viele Tavernen an, in Kos-Stadt hat die Stadtverwaltung mehrere Gratis-Hotspots eingerichtet.

Vorwahlen Für Auslandsgespräche: Deutschland 0049, Österreich 0043, Schweiz 0041. Danach wählt man die Ortsnetzkennzahl des gewünschten Ortes, jedoch ohne die Null, anschließend die Nummer des Teilnehmers. Wer nach Griechenland telefonieren möchte, wählt die 0030.

Trinkgeld

Trinkgeld ist in Restaurants durchaus üblich. Wie überall gilt: Wenn man gut gegessen hat und freundlich bedient wurde, gibt man ein Trinkgeld. Die Höhe richtet sich nach dem eigenen Dafürhalten, 5 bis 10 % des Rechnungsbetrags sind üblich.

Zeit

Auf Kos gilt (wie in ganz Griechenland) die osteuropäische Zeit (OEZ); sie ist unserer mitteleuropäischen Zeit um eine Stunde voraus. Da es in Hellas genauso wie bei uns eine Sommerzeit gibt, bleibt der Zeitunterschied bestehen.

Zoll

Für **Bürger der Europäischen Union** ist die Mitnahme von Waren zum eigenen Verbrauch unbegrenzt möglich. Zur Unterscheidung zwischen privater und gewerblicher Verwendung wurden Richtmengen (Warenmengen ab 17 Jahren) eingeführt. Dazu gehören zum Beispiel 10 l Spirituosen, 800 Zigaretten bzw. 1 kg Tabak und bis zu 10.000 € ohne Deklaration (Infos unter zoll.de).

Für **Schweizer als Nicht-EU-Bürger** gelten zum Beispiel:1 l Spirituosen über 18 Vol.-%, 5 l alkoholische Getränke bis 18 Vol.-%., 250 Zigaretten, die liegt bei Wertfreigrenze 300 € (Infos unter zoll.admin.ch).

Nissiros: gutes Revier für Wanderer und Mountainbiker

(Rad-)Wandern

auf Kos

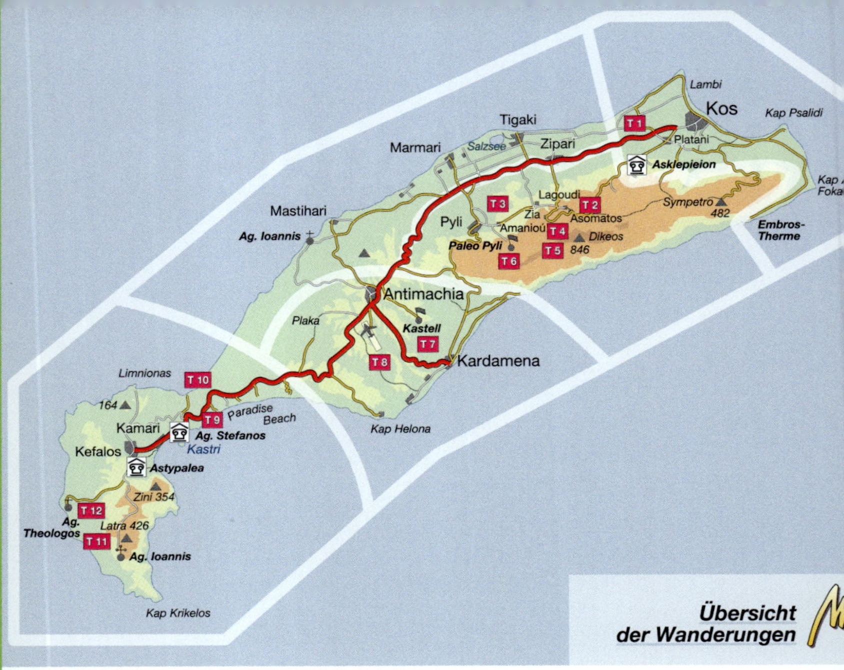

Übersicht der Wanderungen

Kleiner (Rad-)Wanderführer

Die besten Wege liegen im Dikeos-Gebirge mit seinen schattigen Waldstücken und herrlichen Ausblicken. Interessante Routen finden Wanderer auch auf der dünn besiedelten Kefalos-Halbinsel.

Leider fehlt es vielfach an Markierungen oder Wegweisern. Der Wandertourismus fasst auf Kos erst langsam Fuß. Deswegen ist es mitunter schwierig, die richtige Route zu finden. Dafür überrascht Kos mit einer üppigen Vegetation – eher untypisch für den Dodekanes.

Während sich in der Küstenebene um die Hauptstadt unzählige Palmen im Wind wiegen, sind die Ausläufer des Dikeos-Gebirges von ausgedehnten Kiefernwäldern bedeckt. Vor allem im Frühjahr gleicht die Insel einem Meer aus Blumen.

Die Insel ist nicht nur in der Tiefebene entlang der Nordküste agrarisch geprägt, auch im Dikeos-Gebirge stößt man immer wieder auf kleine Felder. Wer am Isthmus wandert, der den großen Ostteil von der westlichen Halbinsel trennt, stößt auf den vulkanischen Ursprung von Kos, zum Beispiel kleine Schwefelkrater. Ein ausgezeichnetes Terrain zum Wandern ist auch die weitgehend menschenleere Hügel- und Küstenlandschaft der Halbinsel von Kefalos.

Kos bietet auch Mountainbikern interessante Strecken; ein paar beliebte Touren stellen wir hier vor. Einige Wege wie der Castle Walk sind bei Bikern und Wanderern beliebt.

Jahreszeiten: Die beste Zeit zum Wandern ist das Frühjahr. Ab Mitte März verwandelt sich Kos in ein Meer aus Blüten. Ende Mai ist es mit der Pracht vorbei, Niederschläge sind selten und die Temperaturen steigen im Juni tagsüber regelmäßig auf über 30 °C – zum Wandern ist es nun zu heiß. Gut möglich sind Wanderungen dann wieder ab September. Von November bis Februar wird das Wetter unsicherer.

Tages- bzw. Wanderzeiten: Wenn möglich, sollten Sie mit dem Morgengrauen aufstehen und mit Sonnenaufgang starten. Bis zur Mittagshitze sollten Sie möglichst zwei Drittel des Weges hinter sich gebracht haben. Die angegebenen Wanderzeiten sind grobe Richtwerte und enthalten kleine Pausen.

Sicherheit: Wandern sollten Sie generell in Begleitung. Und wenn Sie allein unterwegs sind, dann sollten Sie immer eine Kontaktperson informieren, wo Sie wandern. Achtung: Die Rückseite des Dikeos ist wild, unerschlossen, ein Refugium der Ziegen, die ihre Wege durch die einsamste Ecke von Kos gebahnt haben, und der Jäger, die in den Wintermonaten auf Pirsch gehen. Das Gebiet sollten Sie nur mit einem ortskundigen Führer betreten.

Ausrüstung/Verpflegung: Der Boden ist meist steinig, oft geht es über loses Geröll. Knöchelhohe Wanderstiefel mit ausgeprägter Profilsohle sind deswegen unabdingbar. Kompass, Höhenmesser oder GPS-Gerät sind hilfreich, aber nicht unbedingt notwendig. Ganz im Gegensatz zu Wasser, das Sie reichlich mitführen sollten. Auf eingefasste Quellen oder Zisternen treffen Sie auf Kos nur selten.

Wanderkarten und Wanderapps: Empfehlen können wir die Karte aus dem Verlag Terrain/Skai, die im Maßstab 1:45.000 für 11,90 € plus Versand erhältlich ist. (terrainmaps.gr, Karten-Nr. 338). Da auch Höhenlinien enthalten un Orientierungspunkte wie Berggipfel, Bachläufe und Kirchen genau verzeichnet sind, ist die Karte auch Wanderern wärmstens empfohlen. Verlässlich ist auch die Wanderkarte **Kos, Südlicher Dodekanes** aus dem Verlag Kompass (Nr. 252), Maßstab 1:50.000, 9 €. **Wanderapps** z. B. Komoot (komoot.de) oder AllTrails (alltrails.com) haben kostenfrei einige Kos-Routen im Programm.

Auf Wanderungen sollten Sie immer ausreichend Wasser mitnehmen

Tour 1

Kos – Zia – Asklepieion – Kos

Mountainbiketour. Der Anstieg nach Zia kostet Kraft. Doch dann erwartet Sie eine herrliche Abfahrt über die bewaldeten Flanken des Dikeos. Richtet man den Blick nach Norden, schimmert dort die tiefblaue Ägäis.

Länge/Dauer: 23 km, 2:30 Std.

Höhendifferenz: +/– 350 m.

Schwierigkeit und Ausrüstung: Kondition und sportlicher Ehrgeiz sind gefragt, wenn es gilt, von Zipari die Berge hinaufzustrampeln. Über gut 6 km schlängelt sich die Straße den Hang hinauf, die durchschnittliche Steigung beträgt 5 %! Ein Mountainbike ist unverzichtbar für die Tour – man lernt die 21 Gänge genauso zu schätzen wie die Stabilität der Räder. Wem der Anstieg zu anstrengend ist, kann es mit einem E-Bike versuchen.

Wegbeschreibung: Fahren Sie von Kos-Stadt aus die Parallelstrecke zum Highway in Richtung Tigaki (→ „Per Velo nach Tigaki", S. 63). In Höhe der Taf Boutique Villas, kurz vor der Taverne Ampeli, zweigen Sie links ab. Nach 200 m rechts abbiegen und dann den Schildern in Richtung Zipari folgen. Im Ort zweigt eine schmale Asphaltstraße in Richtung Lagoudi und Zia nach links ab.

In Serpentinen schlängelt sich die Straße den Berg hoch. Nach ca. 5 km stetiger Steigung erreichen Sie das Dorf Evangelistria. Von hier aus sind es noch 1,5 km bis Zia, dem höchsten Punkt der Tour, 350 m über dem Meeresspiegel. Hier in Zia können Sie in einer der Tavernen eine Rast einlegen (→ S. 90). Von Zia aus folgen Sie der schmalen Asphaltstraße, die am Ortsausgang (in der Kurve) in östliche Richtung abzweigt **1**. Von jetzt an bleiben Sie im Prinzip auf dieser Straße.

Für einen kurzen Abstecher bietet sich das verlassene Dorf Agios Dimitrios an (→ S. 86). Nach knapp 3 km treffen Sie auf den Abzweig **2**, wo eine kleine Kirche am Wegesrand steht. Ein kleines, altersschwaches Holzschild

Das Dikeos-Gebirge ist ein gutes Revier für Mountainbiker

Kirchlein (Proskinitaria) am Wegesrand

weist auf das verlassene Dorf hin. Für eine Rast empfehlen wir Ihnen das Café Haihoutes (→ S. 87) inmitten des Geisterdorfs. Sollten Sie die Straße verlassen, finden Sie oft bunte Schrotpatronen – Überbleibsel der Jagdsaison: Vom 15. September bis zum 10. März stellen die Koer hier Kaninchen, Hasen und Rebhühnern nach.

Hinter Ag. Dimitrios geht es stetig bergab. Nach knapp 2 km gabelt sich die Straße: Folgen Sie der links abzweigenden, kurvenreichen Asphaltstraße, auf der man nach 3 km das Asklepieion erreicht. Von dort führt eine lange Allee schließlich zur Ortschaft Platani. Um die Platia, den Dorfplatz, gruppieren sich einige ausgezeichnete Tavernen wie das Restaurant Arap (→ S. 59). Dem Verlauf der Straße folgend, die am islamischen und jüdischen Friedhof vorbeiführt, erreichen Sie nach 2 km den Stadtrand von Kos.

Tour 2

Zum Geisterdorf Ag. Dimitrios

Wanderung. Die Route zwischen Asomatos und Ag. Dimitrios führt fast zur Hälfte über schattige Wege. Eher ein (etwas anspruchsvoller) Spaziergang.

Länge/Dauer: 6 km, 1:30 Std.

Höhendifferenz: +/– 100 m.

Schwierigkeit und Ausrüstung: Leicht. Im Abschnitt nördlich/unterhalb der Orte zweigen einige Feldwege ab, sodass hier Aufmerksamkeit gefragt ist, um nicht in falsche Feldwege zu laufen.

Wegbeschreibung: Fahren Sie von Kos-Stadt bis nach Evangelistria. Falls Sie einen Wagen nutzen: Vor der Kirche Evangelismo haben Sie ausreichend Parkmöglichkeiten (→ S. 84). Gehen Sie, an der Taverne Asfendiou vorbei, durch Evangelistria hindurch und halten sich in an der ersten Gabelung rechts. Folgen Sie der Straße, vorbei an der Kirche Taxiarches, an deren Glockenturm meist eine große Griechenland-Fahne flattert, und der urigen Taverne Kazino. Der Weg führt hinauf zur Panoramastrecke zwischen Zia und Kos.

Der asphaltierten Straße folgen Sie gut 1,5 km; sie führt mitten durch den Wald – Schatten garantiert. Am Abzweig nach Ag. Dimitrios steht eine kleine Kirche am Wegesrand **1**. Ein Holzschild weist auf das Dorf hin, zu dem der Weg hinabführt. Für eine Rast empfehlen wir das Café Haihoutes (→ S. 87), inmitten des Geisterdorfs nahe der Kirche.

Der Schotterweg führt nun nach Westen, zurück nach Evangelistria. Rund 250 m nachdem Sie Ag. Dimitrios verlassen haben, folgen Sie dem Weg rechts, an der nächsten Abzweigung links halten. (Es sei denn, Sie statten der kleinen Kirche Ag. Marina, die mitten in Feldern und Olivenbäumen liegt, einen kurzen Besuch ab.) Bleiben Sie auf dem Weg nach Westen, der kurz bevor Sie Asomatos erreichen, noch einmal durch ein Wäldchen führt. Im Ort zweigen Sie an der Gabelung rechts ab und stehen nach 500 m wieder am Ausgangspunkt.

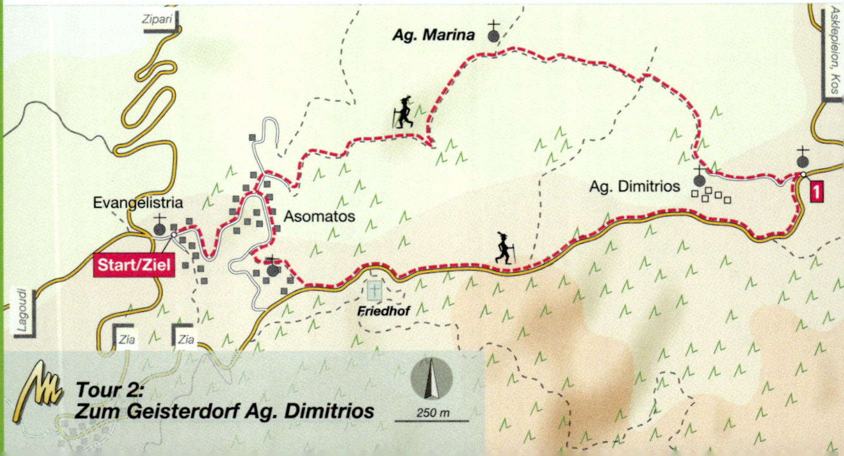

Tour 2:
Zum Geisterdorf Ag. Dimitrios

Tour 3

Von Evangelistria nach Pyli

Wanderung. Abseits der Touristenpfade führt diese Strecke durch die Ortschaften Lagoudi und Amaniou – denkmalgeschützte Bergdörfer, deren Bewohner nach wie vor von der Landwirtschaft leben.

Länge/Dauer: 5 km, zu Fuß 1 Std.

Höhendifferenz: +/– 100 m.

Schwierigkeit und Ausrüstung: Leicht. Etwas zu trinken ist immer gut, es gibt unterwegs aber auch einige Gelegenheiten für Zwischenstopps in Tavernen oder Cafés.

Wegbeschreibung: Nahe der Kirche Evangelismo am Ortseingang von Evangelistria zweigt eine geteerte Straße ab, die zum knapp 1 km entfernten Lagoudi führt. Kurz hinter dem westlichen Ortsende Lagoudis führt eine von der Landstraße links abgehende, kleine asphaltierte Straße zunächst in einen Nadelwald.

Idealer Platz für einen Stopp, um sich zu erholen, ist das Wäldchen Konidario. Im Schatten der Kiefern stehen Tische, Bänke und eine große Grillstelle. Frisches Quellwasser gibt es auch. Vorsicht: Die hölzernen Wanderschilder in den Wald hinein führen ins Nichts bzw. enden vor militärischem Sperrgebiet.

Verlassen Sie das Wäldchen also über die asphaltierte Straße, die immer wieder den Blick über die Nordküste freigibt, wo das Blau des Meeres mit dem Weiß des Salzsees kontrastiert. Am Wegesrand stehen zwischen Olivenhainen vereinzelt die Ruinen verlassener Gehöfte.

Gleich nachdem Sie weit oben in den Bergen die Ruinen der byzantinischen Festung bei Paleo Pyli ausmachen, erreichen Sie Amaniou. Inmitten dieser traditionellen, lang gezogenen Ortschaft, unmittelbar hinter der Kirche, gabelt sich die Straße: Rechts abbiegend, erreichen Sie nach etwa 1,2 km den tiefer gelegenen Ortsteil von Pyli. Wer hungrig geworden ist, sollte in der Taverne Old Pyli einkehren. Dazu müssen Sie an der Gabelung in Amaniou links abbiegen.

Tour 4

Über die Flanken des Dikeos

Wanderung. Diese Tour bietet schattige Waldwege, herrliche Panoramen, Ruhe und Einsamkeit.

Länge/Dauer: 13 km, 4 Std.

Höhendifferenz: +/– 550 m.

Schwierigkeit und Ausrüstung: Stabiles Schuhwerk ist unabdingbar, ebenso genügend Proviant – vor allem ausreichend Wasser. Die Wanderung ist wegen der wenigen Orientierungspunkte und wegen des Wege-Labyrinthes anspruchsvoll. Die Tour eignet sich auch für trainierte Mountainbiker.

Wegbeschreibung: Vom Wendeplatz im oberen Ortsteil von Zia führt ein Fußweg (anfangs Treppen) zum Aufstieg. Wenn Sie rechter Hand die Kirche Kevalovrissi passiert haben, halten Sie sich an der Weggabelung links (rechts geht es hinauf zum Dikeos).

Weiter geht es auf einer Mischung aus Schotter- und Waldweg, vorbei am Natural Park Zia, bis Sie die Straße Zia–Kos erreichen. Auf dieser Straße 150 m Richtung Osten gehen und dann in den Schotterweg rechts abbiegen. Im Verlauf des Weges treffen Sie auf Gatter, die Sie nach dem Passieren bitte so hinterlassen, wie Sie sie vorgefunden haben – offen oder geschlossen.

Sie passieren den Friedhof von Asomatos und folgen dem Weg hinauf, an Olivenbäumen vorbei, in den Wald hinein. Die Strecke führt in großen Serpentinen über die Flanken des Dikeos und bietet wunderbare Aussichten über die Nordküste und auf den Bergkamm.

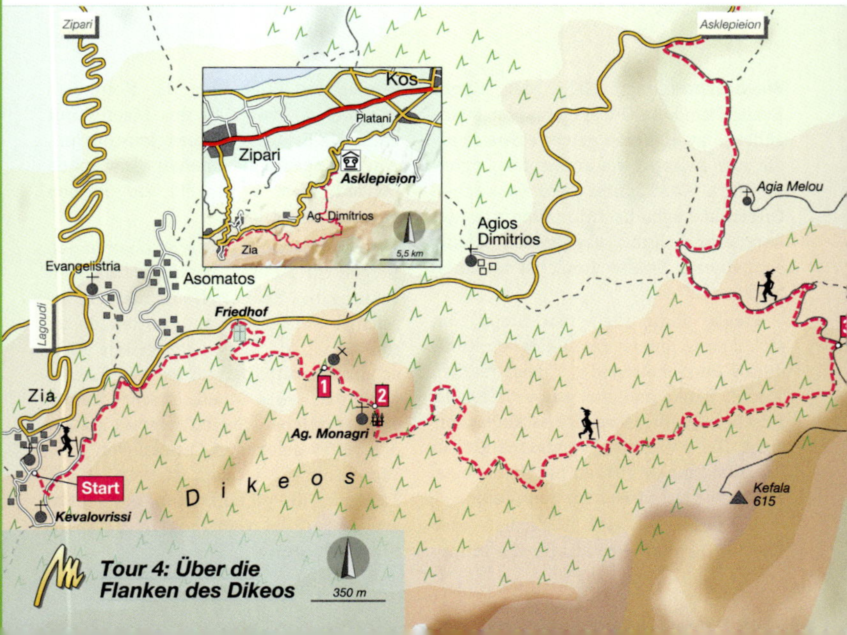

Dichte Bewaldung und faszinierend zerklüftete Natur wechseln sich hier ab. Nach etwa 1 km kommt man linker Hand an einer steinernen Kirche **1** vorbei, kurz danach liegt eine kleine Kapelle rechts am Hang **2**, wo man auch wieder auf ein Gatter stößt.

Auf den weiteren etwa vier folgenden Kilometern begegnet man an manchen Stellen der vulkanischen Vergangenheit der Insel: Plötzlich riecht es nach Schwefel, das Gestein hat die entsprechend gelbe Farbe. Darauf folgt rotes, eisenhaltiges Gestein – und baumbewachsene Bergwelt. So findet man auch immer wieder Schatten.

Plötzlich führt der Weg aus dem Wald hinaus. Eine Abzweigung, die kurz darauf scharf nach rechts den Berg hinaufführt, ignorieren. In der folgenden großen Rechtskurve führt links ein gewundener Weg talwärts **3**, den schlägt man ein. Mit grundsätzlicher Orientierung zur Nordküste, alle weiteren Abzweigungen ignorierend, kommen Sie zur asphaltierten Straße, die etwa 2,5 km nach rechts bergab zum Asklepieion führt. Von dort fährt ein Bus zurück nach Kos.

Tour 5

Besteigung des Dikeos

Wanderung. Der Aufstieg auf den mit 846 m höchsten Punkt der Insel ist auch für weniger geübte Wanderer möglich. Absolute Ruhe und ein herrliches Panorama sind die Entschädigung für fast 500 überwundene Höhenmeter.

Länge/Dauer (Auf- und Abstieg): 6 km, 3 Std.

Höhendifferenz: +/– 500 m.

Schwierigkeit und Ausrüstung: Aufstiegswillige sollten festes Schuhwerk tragen und etwas zusätzliche Kleidung einstecken, denn auf dem Weg nach oben sinken die Temperaturen. Ins Gepäck gehört ausreichend Wasser (möglichst zwei Liter pro Person). Voraussetzung für die Besteigung sind stabile Wetterverhältnisse – schauen Sie sich die Vorhersage an, und fragen Sie in Zia nach.

Hinweis: Auf keinen Fall sollte man die Besteigung allein in Angriff nehmen. Auf dem rutschigen Geröll besteht immer die Gefahr einer Verletzung, Hilfe ist kaum zu erwarten. Beginnen Sie mit der Tour am frühen Morgen, denn die Baumgrenze liegt bei ungefähr 600 m, d. h. knapp 250 Höhenmeter sind in der prallen Sonne zu überwinden.

Wegbeschreibung: Mit dem Auto, Zweirad oder Bus nach Zia. Beachten Sie, dass der letzte Bus zurück nach Kos-Stadt den Ort um 15.50 Uhr verlässt. Sonntags fährt keiner.

Vom Wendeplatz im oberen Ortsteil führt ein Fußweg (anfangs Treppen) an der Taverne „No Stress“ vorbei bergauf. Am Ende der Straße rechts hoch – und Sie sind auf dem Weg zum „Dikaios Mountain“ **1**. Bei der Kapelle Kevalovrissi geht es links hoch zur Taverne Metoxi. Sie halten sich rechts auf der Schotterpiste **2**, die an zwei Häusern vorbeiführt. Ein dreieckiges Blechschild zeigt in den Kiefernwald nach oben – ab jetzt weisen weitere rote Markierungen den Weg bis zum Gipfel. (Wenn Sie

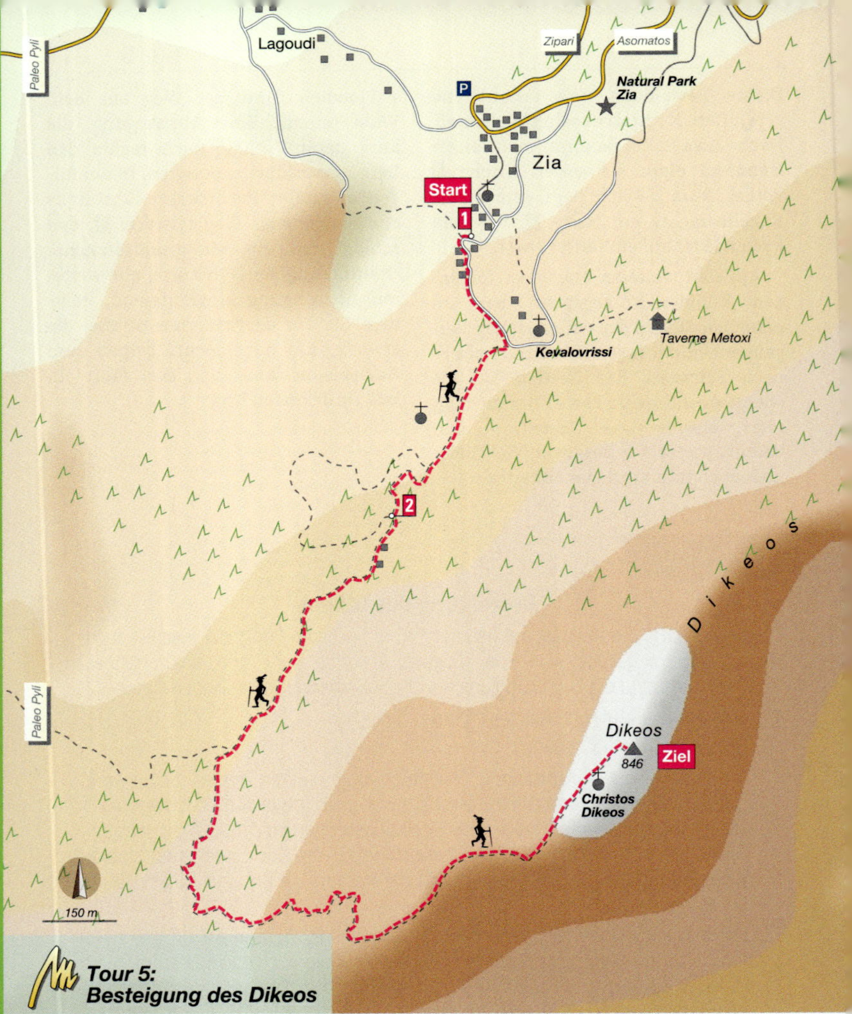

der Schotterpiste weiter folgen, erreichen Sie Paleo Pili nach ca. 2 km.)

Über schottrige Wanderwege gelangen Sie nach ca. 1,5 km zunächst zu einem Bergkamm westlich des Gipfels. Hier befinden sich Überreiste einer Kapelle, die zum 1079 errichteten Kloster Christos gehörte, entsprechend trägt der Gipfel des Dikeos auch den Namen *Christos*. Nicht weit vom Gipfel steht die Kapelle Metamorfosi Christou mit ihrem kleinen Glockenturm.

Wegen der Aussicht, des Schattens und im Bewusstsein einer erfolgreichen Besteigung ein idealer Platz zum Rasten. Auf dem gleichen Weg wieder absteigen. Nahe der Kapelle befindet sich eine Schutzhütte.

Tour 6

Rund um Paleo Pyli

Wanderung. Die (ausgeschilderte) Strecke führt einmal rund um die Geisterstadt und hinauf in die Überreste der byzantinischen Festung – mit einem Abstecher in die Taverne mit der vielleicht exponiertesten Lage im Dodekanes.

Länge/Dauer: 2,5 km, 1:30 Std.

Höhendifferenz: +/– 150 m.

Schwierigkeit und Ausrüstung: Ein leichter Weg, nur beim Abstieg sind ein paar Meter über Geröll zu absolvieren, sodass auch hier festes Schuhwerk von Vorteil ist.

Wegbeschreibung: Von Pyli die Straße Richtung Asfendiou bzw. Zia wählen und Amaniou durchqueren. Rund 1 km nach dem Ortsende zweigt eine schmale Straße nach rechts ab, ausgeschildert ist „Ag. Vasilios". Nach 400 m erreichen Sie eine Kapelle.

Die Kapelle Ag. Vasilios steht im Schatten einer mächtigen Kiefer **1**. Die Tür steht offen, zu sehen gibt es wenig: ein kleines Kirchenschiff, eine schlichte Ikonostase und ein kleiner Altarraum. Vor der Kirche laden ein paar wacklige Holztische und -bänke zur Rast ein.

Gehen Sie den Steinpfad oberhalb der Kirche nach rechts (auch wenn ein Holzschild den Weg nach links weist) und folgen einem schmalen Pfad den Hügel hinauf. Nach 200 m treten Sie ein in den Schatten des Kiefernwäldchens, durch das sich der Weg nach oben schlängelt; rechts unter Ihnen plätschert – zumindest bis Juni – ein kleiner Bach.

Nach rund 800 m erreichen Sie die untersten Ruinen von Paleo Pyli **2**. Erschrecken Sie nicht, wenn Ihnen ein alter Mann in traditioneller koischer Tracht entgegentritt: Er lässt sich gern fotografieren und freut sich dafür über ein kleines Trinkgeld.

Nach links oben führt ein schmaler, steiniger Pfad hinauf ins Kastell. Wenn Sie sich rechts halten, gelangen Sie zur Taverne Oria (geöffnet 9–21 Uhr). Ein idealer Ort zum Rasten! Bei herrlichem

Verlassener Ort in den Bergen: Paleo Pyli

Blick auf die Überreste des Kastells genießen Sie im Schatten einen kühlen Frappé, stärken sich mit einem Joghurt mit Honig oder einem einfachen (preiswerten) Fleischgericht. Die Toilette ist in eine Felsnische gebaut, wobei der Blick in den Himmel frei bleibt – eine einzigartige Konstruktion. Der Abstieg führt rechts oberhalb der Kirche Agia Paraskevi entlang. Achtung: Der Geröllpfad ist deutlich steiler als der Weg hinauf.

Extratour

Vom Parkplatz unterhalb von Paleo Pyli führt eine steile Sandpiste durch den Nadelwald **3**, vorbei an einzelnen Bauernhäusern, die dank mehrerer Quellen hier Felder bewirtschaften können. Knapp 1,5 km vom Parkplatz entfernt zweigen Sie bei der Gabelung rechts ab. Nach gut 500 m erreichen Sie die Kapelle Agios Georgios. Von hier führt ein Fußweg hinauf auf den Kamm des Dikeos-Gebirges. Es erwartet Sie ein herrlicher Rundblick über die Küstenebene im Norden und auf die wilde, unbewohnte Seite des Dikeos im Süden.

Über den Schotterweg, der oberhalb der Taverne Oria nach Osten abzweigt, erreichen Sie Zia (ca. 3 km). Etwa auf halbem Weg startet der Aufstieg zum Dikeos (siehe Wanderung 5).

Tour 7

Castle Walk

Wanderung/Mountainbiketour. Eine leichte Tour auf einem gepflasterten Weg hinauf zum Kastell von Antimachia und auf Feldwegen hinab an Olivenhainen und Getreideanbau entlang.

Länge/Dauer: 8 km, 2 Std.

Höhendifferenz: +/– 140 m.

Schwierigkeit und Ausrüstung: Der Weg, der Sie von der Küste weg ins Landesinnere führt, steigt zwar bis auf die letzten 1,5 km nur leicht an, bietet aber insgesamt kaum Schatten. Deshalb empfehlen sich für den Ausflug die Morgenstunden oder der späte Nachmittag.

Wegbeschreibung: Mit dem Bus oder eigenen Fahrzeug nach Kardamena. Den Ort in nördlicher Richtung verlassen, nach ca. 1 km erreichen Sie den Friedhof. Am Friedhof links auf die wenig befahrene Straße abbiegen, die einen schönen Ausblick auf die Berge bietet.

Wiederum knapp 1 km weiter steht auf der linken Seite ein Lagergebäude, daneben eine kleine Kapelle ❶. Es geht noch ein Stück weiter geradeaus, bis auf der rechten Seite ein großes Schild auftaucht, das auf den Wanderweg hinweist. Von dort gelangt man über den gepflasterten, vielfach gewundenen Weg hinauf zum Kastell ❷. Während der Wanderung hat man viele schöne Ausblicke ins Tal.

Wenn Sie das Kastell besichtigt haben, können Sie den gleichen Weg wieder absteigen. Oder Sie biegen vom Parkplatz des Kastells rechts ab ❸: Der Weg, eine Staubpiste, die durch ein Erosionstal in der Bimsstein-Land-

Aufgrund der langen Trockenphasen ist die Waldbrandgefahr hoch

schaft führt, läuft in weit gewundenen Serpentinen. Längere Zeit gehen Sie an einem Flussbett entlang, das in den Sommermonaten fast völlig ausgetrocknet ist. Trotzdem erkennt man den Verlauf des Flusses problemlos an dem auffallend fruchtbaren Boden. Im Flussbett wächst Riesenschilf, am Rande des Bachverlaufs gedeihen Oliven- und Feigenbäume. Ignorieren Sie alle Abzweigungen und folgen Sie dem natürlichen Verlauf des Wegs bis zu einer Gabelung, an der linker Hand ein großer steinerner Wassertrog steht **4**. Hier nicht nach rechts abbiegen, sondern geradeaus gehen, bis 200 m weiter eine Kreuzung kommt, an der man rechts abbiegt; die folgende Linksabzweigung wieder ignorieren. Der Kreis schließt sich, wenn man wieder am Friedhof ankommt.

Tour 8

Agia Marina – Kirche im Olivenhain

Wanderung/Mountainbiketour. Eine schöne Tour durch die überwiegend karge, durchfurchte Landschaft, in der fast nur kleinwüchsiges Dornengestrüpp überlebt. Zu dieser Umgebung bilden die Eukalyptusbäume und Zypressen rund um die kleine Kirche Ag. Marina einen faszinierenden Kontrast.

Länge/Dauer: 5 km, 1 Std.

Höhendifferenz: +/– 110 m.

Schwierigkeit und Ausrüstung: Festeres Schuhwerk, etwas zu trinken und eine Kopfbedeckung reichen. Da es überwiegend leicht bergab geht, stellt die Tour keine Ansprüche in Sachen Kondition.

Wegbeschreibung: Mit dem eigenen Fahrzeug bis nach Antimachia. Von Antimachia geht es zunächst ca. 2,5 km über die Schnellstraße in westlicher Richtung. Unmittelbar vor einer Kaserne zweigt die Sand-Schotter-Piste nach links (Süden) ab. Hier können Sie Wagen oder Moped abstellen und laufen oder die Tour mit dem Mountainbike starten.

Zunächst zwischen Rollbahn und Militärgelände verlaufend, windet sich der Weg langsam in die zerklüftete Landschaft, bis beidseitig die macchiabewachsenen Wände einer Schlucht aufragen. Nach 1,7 km passieren Sie die Kirche Agia Marina, die den Beinamen *en Eläoni* (= im Olivenhain) trägt **1**. Tatsächlich sind es keine Olivenbäume, die das Gebäude umgeben, sondern Eukalyptus- und verschiedene Nadelbäume. Der Beiname verweist darauf, dass es in der Gegend früher viele Olivenhaine gegeben hat.

Gut 1,5 km weiter kreuzt die Straße den Flusslauf des Gourniatis, der lediglich im Winter und Frühjahr Wasser führt **2**. Diese Feuchtigkeit reicht dem Spanischen Rohr, bekannt auch als Riesenschilf, um zu gedeihen. Dicht an dicht wiegen sich die Halme der größten Grasart Europas im Wind. Aus den Halmen des Riesenschilfes werden übrigens Matten geflochten und Angelruten hergestellt.

Schließlich passieren Sie links vom Weg einen Brunnen, aus dem auch im Sommer Wasser tröpfelt. Parallel zum Flussbett, an der tiefsten Stelle der zerfurchten Landschaft, zieht sich der Weg bis zum Hotel Porto Bello.

Mitten im Grün: die Kirche Agia Marina

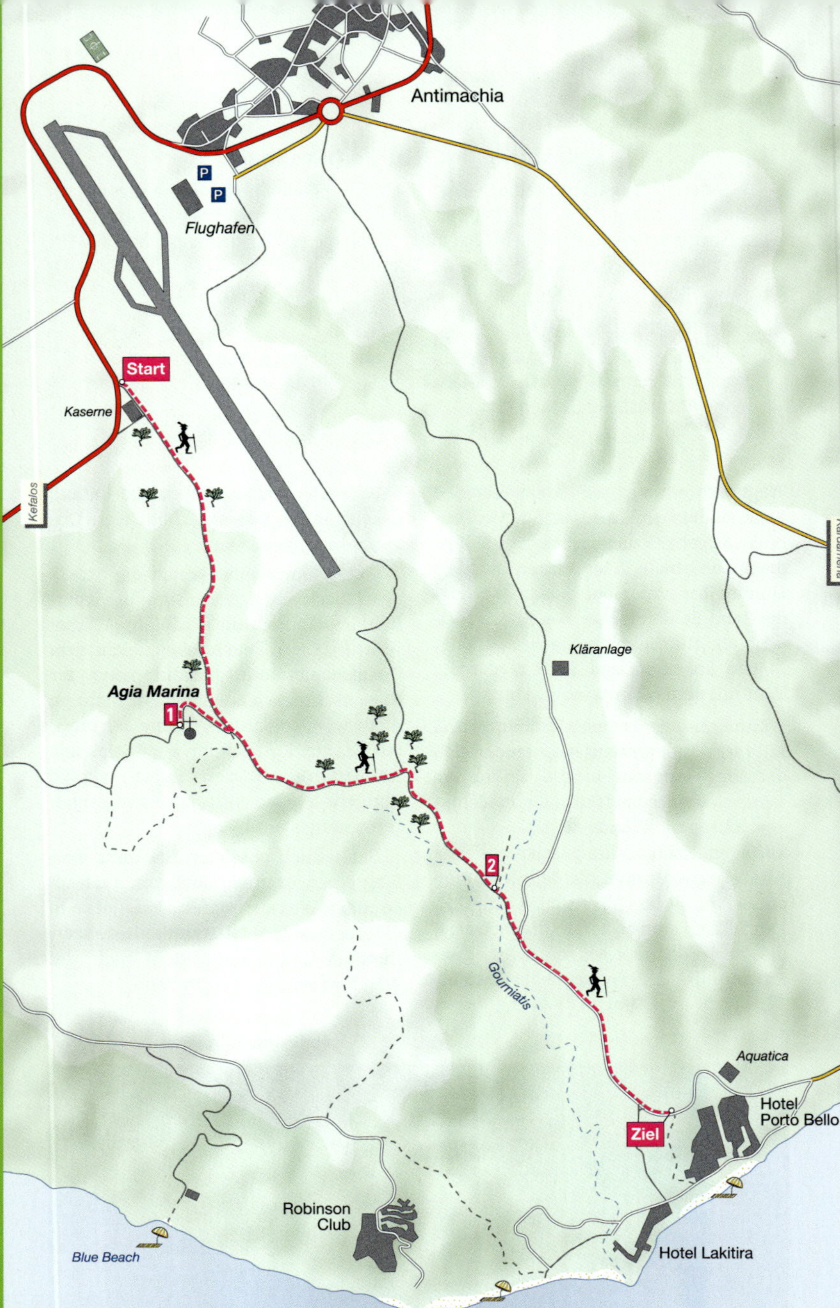

Tour 8: Agia Marina – Kirche im Olivenhain

350 m

Tour 9

Rund um den Isthmus

Wanderung. Dicht bevölkert, mit Sonnenschirmen sowie Liegestühlen zugepflastert, liegt der Paradise Beach an der Südküste, menschenleer und wild das Gegenstück an der Nordküste. So widersprüchlich präsentieren sich die Strände an den Küsten des Isthmus, den die Koer *Lavi* (= Griff) nennen. Die kleine Wanderung führt durch das Gebiet Volcania, das mit leichtem Schwefelgeruch auf den vulkanischen Ursprung von Kos hinweist.

Länge/Dauer: 5 km, 2 Std.

Höhendifferenz: +/– 40 m.

Schwierigkeit und Ausrüstung: Festeres Schuhwerk und eine Kopfbedeckung reichen, dazu etwas zu trinken oder Geld für einen Stopp in der Taverne am Lagkada Beach.

Wegbeschreibung: Vom Paradise Beach entlang der Schnellstraße Richtung Kefalos weiterlaufen. Rund 250 m hinter der Abfahrt vom Highway zum Camel Beach zweigt rechts eine Straße ab, ausgeschildert ist Limnionas. Nach wenigen Metern gabelt sich die Straße, halten Sie sich rechts **2**. An der nächsten Gabelung wieder rechts in die Schotterpiste.

Linker Hand der Piste sehen Sie nach 300 m eine ca. 25 m² große kraterähnliche Vertiefung, deren Boden an einigen Stellen gelb gefärbt ist **3**. In der Nähe riecht es nach Schwefel: Die Gegend ist vulkanischen Ursprungs. Entstanden ist sie – wie der gesamte Westteil von Kos – wahrscheinlich gleichzeitig mit der südlicher gelegenen Vulkaninsel Nissiros.

Die Straße führt nun auf einen Brunnen **4** zu und links an ihm vorbei. Hier bietet sich ein Abstecher an: Kurz nach dem Brunnen zweigt ein Weg nach Norden ab, der zum Weingut Volcania führt, das Sie besichtigen können. Wenn Sie dem Weg weiter folgen, durchqueren Sie mit Strandwacholder bewachsene Dünen und stehen dann am feinsandigen Kochylari-Strand.

Kehren Sie zurück zum Brunnen und wandern nach Süden bis zur Schnellstraße. Überqueren Sie diese und wandern Sie über die Schotterpiste hinunter zum Lagkada Beach. Von dort aus geht es am Meer entlang zurück zum Paradise Beach.

Der Paradise-Beach – im Winter ohne Liegestühle

Lihoritsa
5
Militär
Kochylari-Strand
Weingut
Volcania
4
Melissa Honig
Traditional House
of Kefalos
Brunnen
Schwefel-
krater
Taverne
3
Xirokambos Beach
Polemi Beach
P
Psilos Grekmos Beach
2
Lagkada Beach
Kapelle
Start
T 9/10
Paradise Beach
Kamari
Ag. Stefanos
Camel
Beach
Kap Tigani

The Small Village
Hippocrates Garden
Antimachia
Plaka
Taverne Fytorio
Kardamena
550 m
Tour 9: Rund um den Isthmus
Tour 10: Die einsamen Gehöfte

Tour 10

Die einsamen Gehöfte

Montainbiketour / auch mit Enduro oder Jeep: Das Gebiet auf der Nordseite des Isthmus hat seine Attraktionen: Nicht nur die (in Tour 9 beschriebene) Region Volcania, sondern auch weitläufige Ebenen, abgeschiedene Gehöfte und nicht zuletzt ein paar reizvolle kleine Buchten.

Länge/Dauer: 15 km, 1 Std. (Mountainbike) bzw. 30 Min. (Enduro oder Jeep).

Höhendifferenz: +/– 70 m.

Schwierigkeit und Ausrüstung: Ein geländegängiges Fahrzeug sollte es wegen der Schotter- und Sandpisten mit einigen Schlaglöchern schon sein. Doch auch ungeübte Fahrerinnen und Fahrer werden die Tour ohne Blessuren überstehen. Lediglich der Staub kann einem zu schaffen machen. **Achtung:** Wenn militärische Manöver stattfinden, wird das Areal nahe der Brücken zum Sperrgebiet erklärt. Schilder weisen Sie darauf hin.

Wegbeschreibung: Bis zum Brunnen **4** auf dem gleichem Weg, wie bei Wanderung 9 beschrieben. Statt aber hinter dem Brunnen nach Süden zur Schnellstraße abzubiegen, folgen Sie der Strecke Richtung Nordosten. Natürlich empfehlen wir Ihnen auch bei dieser Tour gerne den Abstecher zum Weingut Volcania und zum Kochylari-Strand (→ Wanderung 9).

Die Piste führt zunächst durch karges Gebiet, das nur stellenweise landwirtschaftlich genutzt wird. Im Norden hebt sich die tiefblaue Ägäis vor den weißen Dünen, die ein grüner Streifen aus Macchia ziert, kontrastreich ab. Vereinzelt stehen Gehöfte am Wegesrand; im Schatten der Bäume vor den Häusern dösen Ziegen und Esel.

Die meisten Häuser verfügen über einen kleinen Anbau mit einer Öffnung, über der die weiße Kalkwand ganz verrußt ist: Backöfen. Ebenso zahlreich wie die bewohnten sind hier die verlassenen Gehöfte.

Der Weg führt nun über mehrere kleine Brücken. Knapp 5 km hinter dem Brunnen **4** müssen Sie nach rechts abbiegen **5**. Die Piste führt nach Süden zurück zum Highway bei der Taverne Fytorio.

Extratour

Wenn Sie an der Abbiegung **5** weiter in Richtung Norden fahren, erreichen Sie schließlich den Strand Likoritsa, eine größere Sandbucht, die (bislang) kaum Touristen anzieht. Von dort geht es wieder landeinwärts, am Hotel The Small Village und dem Kulturzentrum Hippocrates Garden (→ S. 73) vorbei. Von hier aus ist die Straße asphaltiert; rund 5 km sind es bis nach Mastihari oder Antimachia.

Wenn Sie nach Antimachia fahren wollen, führen die letzten Kilometer in südlicher Richtung durch eine weitläufige Ebene. Großflächige Mais-, Gemüse- und Getreidefelder bestimmen das Bild. Hier und da weiden auch ein paar Schafe, meist dicht in den Schatten des Stalls gedrängt. Weit und breit ist weder ein Strauch noch ein Baum zu sehen – lediglich in den Schluchten östlich des Weges gedeihen Pflanzen ohne künstliche Bewässerung. Die Piste trifft schließlich in Höhe des Wäldchens Plaka (→ S. 112) auf die Schnellstraße. Diese führt zurück zum Ausgangspunkt.

Tour 11

Vom Kloster Ag. Ioannis zur Kirche Ag. Theologos

Wanderung. Eine Wanderung durch die Einsamkeit: Auf den Wegen entlang der Westküste zwischen dem Kloster Agios Ioannis bis zur Kapelle Agios Theologos begegnen Sie nur selten einer Menschenseele. Sie können die Wanderung mit einem kurzen Badestopp in einer der kleinen Buchten in der Nähe des Ag.-Theologos-Strandes oder mit einem Besuch des Klosters Ag. Ioannis verbinden.

Länge/Dauer: 8 km, 2:30 Std.

Höhendifferenz: +/– 300 m.

Schwierigkeit und Ausrüstung: Ein recht leichter Weg durch die unbewohnte Region an der Westküste von Kos. Stabiles Schuhwerk ist jedoch erforderlich, wenn Sie die steile, holprige Geröllpiste vom Kloster hinunter zur Küste marschieren. Kaum Schatten.

Wegbeschreibung: Fahren Sie mit dem eigenen Fahrzeug bis zum Kloster Ag. Ioannis (→ S. 128). 200 m vor dem Parkplatz des Klosters in Richtung Asphaltstraße führt eine steinige Lehmpiste steil bergab. Nach knapp 2 km kreuzt sie eine breitere Sandpiste **1**: Hier müssen Sie rechts abbiegen, nach etwa 500 m erreichen Sie dann eine Rinderfarm.

Parallel zur Küste führt der Weg nach Norden. Nach 500 m passieren Sie eine kleine Höhle in einem links vom Weg befindlichen hellbraunen Fels **2**. Nach weiteren rund 500 m folgt eine Gabelung: Links führt der Pfad zum knapp 1 km entfernten Meer.

An der Küste entlang, wo mehrere kleine Buchten zum Baden einladen, schlängelt sich der Pfad durch die karge Landschaft und trifft nach 400 m auf die Kapelle Ag. Theologos, unmittelbar hinter dem gleichnamigen Strand **3**. Von hier sind es noch einmal 400 m bis zur Taverne.

Wer nicht denselben Weg zurückgehen möchte, kann von der Taverne über die Schotterpiste nach Osten wandern. Durch terrassierte Felder geht es ca. 4 km bis zur asphaltierten Straße hinauf. An der Gabelung befindet sich ein Brunnen **4**. Biegen Sie nach rechts ab; die Strecke schlängelt sich auf den Berg Latra zu, wobei immer wieder der Blick auf die Ost- und Westküste freigegeben wird. Nach knapp 5 km ist der Ausgangspunkt der Wanderung, das Kloster Ag. Ioannis, erreicht. Durch diese Variante des Rückwegs verlängert sich die Strecke auf insgesamt 13 km w. 3:30 Std.

Wild und einsam: Strände an der Westküste von Kos

Tour 12

Rund um das Kap Krikelos

Wanderung. Auch diese Wanderung führt durch den wilden Westen der Insel: Vom Agios-Theologos-Strand bis zum südlichen Ende von Kos und wieder zurück.

Länge/Dauer: 15 km, 4–5 Std.

Höhendifferenz: +/– 300 m.

Schwierigkeit und Ausrüstung: Die Wanderung ist nicht zu unterschätzen. Entlang der Westküste gleicht der Weg einer Achterbahn: bergauf, bergab und kurvenreich. Das geht in die Beine. Auf jeden Fall etwas Proviant, vor allem aber ausreichend Wasser, mitnehmen.

Wegbeschreibung: Startpunkt ist die Taverne am Ag.-Theologos-Strand. Von hier aus folgen Sie der Asphaltstraße in Richtung Kefalos. Rund 600 m oberhalb der Taverne rechts in die Schotterpiste abzweigen **1**. Nach knapp 2,5 km passieren Sie eine große Rinderfarm **2**; hier wird ein großer Teil der Milch erzeugt, die auf Kos benötigt wird.

Stranden Sie nicht im wilden Westen!

Wenn Sie den Hang hinaufschauen, können Sie das Kloster Ag. Ioannis entdecken. Der Weg schlängelt sich nach Süden, einige Stichstraßen führen zur Küste, wo sich einige einsame Buchten befinden – leider sind die Felsen für einen Abstieg oft zu steil.

Nach knapp 4 km erreichen Sie den Abzweig zum Cavo Paradiso Beach **3**. Hier können Sie einen Badestopp einlegen und sich an der Strandbar erfrischen (→ S. 130). Gehen Sie danach den Berg hinauf. Nach 1,5 km folgt der Abzweig in Richtung Ag. Mammas; halten Sie sich links, weiter bergauf. Im Westen reicht die Ägäis nun bis zum Horizont.

Nach weiteren 1,5 km passieren Sie das Kloster Ag. Ioannis: idealer Ort für eine Rast (→ S. 128). Anschließend führt der Weg weiter über die Asphaltstraße, hinter dem Abzweig zur O.T.E-Station geht es endlich abwärts. Von der Straße aus bietet sich ein schöner Ausblick auf die Bucht von Kefalos. Nach 4 km erreichen Sie den Ausgangspunkt, den Strand Ag. Theologos (→ S. 129).

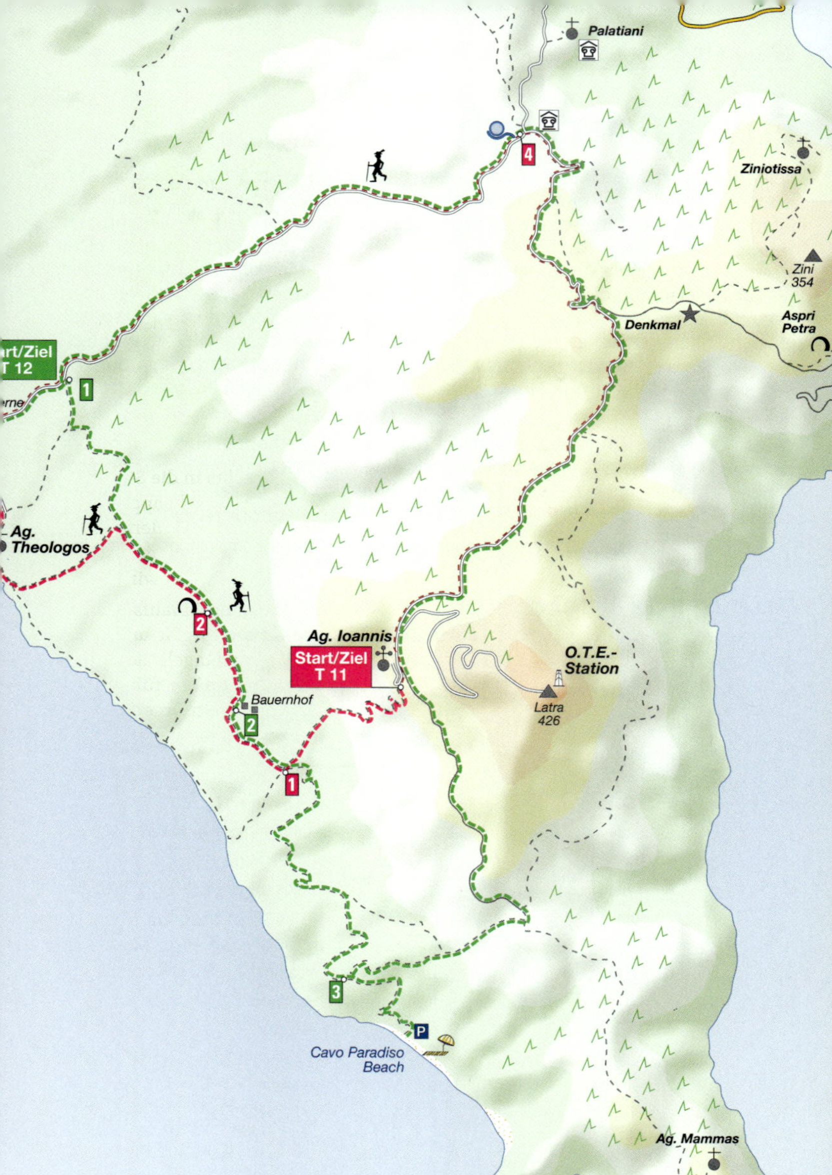

450 m

Tour 11: Vom Kloster Ag. Ioannis zur Kirche Ag. Theologos
Tour 12: Rund um das Kap Krikelos

Etwas Griechisch

Keine Panik: Neugriechisch ist zwar nicht die leichteste Sprache, lassen Sie sich jedoch nicht von der fremdartig wirkenden Schrift abschrecken – oft erhalten Sie Informationen auf Wegweisern, Schildern, Speisekarten usw. auch in lateinischer Schrift, zum anderen wollen Sie ja erstmal verstehen und sprechen, aber nicht lesen und schreiben lernen. Dazu hilft Ihnen unser „kleiner Sprachführer", den wir für Sie nach dem Baukastenprinzip konstruiert haben: Jedes der folgenden Kapitel bietet Ihnen Bausteine, die Sie einfach aneinanderreihen können, sodass einfache Sätze entstehen. So finden Sie sich im Handumdrehen in den wichtigsten Alltagssituationen zurecht, entwickeln ein praktisches Sprachgefühl und können sich so nach Lust und Notwendigkeit Ihren eigenen Minimalwortschatz aufbauen und erweitern.

Wichtiger als die richtige Aussprache ist übrigens die Betonung! Ein falsch betontes Wort versteht ein Grieche schwerer als ein falsch oder undeutlich ausgesprochenes. Deshalb finden Sie im Folgenden jedes Wort in Lautschrift und (außer den einsilbigen) mit Betonungszeichen. Viel Spaß beim Ausprobieren und Lernen!

 Vielen Dank für die Hilfe an Dimitrios Maniatoglou!

Das griechische Alphabet

Buchstabe groß	Buchstabe klein	Name	Lautzeichen	Aussprache
Α	α	Alpha	a	kurzes a wie in Anna
Β	β	Witta	w	w wie warten
Γ	γ	Gámma	g	g wie Garten (j vor Vokalen e und i)
Δ	δ	Delta	d	stimmhaft wie das englische „th" in the
Ε	ε	Epsilon	e	kurzes e wie in Elle
Ζ	ζ	Síta	s	stimmhaftes s wie in reisen
Η	η	Ita	i	i wie in Termin
Θ	θ	Thíta	th	stimmlos wie englisches „th" in think
Ι	ι	Jóta	j	j wie jagen
Κ	κ	Kápa	k	k wie kann
Λ	λ	Lámbda	l	l wie Lamm
Μ	μ	Mi	m	m wie Mund
Ν	ν	Ni	n	n wie Natur
Ξ	ξ	Xi	x	x wie Xaver
Ο	ο	Omikron	o	o wie offen
Π	π	Pi	p	p wie Papier
Ρ	ρ	Ro	r	gerolltes r
Σ	ς/σ	Sígma	ss	ss wie lassen
Τ	τ	Taf	t	t wie Tag
Υ	υ	Ipsilon	j	j wie jeder
Φ	φ	Fi	f	f wie Fach
Χ	χ	Chi	ch	ch wie ich
Ψ	ψ	Psi	ps	ps wie Psalm
Ω	ω	Omega	o	o wie Ohr

> Da das griechische und lateinische Alphabet nicht identisch sind, gibt es für die Übersetzung griechischer Namen in die lateinische Schrift oft mehrere unterschiedliche Schreibweisen, z. B. Chorefton (auf Pilion) – auch Horefto, Horefton, Chorefto; Kalkis – auch Chalkis oder Halkida.

Elementares

Grüße

Guten Morgen/ guten Tag (bis Siesta)	*kaliméra*
Guten Abend/ guten Tag (ab Siesta)	*kalispéra*
Gute Nacht	*kaliníchta*
Hallo! Grüß' Sie!	*jássou! oder jássas!*
Tschüß	*adío*
Guten Tag und Auf Wiedersehen	*chérete*
Alles Gute	*stó kaló*
Gute Reise	*kaló taxídi*

Gespräch

Wie geht es Ihnen?	*ti kánete?*
Wie geht es Dir?	*ti kánis?*
(Sehr) gut	*(polí) kalá*
So lala	*étsi ki étsi*
Und Dir?	*ke essí?*
Wie heißt Du?	*pos se léne?*
Ich heiße ...	*to ónoma mou íne ...*
Woher kommst du?	*apó pu ísse?*
Ich komme aus ...	*íme apó ...*
... Deutschland	*... jermanía*
... Österreich	*... afstría*
... Schweiz	*... elwetía*
Sprechen Sie Englisch (Deutsch)?	*miláte angliká (jermaniká)?*
Ich spreche nicht Griechisch	*den miló eliniká*
Wie heißt das auf Griechisch?	*pos légete aftó sta eliniká?*
Ich verstehe (nicht)	*(dén) katalawéno*
Verstehst du?	*katálawes (katalawénis?)*
In Ordnung (okay)	*endáxi*

Minimalwortschatz

Ja	*nä*
Nein	*óchi*
Nicht	*dén*
Danke (vielen Dank)	*efcharistó (polí)*
Bitte (!)	*parakaló(!)*
Entschuldigung	*singnómi*
groß/klein	*megálo/mikró*
gut/schlecht	*kaló/kakó*
viel/wenig	*polí/lígo*
heiß/kalt	*sesstó/krío*
oben/unten	*epáno/káto*
ich	*egó*
du	*essí*
er/sie/es	*aftós/aftí/aftó*
das (da)	*aftó*
(ein) anderes	*állo*
Welche(r), welches?	*tí?*

Fragen und Antworten

Gibt es (hier) ...?	*ipárchi (edó) ...?*
Wo ist ...?	*pu íne ...?*
Ich möchte (nach) ...	*thélo (stin) ...*
Wann geht (fährt, fliegt)?	*póte féwgi?*
Um wie viel Uhr?	*ti óra?*
Wann kommt ... an?	*póte ftáni ...?*
Wie viel Kilometer sind es?	*pósa chiliómetra íne?*
Wie viel kostet es?	*póso káni?*
Wissen Sie ...?	*xérete ...?*
stündlich	*aná óra*
um 4 Uhr	*tésseris óra*
... der Hafen ...	*... to limáni*
... die Haltestelle	*... i stási*
Ich weiß nicht	*dén xéro*

Haben Sie ...?	*échete ...?*
... nein, haben wir nicht	*... dén échoume*
Ja, bitte? (hier, bitte!)	*oríste?/!*
Wann	*póte*
Wo	*pu*
Von wo ...	*apó pu*
... von Iraklion	*... apó to Iráklio*
Wie viel(e) ...	*pósso (póssa) ...*
Wohin ...	*jia pu ...*
nach /zum ...	*tin/stin ...*
... nach Athen	*... stin Athína*
links	*aristerá*
rechts	*dexiá*
geradeaus	*ísja*
die nächste Straße	*o prótos drómos*
die 2. Straße	*o défteros drómos*
hier	*edó*
dort	*ekí*

Unterwegs

Abfahrt	*anachórisis*
Ankunft	*áfixis*
Gepäckaufbewahrung	*apotíki aposkewón*
Information	*pliroforíes*
Kilometer	*kiliómetra*
Straße	*drómos*
Fußweg	*monopáti*
Telefon	*tiléfono*
Ticket	*isitírio*
Reservierung	*fílaxi*

Flugzeug/Schiff

Deck	*katástroma*
Fährschiff	*férri-bot*
Flughafen	*aerodrómio*
das (nächste) Flugzeug	*to (epómene) aeropláno*
Hafen	*limáni*
Schiff	*karáwi*
Schiffsagentur	*praktorío karawiú*

Bus/Eisenbahn

Bahnhof	*stathmós*
(der nächste) Bus	*(to epómene) leoforío*
Eisenbahn	*ssidiródromos*
Haltestelle	*stásis*
Schlafwagen	*wagóni ípnu*
U-Bahn	*ilektrikós*
Waggon	*wagóni*
Zug	*tréno*

Auto/Zweirad

Ich möchte ...	*thélo ...*
Wo ist ...?	*pu íne ...?*
... die nächste Tankstelle?	*... to plisiésteron wensinádiko?*
Bitte prüfen Sie ...	*parakaló exetásete ...*
Ich möchte mieten (für 1 Tag)	*thélo na nikiásso (jiá mia méra)*
(Die Bremse) ist kaputt	*(to fréno) íne chalasméno*
Wie viel kostet es (am Tag)?	*póso káni (jia mía méra)?*
Benzin (super/ normal/bleifrei)	*wensíni (súper/ apli/amóliwdi)*
Diesel	*petréleo*
1 Liter	*éna lítro*
20 Liter	*íkosi lítra*
Auto	*aftokínito*
Motorrad	*motossikléta*
Moped	*motopodílato*
Anlasser	*mísa*
Auspuff	*exátmissi*
Batterie	*bataría*
Bremse	*fréno*
Ersatzteil	*andalaktikón*
Keilriemen	*imándas*
Kühler	*psijíon*
Kupplung	*simbléktis*
Licht	*fos*
Motor	*motér*
Öl	*ládi*
Reifen	*lásticho*

Reparatur	*episkewí*
Stoßdämpfer	*amortisér*
Wasser (destilliertes)	*to (apestagméno) neró*
Werkstatt	*sinergíon*

Bank/Post/Telefon

Post und Telefon sind in Griechenland nicht am selben Ort! Telefonieren kann man in kleineren Orten auch an manchen Kiosken und Geschäften.

Wo ist	*pu íne?*
... eine Bank	*... mia trápesa*
... das Postamt	*... to tachidromío*
... das Telefonamt	*to O. T. E.*
Ich möchte ...	*thélo ...*
... ein Tel.-Gespräch	*... éna tilefónima*
... (Geld) wechseln	*... na chalásso (ta chrímata)*
Wie viel kostet es (das)?	*póso káni (aftó)?*
Bank	*trápesa*
Brief	*grámma*
Briefkasten	*grammatokiwótio*
Briefmarke	*grammatósima*
eingeschrieben	*sistiméno*
Euro-/Reisescheck	*ewrokárta*
Geld	*ta leftá, ta chrímata*
Karte	kárta
Luftpost	*aeroporikós*
Päckchen	*paketáki*
Paket	*déma*
postlagernd	*post restánd*
Telefongespräch (anmelden) (nach)	*(na anangílo) éna tilefónima (jia)*
Telefon	*tiléfono*
Telegramm	*tilegráfima*
Schweizer Franken	*elwetiká fránka*

Übernachten

Haben Sie?	*échete?*
Gibt es ...?	*ipárchi ...?*
Zimmer	*domátio*
Bett	*krewáti*
ein Doppelzimmer	*éna dipló domátio*
Einzelzimmer	*domátio me éna krewáti*
mit ...	*me ...*
... Dusche/Bad	*dous/bánjo*
... Frühstück	*proinó*
Wo ist?	*pu íne?*
Wie viel kostet es (das Zimmer)?	*póso káni (to domátio)?*
Ich möchte ... für 5 Tage mieten	*thélo na nikiásso ... jia pénde méres*
Kann ich sehen ...?	*boró na do ...?*
Kann ich haben ...?	*boró na écho ...?*
ein (billiges/gutes) Hotel	*éna (ftinó/kaló) xenodochío*
Pension	*pansión*
Haus	*spíti*
Küche	*kusína*
Toilette	*tualétta*
Reservierung	*krátissi*
Wasser (heiß/kalt)	*neró (sesstó/krío)*

Essen & Trinken

Haben Sie?	*échete?*
Ich möchte ...	*thélo ...*
Wie viel kostet es?	*póso káni?*
Ich möchte zahlen	*thélo na pliróso*
Die Rechnung (bitte)	*to logariasmó (parakaló)*
Speisekarte	*katálogos*

Getränke

Glas/Flasche	*potíri/boukáli*
ein Bier	*mía bíra*
(ein) Mineralwasser	*(mia) sóda*
Wasser	*neró*
(ein) Rotwein	*(éna) kókkino krassí*
(ein) Weißwein	*(éna) áspro krassí*
... süß/herb	*glikós/ímíglikos*
(eine) Limonade (Zitrone)	*(mia) lemonáda*
(eine) Limonade (Orange)	*(mia) portokaláda*
(ein) Kaffee	*(éna) néskafe*
(ein) Mokka	*(éna) kafedáki*

... sehr süß	*... varí glikó*
... mittel	*... métrio*
... rein (ohne Zucker)	*skéto*
Tee	*tsái*
Milch	*gála*

Griech. Spezialitäten

Fischsuppe	*psaróssupa*
Suppe	*ssúpa*
Garnelen	*garídes*
Kalamari („Tintenfischchen“)	*kalamarákia*
Fleischklößchen	*keftédes*
Hackfleischauflauf mit Gemüse	*musakás*
Mandelkuchen mit Honig	*baklawás*
Gefüllter Blätterteig	*buréki*
Gefüllte Weinblätter (mit Reis & Fleisch)	*dolmádes*
Nudelauflauf mit Hackfleisch	*pastítsio*
Fleischspießchen	*suwlákia*

Sonstiges

Hähnchen	*kotópulo*
Kartoffeln	*patátes*
Spaghetti (mit Hackfleisch)	*makarónia (me kimá)*
Hammelfleisch	*kimás*
Kotelett	*brisóla*
Bohnen	*fasólia*
Gemüse	*lachaniká*

Einkaufen

Haben Sie?	*échete?*
Kann ich haben?	*bóro na écho?*
Geben Sie mir	*dóste mou*
klein/groß	*mikró/megálo*
1 Pfund	*misó kiló*
1 Kilo/Liter	*éna kiló/lítro*
100 Gramm	*ekató gramárja*
Apfel	*mílo*
Brot	*psomí*
Butter	*wútiro*

Ei(er)	*awgó (awgá)*
Essig	*xídi*
Gurke	*angúri*
Honig	*méli*
Joghurt	*jaoúrti*
Käse/Schafskäse	*tirí/féta*
Klopapier	*hartí igías*
Kuchen	*glikó*
Marmelade	*marmeláda*
Milch	*gála*
Öl	*ládi*
Orange	*portokáli*
Pfeffer	*pipéri*
Salz	*aláti*
Seife	*sapúni*
Shampoo	*sambuán*
Sonnenöl	*ládi jia ton íljon*
Streichhölzer	*spírta*
Tomaten	*domátes*
Wurst	*salámi*
Zucker	*sáchari*

Sehenswertes

Wo ist der/die/das?	*pu íne to/i/o?*
Wo ist der Weg zum ...?	*pu íne i ódos jia ...?*
Wie viel Kilometer sind es nach ...?	*póssa chiliómetra íne os to ...?*
rechts	*dexiá*
links	*aristerá*
dort	*ekí*
hier	*edó*
Ausgang	*éxodos*
Berg	*wounó*
Burg	*kástro (pírgos)*
Dorf	*chorió*
Eingang	*ísodos*
Fluss	*potamós*
Kirche	*eklissiá*
Tempel	*naós*
Platz	*platía*
Stadt	*póli*
Strand	*plas*
Höhle	*spilíon, spiliá*
Schlüssel	*klidí*

Hilfe & Krankheit

Gibt es (hier) ...?	*ipárchi (edó) ...?*
Haben Sie ...?	*échete ...?*
Wo ist (die Apotheke)?	*pu íne (to farmakío)?*
Arzt	*jatrós*
Wann hat der Arzt Sprechstunde?	*póte déxete o jiatrós?*
Ich habe Schmerzen (hier)	*écho póno (edó)*
Helfen Sie mir bitte!/Hilfe!	*woithíste me parakaló!/woíthia!*
Ich habe ... verloren	*échassa ...*
Deutsche Botschaft	*presvía jermanikí*
Krankenhaus	*nossokomío*
Polizei	*astinomía*
Touristinformation	*turistikés plioforíes*
Unfall	*atíchima*
Zahnarzt	*odontíatros*
Ich bin allergisch gegen ...	*egó íme allergikós jia ...*
Ich möchte (ein)...	*thélo (éna) ...*
Abführmittel	*kathársio*
Aspirin	*aspiríni*
die „Pille“	*to chápi*
Kondome	*profilaktiká*
Penicillin	*penikelíni*
Salbe	*alifí*
Tabletten	*hapía*
Watte	*wamwáki*
Ich habe ...	*écho ...*
Ich möchte ein Medikament gegen ...	*thélo éna jiatrikó jia ...*
Durchfall	*diária*
Fieber	*piretós*
Grippe	*gríppi*
Halsschmerzen	*ponólemos*

Kopfschmerzen	*ponokéfalos*
Magenschmerzen	*stomachóponos*
Schnupfen	*sináchi*
Sonnenbrand	*égawma*
Verstopfung	*diskiljótita*
Zahnschmerzen	*ponódontos*

Zeit

Morgen(s)	*proí*
Mittag(s)	*messiméri*
Nachmittag(s)	*apógewma*
Abend(s)	*wrádi*
heute	*ssímera*
morgen	*áwrio*
übermorgen	*méthawrio*
gestern	*chtés*
vorgestern	*próchtes*
Tag	*méra*
jeden Tag	*káthe méra*
Woche	*ewdomáda*
Monat	*mínas*
Jahr	*chrónos*

Uhrzeit

Stunde	*óra*
Um wie viel Uhr?	*piá óra (ti óra)?*
Wie viel Uhr (ist es)?	*tí óra (íne)?*
Es ist 3 Uhr (dreißig)	*íne trís (ke triánda)*
Stündlich	*aná óra*
Wann?	*póte?*

Achtung: nicht éna, tría, téssera óra (1, 3, 4 Uhr), sondern: mía, trís, tésseris óra!! Sonst normal wie oben unter „Zahlen".

Wochentage

Sonntag	*kiriakí*
Montag	*deftéra*
Dienstag	*tríti*
Mittwoch	*tetárti*
Donnerstag	*pémpti*
Freitag	*paraskewí*
Samstag	*sáwato*

Monate

Ganz einfach: fast wie im Deutschen + Endung „-ios"! (z. B. April = Aprílios).

Ianuários	*Januar*
Fewruários	*Februar*
Mártios	*März*
Aprílios	*April*
Máios	*Mai*
Iúnios	*Juni*
Iúlios	*Juli*
Áwgustos	*August*
Septémwrios	*September*
Októwrios	*Oktober*
Noémwrios	*November*
Dekémwrios	*Dezember*

Zahlen

½	*misó*	9	*ennéa*	60	*exínda*
1	*éna*	10	*déka*	70	*efdomínda*
2	*dío*	11	*éndeka*	80	*ogdónda*
3	*tría*	12	*dódeka*	90	*enenínda*
4	*téssera*	13	*dekatría*	100	*ekató*
5	*pénde*	20	*íkosi*	200	*diakósia*
6	*éxi*	30	*triánda*	300	*trakósia*
7	*eftá*	40	*sarránda*	1000	*chília*
8	*ochtó*	50	*penínda*	2000	*dio chiliádes*

Kartenverzeichnis

Übersicht der Tourenkarten

Zeichenerklärung für die Karten und Pläne

- asphaltierte Straße
- Nebenstraße
- Piste
- Wanderung
- Berggipfel
- Badestrand
- Weinanbau
- Olivenanbau
- Aussichtspunkt
- Höhle
- Kirche/Kapelle
- Kloster
- Sehenswürdigkeit
- Antike Sehenswürdigkeit
- Flughafen/-platz
- Bushaltestelle
- Taxistandplatz
- Zweiradverleih
- Autoverleih
- Reisebüro
- Information
- Post
- Supermarkt
- Museum
- Parkplatz
- Ärztliche Versorgung
- Tankstelle
- Campingplatz
- Tigaki — im Kapitel näher beschriebener Ort

Alles im Kasten

Fotonachweis

Alle Fotos von Frank Naundorf und Yvonne Greiner außer: S. 94 (GASAH) | S. 74 (Elisabeth Jastram) | S. 2 unten (Volker Leprich) | S. 2 oben (Alexandra Malinka) | S. 200 (Sigrid Müller) | S. 59, 204 (Stefan Neuhauser) | S. 3, 8, 10, 16, 21, 23, 28, 32, 97, 98, 108, 113, 131, 132, 170, 176, 180, 181, 184, 185, 194, 215, 219, 221, 237 (Klaudia Osierda) | S. 187 (Klaudia Osierda/Xenos Villas) | S. 208 (Thanasis Paraslaridis) | S. 203 (Yann Pestka)

Was haben Sie entdeckt?

Haben Sie ein besonderes Restaurant, ein neues Museum oder ein nettes Hotel entdeckt? Wenn Sie Ergänzungen, Verbesserungen oder Tipps zum Buch haben, lassen Sie es uns bitte wissen!

Schreiben Sie an: Frank Naundorf, Stichwort „Kos“

c/o Michael Müller Verlag GmbH | Gerberei 19 | D – 91054 Erlangen

frank.naundorf@michael-mueller-verlag.de

Vielen Dank!

Klaudia Osierda für die schönen Fotos, auch von schwer zugänglichen Motiven.

Impressum

Text und Recherche: Frank Naundorf, Yvonne Greiner | **Lektorat:** Barbara Lösel | **Redaktion:** Nathalie Kaufmann | **Layout:** D&M Services GmbH: Jana Dillner, Heike Wurthmann | **Karten:** Theresa Flenger, Judit Ladik | **Fotos:** siehe S. 236 | **Innentitel:** In der Bucht von Kefalos: Übereste der Basilika Ag. Stefanos, im Hintergrund das Inselchen Kastri| **Covergestaltung:** Karl Serwotka | **Covermotiv:** Küste bei Limnionas © mauritius images / age fotostock / Jan Wlodarczyk

ISBN 978-3-96685-072-8

Haftungsausschluss

Die in diesem Reisebuch enthaltenen Informationen wurden von den Autoren nach bestem Wissen erstellt und von ihnen und dem Verlag mit größtmöglicher Sorgfalt überprüft. Dennoch sind, wie wir im Sinne des Produkthaftungsrechts betonen müssen, inhaltliche Fehler nicht mit letzter Gewissheit auszuschließen. Daher erfolgen die Angaben ohne jegliche Verpflichtung oder Garantie der Autoren bzw. des Verlags. Autoren und Verlag übernehmen keinerlei Verantwortung bzw. Haftung für mögliche Unstimmigkeiten. Wir bitten um Verständnis und sind jederzeit für Anregungen und Verbesserungsvorschläge dankbar.

Jetzt aber schnell nach Hause ...

Register